Johannes Steinhoff
In letzter Stunde

Johannes Steinhoff

In letzter Stunde

Verschwörung der Jagdflieger

List Verlag
München · Leipzig

2. Auflage 1995

ISBN 3-471-78819-0

Neuausgabe 1994 Paul List Verlag
in der Südwest Verlag GmbH & Co KG München
© 1974 Paul List Verlag, München
Alle Rechte vorbehalten. Printed in Austria
Druck und Bindung: Wiener Verlag, Himberg

Lazarett Oberföhring bei München,
Juli 1945

Vor drei Wochen sind wir nach einer Irrfahrt durch die Lazarette und Gefangenenlager Bayerns hier gestrandet. Man lud uns – die drei Verbrannten – von einem großen amerikanischen Lastwagen in der Hoffnung, jemand könne uns vielleicht hier helfen.

So sehe ich den Operationsraum wieder, in dem man mich behandelte, nachdem ich abgestürzt war. Die Begleiter meiner Irrfahrt sind der Regierungsdirektor des Reichswetterdienstes Karl Recknagel und der Gefreite der Großdeutschen Wehrmacht Alfons Holzamer, zuletzt – vor seiner Verwundung – Panzerfahrer.

Wir sind erfahrene Patienten und – obgleich nach Herkunft und Beruf sehr verschieden – durch ein Schicksal verbunden, das eine enge persönliche Bindung geschaffen hat: unsere Gesichter sind durch Brandwunden zerstört.

Gemeinsam schlagen wir uns durch das Niemandsland ärztlicher Betreuung, das für uns dem Ende des Dritten Reiches folgte. Wir kennen die Schliche und Methoden zu überleben und zu »organisieren« (Verpflegung, Verbandsstoff, Schlafmittel, Salben und anderes). Hinter uns liegen die Stationen Bad Wiessee, Beuerberg und Allgasing. In Wiessee halfen sie mir den Wundstarrkrampf zu überstehen, und wir hingen wie die Kletten zusammen, als die Amerikaner das Lazarett betraten. In Beuerberg trösteten sie mich, als plötzlich amerikanische Lastwagen vorfuhren, um uns zum xten Male zu verladen. Ich heulte und wollte nicht mehr. Mein Gesicht war noch eine offene Wunde, und wir sollten auf einem ungedeckten Lastwagen liegen. In Allgasing erreichten wir, daß ein Augenarzt von irgendwoher herangeschafft wurde, weil wir Augenschmerzen, Entzündungen und alle möglichen Beschwerden hatten.

Und nun liegt die kleine Gruppe der Verbrannten wieder auf einer Stube.

Der »Wetterfrosch« hat sein Bett direkt unter dem Fenster, das zur Straße führt. Nur ein Rasenstreifen mit ein paar Büschen trennt die Baracke von der Straße – und der Zaun. Daß wir im Gefangenenlager leben – am Tor steht ein GI mit dem uns ungewohnten weißlackierten Helm – wird uns gar nicht recht bewußt. Der Zaun ist auch nur einen Meter hoch und aus gekreuzten Holzlatten – ein Jägerzaun, wie man ihn in Bayern nennt.

Recknagel steht gewöhnlich sehr früh auf und betrachtet sich im Spiegel. Sein Gesicht trägt nur um Mund und Augen die Spuren der schweren Verbrennungen. An der Oberlippe und am Kinn bilden sich Keloide, jene roten, wuchernden Narben, die porenlos sind und glänzen und das Gesicht entstellen. Ich sehe, wie er im ersten Morgenlicht, im blaßblauen Lazarettanzug, sich weit nach vorn beugt und – wenige Zentimeter vom Spiegel entfernt – mit dem Zeigefinger über die Narben tastet. Dann lehnt er sich zurück, legt den Kopf etwas auf die Seite, streicht die Haare aus der Stirn und verharrt so für Minuten.

Auf Zehenspitzen, um uns nicht zu wecken, geht er danach auf seinen Spind zu, reckt sich nach dem weißen Schuhkarton, der seinen »Marschproviant« enthält, und nimmt ihn vorsichtig herunter. Nun wiederholt sich die Inspektion seiner Versorgung nach dem allmorgendlichen Zeremoniell. Er hebt den Deckel vom Schuhkarton, nähert sich mit der Nase den akkurat und symmetrisch gestapelten Brotwürfeln und schnüffelt hörbar. Mit spitzen Fingern ordnet er die durcheinandergeratenen Kuben, hält einen zwischen Zeigefinger und Daumen, um seine Konsistenz zu prüfen. (»Sie müssen steinhart sein, – das ist eine hervorragende Kraftnahrung. Es kann ja sein, daß ich mich tagelang durch die Wälder schlagen muß, ehe ich Plauen erreiche ...«) Nachdem er nicht ohne Besitzerstolz noch einen letzten Blick auf seine Vorräte geworfen hat, legt er den Deckel wieder auf den Karton, reckt sich auf die Zehenspitzen und schiebt ihn wieder auf den Spind.

Dann schleicht er zurück zum Spiegel und beginnt mit einer Nagelschere die Bartstoppeln zu kürzen. Zum Rasieren ist die Haut der Wunden noch zu jung und zu empfindlich. Die Narben ziehen sich als erhabene Stränge von der Nasenwurzel zum Kinn. Der Heilprozeß ist noch keineswegs abgeschlossen, und es werden Monate vergehen, bis die Bewegung in dem verunstalteten Gesicht zum Stillstand kommen wird.

Inzwischen ist das Baracken-Lazarett zum Leben erwacht. Die Wände sind dünn, und man hört sie auf dem Flur zum Waschraum stapfen, hört sie sprechen, hört Wasser fließen und Türen ins Schloß fallen. Ich habe mich daran gewöhnt, Patient zu sein, der bedient wird. Die Hände sind dick mit Mull umwickelt, und lediglich mit den Fingerspitzen, die vorne aus dem weißen Paket aus Watte und Verbandsstoff herausschauen, kann ich mich kratzen. Das ist wichtig, denn das Gesicht, besonders die Stirn, die verbunden ist, juckt unentwegt. Ist allein schon das Wachsen neuer Haut, die sich auf der Stirn aus rohem Gewebe in winzigen Pigmenten zu bilden beginnt, ein peinvoller Prozeß, weil das »kribbelt«, als ob Ameisen über die wunde Stelle liefen, so zieht der Geruch von Eiter und Wundsekret unentwegt Fliegen an, die mein Gesicht umkreisen. Vor Wochen, während der Zeit der größten Schmerzen, als der Wundstarrkrampf einsetzte und meine Widerstandskraft aufgezehrt zu sein schien, hatte ich Halluzinationen, die mich zum Nervenbündel werden ließen und meine Umgebung tyrannisierten. Ich wähnte mich nachts von Ameisen und Mücken attackiert. In grauen Massen krochen sie meinen Hals herauf unter den Verband. Die Schwester, die während der Wochen, in denen der Wundstarrkrampf mich Tag und Nacht in beinahe regelmäßigen Abständen packte, neben meinem Bett saß, verscheuchte das imaginäre Getier, weil sie mit meinen Wahnvorstellungen vertraut war. Sie jagte mit der Hand die Insekten davon. »Nun haben Sie

Ruhe – weit und breit keine Mücke zu sehen. Sie können beruhigt schlafen.«

Schwester Leonie kommt mit der Waschschüssel und dem »Nierenbecken«, das sie mir zum Zähneputzen unter das Kinn hält. Sie ist eine Rotkreuz-Schwester, dienstverpflichtet in Oberschlesien, wo sie zur Schule ging, und nun tut sie hier weiter ihren Dienst, denn Oberschlesien ist verloren. Von ihren Eltern und Verwandten hat sie, seit Breslau fiel, nichts gehört. ». . . wenn sie überhaupt noch leben«, sagt Leonie. Sie liebt es zu reden, während sie mich wäscht. Sie plappert ununterbrochen, und wir lassen sie gewähren, weil sie für uns die Quelle der Information über die Welt jenseits des Zaunes ist. Sie haben in der Schwesternbaracke ein Radio, und da sie zum Personal gehört, also nicht zu den Patienten, die Gefangene sind, kommt sie gelegentlich nach München hinein. Es macht ihr aber keinen Spaß: »Das könnt ihr euch kaum vorstellen, wie es da aussieht!«

Zu meiner Verwunderung bin ich über den Zustand der Hilflosigkeit keineswegs unglücklich. Was sollte ich auch beginnen, wo sollte ich anders landen, als in einem gewöhnlichen Gefangenenlager. Die Offiziere sind noch in den Lagern, vor allem die höheren Dienstgrade und alle Generalstabsoffiziere. (»Alle Generalstabsoffiziere sollen deportiert werden – auf irgendeine Insel«, sagt Leonie. »Da bin ich fein dran«, meine ich, »ich bin ja nur Truppenoffizier.« »Nein«, sagt sie, »alle Obersten auch, so hat es im Radio geheißen«, und zerstört so meine Schadenfreude.)

Inzwischen ist Holzamer aufgewacht, das heißt: jetzt läßt er es merken, indem er sich reckt und wohlige Laute von sich gibt. Er fährt mit der rechten Hand, die durch die Flammen zerstört und verkrüppelt ist, über die Mundwinkel, dann zieht er mit schmatzendem Geräusch den Speichel ein, denn die Mundwinkel schließen nicht. Das klingt wie das Fauchen eines wilden Tieres und zeigt mir an, daß er nun etwas sagen will. Aber Leonie kommt ihm zuvor: »Nun

8

wird's aber Zeit, Herr Holzamer, – Sie müssen gleich Kaffee holen und haben sich noch nicht einmal gewaschen ...«
»Guten Morgen«, sagt Holzamer, krabbelt mühselig auf die Bettkante, bleibt dort gekrümmt hocken und sieht mich an: »Was machen wir heute, Oberst?«

Sobald wir erkannt hatten, daß die Wehrmacht nicht mehr existierte oder nur noch aus dem Heer der Tausenden in den Gefangenenlagern bestand, hatten wir das Problem der Anrede auf unsere Weise gelöst.

Unser Meteorologe, dem der Titel ›Regierungsdirektor im Reichswetterdienst‹ zustand, wurde mit »Doktor« angeredet, während der Gefreite Holzamer zum »Herrn« Holzamer avancierte. Um dem Wandel zur Demokratisierung und Entmilitarisierung ausgewogen Rechnung zu tragen, ließen sie in meinem Falle das »Herr« weg, und so hieß ich schlicht Oberst.

Da ein Tag wie der andere vergeht, die bestürzenden Nachrichten sich häufen und meine Zweifel wachsen, ob es wirklich ein Glück bedeutet, fünf Jahre der Zerstörung und des Massenmords überlebt zu haben (wenn auch in trostlos angeschlagenem Zustand), gibt es auf Holzamers Frage keine Antwort. Schwester Leonie erzählt von den Greueln der Konzentrationslager. Sie bringt die ersten Zeitungen, die uns wieder und wieder mit Akribie die deutsche Schande in Auschwitz, Treblinka und Buchenwald vor Augen halten. (Als ob wir es nicht gewußt hätten, – wir haben doch nur weggehört, wenn das Unvorstellbare unser Ohr erreichte, »weil es zum Endsieg keine Alternative gibt.«)

Thüringen wird den Sowjets im Tauschgeschäft gegen Berlin übergeben. Das ist für mich, als ob eine Brücke abgebrochen würde, als ob die Nabelschnur zertrennt würde zu dem letzten, was Heimat und Zuhause bedeutet. Ich habe das Heim in Pommern verloren, wo ich nur wenige glückliche Monate erlebte, nachdem ich geheiratet hatte. Nun ist mir auch die Rückkehr in die Heimat, nach Thüringen, versagt. Seit ich im März nach Pommern flog, um Ursel und die Kinder zu sehen, habe ich keine Nachricht von ihnen.

Holzamer hat sich endlich aufgerafft und schlurft zum Waschraum, nicht bevor ihn der Wetterfrosch ermahnt hat: »Sie müssen schon etwas mehr für die Gemeinschaft tun, Herr Holzamer.« (Die »Gemeinschaft«, das sind wir drei!) Er genießt die Symbiose mit dem »Doktor« und dem »Oberst« (Schwertertäger) sichtlich, obgleich gewisse Anzeichen der Freude, nun des Jochs militärischer Subordination ledig zu sein, deutlich werden, wenn es gilt, für den Oberst und den Doktor etwas zu verrichten, wozu diese womöglich selbst in der Lage wären (»Wir sind ja jetzt alle Zivilisten . . .«).

Holzamer ist der einzige Sohn einer Witwe. Er ging nach dem Einjährigen in die Banklehre und wurde 1943 eingezogen, zu den Panzern. Dort tat er seinen Dienst recht und schlecht, und als gegen Ende 1944 der Mangel an Kampfbesatzungen immer größer wurde, holte man ihn aus der Schreibstube und setzte ihn in einen Panzer. Da er Besitzer eines Führerscheins war und sich als Fahrer des Panzers anstellig zeigte, fand er sich, kaum daß er genug von Fahrtechnik und Taktik der Panzer verstand, im Führersitz eines »Tigers«, was für ihn wie die Erfüllung eines romantischen Jugendtraumes war.

Die Schilderung seiner Verwundung ist die Schilderung der Tragödie Oberschlesiens, als im Januar 1945 die sowjetischen Heerscharen einer Flut gleich das Land überschwemmten und die Trecks mit Frauen und Kindern durch die vordringenden Panzer von den eisigen Straßen in die Schneewächten gestoßen oder zermalmt wurden.

»Wir waren am Abend in ein Dorf nahe bei Gleiwitz eingefahren. Es war hundekalt. Die Kompanie war gerade zusammengestellt – nach Osten vorgestoßen. Aber wir blieben allein und verloren, ohne Infanterie oder Grenadiere – eine Gruppe von sechs Tigern mit wenig Treibstoff, mutterseelenallein in der großen Ebene, über die der Schneesturm wehte. Ich hatte am Tage die Sendetürme des Senders Gleiwitz gesehen und wurde den Gedanken nicht los, daß hier dieser Krieg begonnen hatte. ›Seit fünf Uhr früh wird zurückgeschossen!‹«

Als es zu dämmern begann, sahen wir, wie sich die Schatten eines Trecks von zahllosen Wägelchen und Schlitten, bespannt mit ausgehungerten Pferden – oder von Frauen und alten Männern gezogen – auf uns zu bewegten.

»Wir müssen denen den Rücken frei halten«, sagte unser Zugführer. »Wir müssen ihnen entgegen fahren, – die Straße ist sehr eng, fahrt langsam, vorsichtig.« Wir bewegten uns also im Schrittempo auf sie zu. Was wir nun sahen, war furchtbar, zum Weinen. Aber sie strahlten uns an, als ob wir Engel wären. Sie glaubten, nun ihre Leiden überstanden zu haben oder daß zumindest keine Gefahr mehr drohe, von den Sowjets überrollt zu werden.

Als wir neben der Straße in den Schneewächten in Reihe anhielten, brüllte unser Zugführer mit sich überschlagender Stimme: »Schnell beeilt euch, der Ivan kann jeden Augenblick auftauchen, – schnell, schnell . . .« Sie legten sich wieder in die Gurte, zogen an den Deichseln und schlugen auf die Pferde ein; dabei verhehlten sie nicht ihre Enttäuschung, von den eigenen Landsleuten angebrüllt zu werden, von ihren Panzersoldaten.

Die Nacht war trotz des Schneetreibens hell, und der Wind ließ die Flocken horizontal über die Felder fegen. Die Gesichter der Flüchtlinge waren durch Schals geschützt, auf denen der Schnee dicke weiße Kristalle gebildet hatte, und die Windseite der zottigen, dürren Gäule war eisbedeckt.

Ich ließ den Motor meines ›Tigers‹ auf hohen Touren laufen, damit es im Panzer warm war. Mein Kommandant, ein Unteroffizier, stand im Turmluk und suchte mit dem Nachtglas die Felder und die Straße ab, die sich in Sichtweite über einen Hügel nach Osten zog. Plötzlich warf eine gewaltige Explosion meinen Oberkörper nach vorn gegen die Instrumente und die Panzerplatte am Sehschlitz. Ich drehte mich um und sah den Kommandanten in einer unnatürlich verrenkten Haltung am Boden liegen, so wie er vom Drehsitz heruntergeglitten war. Das Getöse von detonierender Munition kam aus unmittelbarer Nähe, die Szene war vom Feuer des Nachbarpanzers schemenhaft erleuchtet. Wir waren nicht getroffen, aber die Explosion hatte den Kommandanten für kurze Zeit k.o. geschlagen. Ich kroch vom Fahrersitz und zog mich am Lukendeckel hoch, um mich zu orientieren. Unser Funkgerät quäkte Unverständliches in schneller Folge, aber ich hatte den Kopfhörer verloren, und nun wurde ich des Infernos gewahr, das um mich herum ausgebrochen war. Die Flüchtlinge stoben wie wahnsinnig auseinander. Sie konnten die Straße nicht neben dem brennenden Tiger passieren und versuchten das lodernde Ungetüm über das Feld, auf dem sich Schneewächten türmten, zu umgehen. Ich sah sie im rot reflektierenden Schein des Feuers gespensterhaft über die Schneefläche tanzen, sie schlugen wild auf die Pferde ein, während die Fahrzeuge und Schlitten versanken und umstürzten, sie warfen ihre Habe weg und trachteten nur danach, zu entkommen.

Da erst bemerkte ich, daß ich kaum etwas hörte. Meine Trommelfelle waren offensichtlich geplatzt.

Als der ›Tiger‹ des Zugführers feuerte, sah ich deshalb auch lediglich den Abschußblitz, aber der Geschoßknall drang nur dumpf und beinahe harmlos an mein Ohr. Es war bläuliche Morgendämmerung. Der Motor meines Tigers lief, und ich wußte, daß ich handeln mußte, als der Ladeschütze an meinen Beinen zog. Ich beugte mich hinab, und in diesem Augenblick geschah es. Das Geschoß mußte unseren ›Tiger‹ an der Breitseite getroffen haben. Es war, als ob ein schwerer Stein gegen die Panzerung geworfen würde, und dann befand ich mich im Zentrum einer roten, heißen Lohe. Meine Hände hielten noch den Rand des Lukendeckels. Ich zog mich über die Brüstung, konnte meine Beine nachziehen und stand plötzlich inmitten der Flammen auf dem Panzer. Dann sprang ich blindlings, aufs Geratewohl, und schlug kopfüber auf die eisige Landstraße.

Die Schießerei und das Tohuwabohu um mich nahm ich kaum noch wahr. Die Besatzung von Panzer Drei unseres Zuges zog mich aus dem Bereich der Flammen. Sie haben mich dann außen hinter dem Turm festgemacht, sind durch den Knäuel von Menschen und Fahrzeugen zurückgeprescht und haben mich zum Verbandsplatz gebracht. Alle anderen ›Tiger‹ des Zuges wurden abgeschossen.

Gegen 11 Uhr kommt Fräulein Kleinschmidt, die Heilgymnastin und bemüht sich, die Beweglichkeit meiner Halswirbel und Fingerglieder wiederherzustellen. Sie tut das sehr vorsichtig, weil es schmerzt, und weil es gefährlich sein könnte, zuviel des Guten zu tun.

Ich glaube, sie ist recht hübsch. Aber da ich meine Umgebung wie durch eine Milchglasscheibe sehe, nehme ich nur das Oval ihres Gesichts wahr, das weizenblonde Haar und die sonnengebräunte Haut ihrer Arme. Sie ist klein und mollig. Holzamer erklärt mir genau, wie ich sie zu sehen habe. »Ganz hübsch, aber nicht mein Typ. Sie hat zahllose Sommersprossen. Außerdem ist sie sicher ein Miststück. Jedes Wochenende trampt sie per Anhalter mit Amis nach Garmisch, in die Berge oder sonstwohin.« Warum ist die Kleinschmidt noch in diesem trostlosen Lazarett? Sie war »im Osten« zuhause. Hier hat sie Verpflegung und Wohnung. Es hat ohnehin wenig Sinn, anderswo Geld zu verdienen. So wartet sie sicher auf die Gelegenheit, »draußen« in einem Krankenhaus eine Stellung zu bekommen. Außerdem hängt sie an dieser Welt der Landser, der durch den Krieg zusammengeschlagenen Männer. Sie hat an den Fronten des Reiches mit ihnen gelebt, sie versteht ihre Sprache – vielleicht hat sie auch etwas Angst vor dem »Draußen«. Und sie ist nicht die Einzige hier, der es so geht.

Kleinschmidt hilft uns, das zerstörte Weltbild vorsichtig neu zu formen, wenigstens soweit es die Amerikaner angeht,

13

das Leben in der großen Stadt, und die Fähigkeit der Bayern, mit dem Ende des Dritten Reichs fertig zu werden.

Von ihr erfahren wir, was für seltene Vögel diese »Amis« sind, die in maßgeschneiderten Hosen (»ganz prall am Hintern«), pikfein, immer mit Bügelfalte und Lackschuhen dahergeschlakst kommen.

Sie scheinen mit Vorliebe immer zu viert im Jeep durch die Parklandschaft Oberbayerns zu flanieren, wobei sie wie Speckschwarten glänzende Helme in den unglaublichsten Papageienfarben tragen.

Wir wollen es nicht so recht wahr haben, daß sie »nette Kerle« sind, die gutmütig als »reiche Leute« mit Zigaretten und Pfeifentabak, Milchpulver und ähnlichen Kostbarkeiten um sich werfen. Wir bekommen sie kaum zu Gesicht; der Posten am Tor, das weit von unserer Baracke entfernt liegt, ist die Ausnahme.

Kleinschmidt berichtet uns auch von der totalen Entwertung des Geldes (wir haben ohnehin keines!); und von der Rückkehr der Nation zum Tauschhandel der germanischen Vorfahren. Zigaretten, Eier, Milch, Butter – das ist nun harte Währung. Die Bauern haben das wichtigste Glied dieser Kette des Tausches in der Hand – die Ernährung. Und sie betreiben den Handel geschäftstüchtig und trickreich – wer sollte es ihnen verdenken?

Sobald die Kleinschmidt gegangen ist, muß ich »die Zeit totschlagen«, wie Holzamer es nennt. Ich kann wegen der Augen nicht lesen. Zu langen Spaziergängen reicht die Kraft noch nicht. Zudem plagen mich im hellen Tageslicht stechende Augenschmerzen. Holzamer liebt es, mich zu unterhalten. Während sich der Doktor meist mürrisch abseits hält, will er alles wissen, ganz genau und »von Augenzeugen«. »Wie war Göring wirklich, war er nur faul und rücksichtslos? Er war doch als Pour-le-Mérite-Flieger 1918 nach Hause gekommen, – ähnlich wie Sie, Oberst, jetzt als Schwerterträger nach Hause kommen.«

Oder: »Ist nicht alles in diesem Krieg von unseren eigenen

Leuten dem Gegner verraten worden, – sie haben uns doch schändlich verbluten lassen, während sie ihr Schäfchen ins Trockene brachten?« Der Wetterfrosch schweigt meist mißlaunig zu den insistierenden Fragen, er lebt noch in seiner Welt des Führerhauptquartiers und hat nur widerwillig darauf verzichtet, die Großen des Dritten Reiches zu verteidigen, weil er meiner unkontrollierten Aggressivität und meinem Haß gegen diese Potentaten wenig entgegenzusetzen hat.

Als er den Fehler begeht, seine goldene Taschenuhr herumzuzeigen (»Hat mir der Führer persönlich überreicht – für meine hundertprozentig zutreffende Wettervorhersage vor dem Norwegen-Feldzug«), bricht es über ihn herein: »Haben Sie ihm auch zutreffend vorausgesagt, daß Soldaten ohne Winterausrüstung, ohne Handschuhe und Mäntel im Rußlandwinter elend umkommen müssen? Haben Sie ihn, Doktor, zu überzeugen versucht, daß man den Erfolg der Ardennen-Offensive nicht beinahe ausschließlich von zwei Wochen schlechten Wetters abhängig machen kann, weil es das Unwahrscheinlichste ist, und daß damit die ganze Offensive ein weiteres Verbrechen in der Kette der leichtfertigen strategischen Scheinsiege kraft Führergenie war?« Er verteidigt seine Position nur schwach, gibt aber dann den Widerstand mehr und mehr auf, und vermeidet es, Stellung zu beziehen. Holzamer stellt ohne Ende bohrende Fragen. Ob wir noch hätten siegen können, wenn die Turbinen-Jäger rechtzeitig und konzentrisch eingesetzt worden wären, und ob wir denn nicht früher hätten handeln sollen, meutern, Krach schlagen, oder gar schießen. »Meutern, Krach schlagen, oder gar schießen« – genau dieses waren die Stichworte, die wir nach dem beschämendem Ausgang des sogenannten »Areopag« Ende 1944 selbst immer wieder hin und her gewendet hatten, bevor wir uns entschlossen, zum Generalobersten Greim zu fliegen. »Wir« das war die kleine Gruppe von Geschwaderführern der Jagdwaffe, die dann auf dem Höhepunkt der Krise von Göring als Meuterer, Soldatenrat und Hochverräter beschimpft wurde. Dieser Gefreite Holzamer hat genau erfaßt, um was es damals ging. Hätten wir einen Zwanzigsten Juli der Luftwaffe inszenieren sollen? Ich weiß keine Antwort darauf; ich ahne nur, daß dieses ganze Erleben kurz vor meinem Absturz noch unverarbeitet in meinem Unterbewußtsein liegt, und wenn ich nachts in der Qual der Schlaflosigkeit denke und immer wieder denke, dann kreisen die nutzlosen Gedanken weniger um die Kampf- und Angstsituationen des Krieges, als vielmehr um diese Gewissensfragen.

Zwei- bis dreimal in der Woche kommt der Augenarzt zur Visite. Der Chirurg läßt sich selten sehen. Die Ärzte sind überlastet, sie drängen »nach Hause«, um den Anschluß ans zivile Leben nicht zu versäumen, bevor die Praxen und Stellen in den Krankenhäusern vergeben sind.

Doktor Stumpf ist Stabsarzt der Reserve in der Luftwaffe gewesen. Er schlägt die Hände über dem Kopf zusammen, als er mich zum ersten Mal sieht und die Augen untersucht.

Ich klage über zunehmende Schmerzen in beiden Augen und über Lichtempfindlichkeit: »Am liebsten möchte ich im Dunkeln sitzen.«

»Da bildet sich in jedem Auge ein respektables Geschwür. Wenn wir Sie nicht sofort in Dunkelhaft legen, kann das schlimm werden.« So liege ich dann drei Wochen in diesem verdunkelten Barackenzimmer und habe nur Schwester Leonie und den guten Holzamer zur Unterhaltung. Aber Dr. Stumpf nimmt seine Pflicht sehr ernst, kommt täglich zur Visite, obgleich er längst eine Stelle an der Universitäts-Augenklinik hat, und gibt mir viel Hoffnung. »Das kriegen wir alles wieder hin. Sie ahnen nicht, was man heutzutage mit Hilfe der plastischen Chirurgie zustandebringt. Ihre Augen werden bald wieder wie früher sein.« Er sagt das vielleicht gegen seine Überzeugung, aber er hilft mir damit, die dunklen drei Wochen der Schmerzen und der Hilflosigkeit zu überstehen.

Kurz vor Sonnenuntergang startet unsere Stubengemeinschaft gewöhnlich zum Spaziergang auf den Hügel. Es ist die Zeit der Abendkühle, meine Augen vertragen das milde Son-

nenlicht, und ich »schaffe« die Strecke durch die Barackenreihe, den schmalen Parkweg entlang und den Hügel hinauf,
ohne überanstrengt zu werden. Holzamer stützt mich beim
Gehen, indem er mich unterhakt. Wir begegnen anderen
Patienten, die gleich uns in blauweißgestreiften Lazarettanzügen die Abendkühle genießen. Man kennt die »Verbrannten«, tauscht ein paar Nachrichten aus und spricht
über das schlechte Essen, und was wir im Radio gehört
haben, – aber wir tun es distanziert, weil wir ja im Lager
sind, und dieses noch für lange Zeit.
Sobald wir auf dem Hügel angekommen sind, wiederholt
sich allabendlich dasselbe. Der ›Doktor‹ erklärt zum xten
Male die bayerische Landschaft, die im Halbrund vor uns
ausgebreitet liegt. Man kann an klaren Tagen weit ins Land
sehen, und dieser Sommer ist schön, als ob wir für das entschädigt werden sollten, was wir entbehren müssen.
Ich kann wegen der Augen die Schönheit der Landschaft
nicht im gleichen Maße genießen wie meine Begleiter. So
mache ich nur pro forma mit, was wir dann gemeinsam zum
Staunen der anderen Patienten tun, sobald der purpurrote
Sonnenball vor dem Untergehen den Horizont berührt. Wir
kehren der Sonne unseren Rücken zu, beugen den Oberkörper weit nach vorn, und indem wir mit den Händen die
Fußknöchel umfassen, schauen wir »mit dem Kopf durch die
Beine« die Sonne an. Gleichzeitig sparen wir nicht mit lobenden, anerkennenden Äußerungen: »Ich sehe es jetzt genau«, oder »das ist wirklich interessant« und dergleichen.
Was wir bewundern, ist ein physikalisches Phänomen.
Als wir nämlich eines Abends in Betrachtung des Sonnenunterganges auf dem Hügel standen, sahen wir, wie der ›Wetterfrosch‹ (Dr. phys.!) seltsame Freiübungen durchführte, und
fragten, ob ihm der heiße Sonnenschein nicht bekommen sei.
Da begann er sich über das Farbspektrum auszulassen, in
dem er von der Unvollkommenheit des menschlichen Auges
sprach und der Möglichkeit, die Farben dem Gesetz der
Spektralanalyse entsprechend wahrzunehmen, indem man

»sich auf den Kopf stellt oder durch die Beine schaut« – bei Sonnenuntergang natürlich!

Erst nach Mitternacht schlafe ich ein und werde häufig von schrecklichen Träumen geplagt. Die Nächte werden für mich zu einer einzigen Qual. Ausgeruht, weil ich ohnehin den größten Teil des Tages im Bett verbringe, liege ich stundenlang wach. Alles, was ich am Tage als in ferner Zukunft liegend von mir geschoben habe, weil es erst auf mich zukommen wird, sobald ich gesund werde, steht in der Dunkelheit groß und unlösbar vor mir. Die Schwester bindet mir jeden Abend eine elastische Binde um den Kopf und bedeckt die Augen mit weichem Zellstoff, – so spät wie möglich, damit die Nacht nicht so lang wird. Sie widersetzt sich mit wechselndem Erfolg meiner Bettelei nach einem Schlafmittel.

Als ich eines Morgens die Augenbinde mit den Fingerspitzen hochschiebe und zum Nachbarbett hinüberblinzele, glaube ich dort das Gesicht des Majors Krupinski zu erkennen, den wir den »Grafen« nennen. »Ich bin es wirklich, Herr Oberst, – heute nacht hat man mich hier hereingebracht. Wir waren sehr vorsichtig, damit wir Sie nicht aufweckten.«

»Mein Gott, Graf, wo kommen Sie denn her?«

»Aus Frankreich, oder besser, aus England mit einer ganz kurzen Gastrolle in Frankreich. Und ich habe ›Dachschaden‹.«

»Wie ist es Ihnen ergangen, und warum haben Sie ›Dachschaden‹?«

»Ach, Herr Oberst, das ist eine lange Geschichte. Das fing alles so überraschend harmlos an und endete mit einem Paukenschlag. Wir wurden in Salzburg gefangengenommen, und die Amis waren sich durchaus darüber im Klaren, welchen Fang sie gemacht hatten. Gar nicht schroff oder sonderlich unfreundlich sind sie mit uns umgesprungen.«

»Wie seid Ihr denn nach Salzburg gekommen und wie geht es dem General?« frage ich.

»Als die Amerikaner die Vorstädte von München erreichten, mußten wir den Flugplatz Riem räumen. In der »Festung

18

Alpen« war nur noch der Platz bei Salzburg anfliegbar. Wir verlegten den Verband am Abend bevor die Amerikaner auch dort ankamen. Die Düsenjäger stellten wir schön in Reihe nebeneinander auf und sprengten sie in die Luft, als die Panzer in Sichtweite waren. Der General wurde offensichtlich im Lazarett gefangengenommen.«

»Und wie kamen Sie nach England?«

»Ehe wir uns versahen, saßen wir – alle Offiziers-Piloten unserer Düsenstaffel – in einem Transportflugzeug und flogen nach England. Dort, im Vernehmungslager, begann der natürlich geglückte Versuch, uns die Würmer aus der Nase zu holen – was gab's denn nun noch zu verschweigen? Wir sahen den General zuweilen und andere hohe Offiziere, die durch die gleiche Mühle gingen. Daß wir nicht zu hungern brauchten, daß wir gelegentlich sogar Zigaretten, Pfeifentabak, Schokolade und Nescafé bekamen, verleitete uns zu dem Trugschluß, daß die Propaganda von dem Unglaublichen, was geschehen würde, falls wir den Krieg verlören, eben nichts als Propaganda und Greuelmärchen gewesen war. Wir sollten bald eines besseren belehrt werden, denn wir lebten ja in einem Vernehmungslager, und solange wir für den Nachrichtendienst ergiebig waren, fütterte und verhätschelte man uns. Dann wurde der Ton merklich rauher, wir mußten urplötzlich unsere Siebensachen packen und wurden in Portsmouth auf einem uralten Seelenverkäufer eingeschifft. Wir hatten uns bemüht, in sauberen Uniformen mit Schulterstücken proper und anständig auszusehen. Ein paar – und ich Esel gehörte zu ihnen – zeigten noch das Ritterkreuz mit Eichenlaub und so weiter am Hals. Andere hatten die Auszeichnungen verschwinden lassen, sei es, daß sie durch die Diskussion um die Fragwürdigkeit der von Hitler verliehenen Kriegsauszeichnungen bereits »umgefallen« waren, sei es, daß sie unauffällig bleiben wollten und etwas von den kommenden Dingen ahnten.

Wir machten noch am selben Abend in Cherbourg fest, und die Barschheit des Tones, mit dem uns befohlen wurde, unverzüglich mit unseren wenigen Klamotten in Reih und Glied anzutreten, hätte auch mich warnen sollen. Bevor ich als erster die Gangway betrat, warf ich einen Blick auf die Volksmenge zu unseren Füßen. Eine schmale Gasse in dieser Menge wurde von französischen Soldaten mühselig freigehalten, und ich gewahrte auf den Gesichtern belustigtes Erstaunen, als wir uns die Gangway hinab in Marsch setzten. »Was sind denn das für komische Papageien?« schienen sie zu denken. In dem Augenblick, als ich in voller Kriegsbemalung hinabschritt, ging ein Raunen durch die Menge. Die Menschen begannen zu lachen, Witze wurden gemacht, und bald darauf dröhnte der Platz vor den Verladegebäuden von ihrem Gelächter. »Jetzt mußt du durch, tapfer bleiben, Graf«, sagte ich zu mir und marschierte weiter.

Am Fuß der Gangway hielt ein Poilu seinen Schießprügel quer vor meinen Leib und stellte laut eine Frage. Es war plötzlich still geworden. Ich verstand kein Wort. Ehe ich mich versah, streckte er seine Hand aus, ergriff mein Ritterkreuz und zerrte daran. Ich versuchte aufrecht zu bleiben, wurde aber nach vorn gezogen, und dann sah ich aus dem Augenwinkel, wie ein Gewehrkolben durch die Luft auf mein Haupt niedersauste.

Ich kam einen Tag später im Lager zu mir. Es war eines der berüchtigten Hungerlager; wir hatten so gut wie gar keine Versorgung. Dafür waren wir nun richtige Kriegsgefangene, ohne Dienstgradabzeichen, in Massenquartieren, und der Willkür der Lagerverwaltung ausgesetzt.

Nachdem ich Tage umhergelegen hatte und mich erbrach, und sich alle Anzeichen einer schweren Gehirnerschütterung, wenn nicht eines Schädelbruchs bemerkbar machten, entschloß man sich, mich nach Deutschland abzuschieben. Die Fahrt auf Kohlezügen, in offenen Waggons und ohne Betreuung, war eine einzige Tortur. Wie ich dann hier gelandet bin, weiß ich nicht; es ist ein Wunder.«

Schwester Leonie berichtet von den Vorbereitungen für ein riesiges Tribunal in Nürnberg. Da Hitler tot ist, wird Göring die prominenteste Figur des Prozesses sein. Unsere Gespräche kreisen immer wieder um die Persönlichkeit des Reichsmarschalls, auch die Diskussion in der Öffentlichkeit reißt nicht ab. So wie sich bald eine Legende um ihn wob, als er die Luftwaffe in wenigen Jahren »aus dem Boden stampfte«, ist sein Verhalten bei der Gefangennahme, sein Auftreten gegenüber den Alliierten und seine Rolle unter den Gefangenen von Nürnberg Nahrung für eine neue Legende. »Der Eiserne« scheint erneut seinem Namen Ehre zu machen, nachdem er zum »Gummilöwen« degradiert worden war. Man identifiziert ihn nicht im gleichen Maße mit den Untaten der Nazi-Führung wie den Rest der gefangenen Prominenz. Er genießt eben immer noch das Privileg, »Hermann« zu sein, – auch wenn er einmal »Meier« heißen wollte.

»Bevor wir Berlin verließen, – der Reichsmarschall war noch nicht auf den Obersalzberg ausgewichen – konzentrierten die Alliierten eine Serie von schweren Luftangriffen auf die Reichshauptstadt.« Der Wetterfrosch wird immer wieder rückfällig. Für ihn ist Göring eben »Der Reichsmarschall« und Berlin »Die Reichshauptstadt«.

»Eines Abends, als wir auf dem Wege zum Führer-Bunker waren, mußten wir überstürzt in einen zivilen Schutzraum, weil die Bomben die Straße gesperrt hatten und weitere in unmittelbarer Nähe fielen. Der Reichsmarschall stieg uns voran die Treppe hinab und öffnete die Tür zum mäßig erleuchteten Gewölbe. Sie können sich denken, wie es um diese Zeit in den Luftschutzkellern der Reichshauptstadt aussah. Sie starrten ihn an wie eine Erscheinung, die Frauen und Kinder und alten Männer. Dann reagierten sie schnell, wie Berliner zu reagieren pflegen. ›Kommen sie, hier ist noch Platz, Herr Reichsmarschall‹, und sie rückten zur Seite, schienen geehrt durch die Anwesenheit des Mannes, der großsprecherisch verkündet hatte, er wolle Meier heißen, wenn die feindlichen Bomber je bis Berlin durchstießen.

Er ließ sich, gutmütig brummend, zwischen zwei Mütterchen nieder, und es war schon ein verrücktes Bild, wie er da im aufgeknöpften Mantel mit den weißseidenen Aufschlägen, den goldenen Spiegeln und überdimensionalen Schulterstücken und dem »Unikat« der Reichsmarschallsmütze, die über und über goldbestickt war, saß und seine Umgebung freundlich anlächelte. Da war nicht die Spur von Aggressivität; beinahe als ob er selbst Opfer des Unabwendbaren sei, begannen sie auf den Bombenterror zu schimpfen, und er reagierte jovial, machte Witzchen und klagte gemeinsam mit ihnen über das Schicksal, hier sitzen zu müssen.

›Es ist schon schlimm, aber ihr müßt Geduld haben, Leute . . .‹ Oder: ›Verlaßt euch drauf, ich tue, was ich kann‹, und: ›Die Angelsachsen werden dies büßen‹, waren seine nichtssagenden Bemerkungen. Aber es hatte sich etwas wie Geborgenheit im Keller ausgebreitet, die er genoß. Als die Entwarnung kam, entließen sie ihn mit guten Wünschen und Handschlag, und auf dem Wege zum Führer-Bunker sah er sich veranlaßt zu bemerken, daß es doch schmerzlich sei zu sehen, wie diese großartigen Berliner so leiden mußten. Dabei kam es ihm wohl kaum in den Sinn, daß im wesentlichen er, der Reichsmarschall und Oberbefehlshaber der Luftwaffe, die Schuld daran trug.«

Holzamer will es wieder genau wissen. Was denn nun eigentlich mit dieser Luftwaffe nicht in Ordnung gewesen sei, und warum wir nicht in der Lage gewesen waren, den Bombenterror zu verhindern? Was geschehen wäre, wenn wir den Düsenjäger früher bekommen hätten, und dieser gegen die Bomber eingesetzt worden wäre? Und ob er denn so gänzlich unfähig und schimmerlos gewesen wäre, dieser Göring?

Fragen über Fragen, die ich nicht alle beantworten kann. Aber nun, da ich Schützenhilfe durch den »Grafen« habe, geraten wir immer häufiger in das Schildern der jüngsten Vergangenheit. Wir durchleben noch einmal die Luftschlachten und Kämpfe, rekonstruieren die Schlacht über der englischen Insel, über Stalingrad und Tunis, und doch ist dies nur eine Therapie gegen die Ratlosigkeit, wie wir mit der Zukunft fertig werden sollen.

Am meisten aber beschäftigt mich die dann später so genannte »Jagdfliegerrevolte«, die doch eigentlich nicht mehr als ein zu spät unternommener Versuch war, noch etwas zu ändern. War es »zu wenig und zu spät«? Und warum so spät? – Weil ein Soldat unter dem Gesetz des Gehorsams lebt, antworte ich mir, und weil . . . und weil . . .

Eines Tages, wenn ich meine Hände wieder gebrauchen kann, werde ich das alles niederschreiben, beschließe ich, denn wenn man schreibt, kommt man zu klarerer Einsicht. Wahrscheinlich werde ich nie dazu kommen, denn sollte ich je wieder ein halbwegs gesunder Mensch werden, dann werde ich alle meine Kräfte dazu brauchen, für meine Familie und mich den Lebensunterhalt zu verdienen.

Von Ursel und den Kindern nichts zu hören. Ich habe im Juni einem Soldaten, der sich nach Sachsen durchschlagen wollte, eine kurze Nachricht an meine Eltern in Leipzig, meine Schwiegermutter in Mecklenburg und an Ursel in Pommern mitgegeben: »Bin verwundet, Verbrennungen. Es geht mir gut. Sucht mich in Bayern über das Rote Kreuz.« – Aber die Nachrichten von »drüben«, aus der sowjetisch besetzten Zone, sind sehr mager, und wir wissen, daß es dort schrecklich zugeht und daß sie um ihre nackte Existenz kämpfen müssen.

Eines Morgens steht ein eleganter junger Mann vor meinem Bett und stellt sich als der ehemalige Oberleutnant Kelch vor. Ich habe Kelch in den letzten Kriegsmonaten kennengelernt. Er kam als Beinamputierter im Austausch aus amerikanischer Kriegsgefangenschaft. Während der Luftschlacht um England hatte er, schwerverwundet, über der Insel aus seinem Kampfflugzeug aussteigen müssen. Nun ist er beim amerikanischen Stadtkommandanten als Dolmetscher tätig und wollte mir mitteilen, daß meine persönliche Habe, zwei Koffer, in seiner Wohnung nur wenige tausend Meter vom Lazarett entfernt stünden. Er habe sich nach meinem Absturz der Sachen angenommen. Außerdem sei da noch eine Schreibmaschine, sicher in einer kleinen Holzkiste verpackt.

Wann immer ich wolle, könne ich Dinge haben, die ich wünschte, wenngleich es wohl besser sei, die Koffer bei ihm zu lassen, bis ich aus Lazarett und Gefangenschaft entlassen sei. Kelch hinterließ seine Anschrift und ging. Die Schreibmaschine, ein Geschenk meines Vaters, reizte mich sofort. Es war eine alte, hohe Remington, ein ziemlich schweres Monstrum, aber wenn ich jetzt begänne, die Ereignisse der letzten Kriegsmonate zu diktieren, so würde Holzamer im »Zweifinger-System« auf dieser Maschine schreiben, und um vom Grübeln und fruchtlosen Diskutieren abzulenken, wäre dies gewiß sehr nützlich.

Schon am nächsten Tag reift der Entschluß, »über den Zaun zu steigen«, zur Tat. Der Graf wird mich begleiten, – oder besser, ich ihn, denn er ist noch wackeliger auf den Beinen als ich. Wenn wir den niedrigen Lattenzaun unmittelbar hinter der Baracke übersteigen, sind wir durch Gebüsch der Sicht der Wache entzogen. Holzamer und der Wetterfrosch sollen helfen, uns hinüberzuhieven. Die Bekleidungsfrage bereitet Kopfschmerzen. Ich entschließe mich zu Uniformhose und blauem Luftwaffenhemd, und trage darüber den langen Ledermantel, den ich nach Jagdflieger-Extravaganz in schwarzer Farbe besitze. Der Graf hingegen muß sich mit einem dünnen Fähnchen von Sommermantel zufriedengeben, das ihm Schwester Leonie von irgendwoher besorgt hat.

Es hat sich herumgesprochen, daß wir »über den Zaun« wollen. An sich ist das keine Affäre, denn dieses Lazarett ist nur pro forma ein Gefangenenlager, und die Patienten sind entweder Schwerverwundete oder »Flüchtlinge«, Heimatlose von jenseits der Demarkationslinie, wie die Grenze zum Osten jetzt genannt wird. Daß wir ausreißen wollen, wird keinem in den Sinn kommen. Aber sie finden es ungemein interessant, daß die beiden Jagdflieger-Asse, der mit dem Dachschaden und der Verbrannte mit dem dicken Kopfverband, »über den Zaun« wollen, und sie würden es gewiß noch mehr genießen, falls wir »geschnappt« würden. Sie sitzen hinter den Barackenfenstern und schauen durch die vorgezogenen

Gardinen, sie verbergen sich hinter den Büschen und beobachten die Operation. Es ist in der Tat ein schwieriges Manöver, uns beide »über den Zaun« zu bekommen. Und es muß schnell gehen. Leonie, Holzamer und der Doktor machen das Unternehmen zu einer Art Ausbruchsaktion von größter Bedeutung, von deren Gelingen irgendetwas abhinge. Der Graf hat besondere Schwierigkeiten, die niedrige Hürde zu überwinden, und ruht sich minutenlang auf seinen vier Buchstaben aus, während ich aufgeregt an seinem Arm ziehe, um ihn wieder auf die Beine zu bringen. Wir haken uns unter; nur so gelingt es, in bescheidenem Schrittempo voranzukommen, und wir bemühen uns, wie harmlose Passanten beim Spaziergang zu wirken, um der Aufmerksamkeit der anderen Passanten zu entgehen. Obgleich die Münchner in diesen Nachkriegsmonaten an viel Armut und Leiden gewöhnt sind, gibt es doch keinen, der uns nicht erschreckt anblickt oder sich nach dem ungewöhnlichen Bild umwendet. Der Graf torkelt gelegentlich, und ich beginne vor Schwäche zu schwitzen, aber wir genießen das wundervolle Gefühl, »frei« zu sein und uns ungehindert außerhalb »des Zaunes« bewegen zu können.

Es geht in ein Tal hinab und durch parkartige Anlagen, bis wir das alleinstehende Haus finden, in dem Kelch lebt. Vor der Seite des Hauses, die der Straße zugewandt ist, steht im Garten eine Bank. Darauf lassen wir uns nieder, bevor wir den Vorstoß wagen und klingeln. Rücken und Kopf an die Mauer gelehnt, genießen wir unseren Erfolg. »Hoffentlich schaffen wir es zurück bis zum Lazarett, sie erwarten uns in einer Stunde«, sagt der Graf. »Sie müssen die Maschine tragen«, sage ich, »während ich Ihnen helfe, die Balance zu halten.«

Plötzlich steht eine alte Frau mit einem Einkaufsnetz in der Hand vor uns. Sie macht große Augen, und der Mund steht vor Überraschung offen. Ehe wir etwas sagen können (»Warten Sie doch, wir müssen bei Herrn Kelch die Maschine abholen«), schießt sie behende um die Hausecke und ist verschwunden. »Wir sehen sicher sehr komisch aus«, meinen

25

wir. »Wenn sie so erschrocken ist, läßt sie uns vielleicht gar nicht ins Haus.«

Da kommt sie auf einmal um die Ecke mit einer riesigen Stulle Brot in der Hand, und darauf liegt – sie hält sie mit dem Daumen fest – eine Scheibe schön durchwachsenen Specks. Schnurstracks kommt sie auf mich zu und hält mir die Köstlichkeit entgegen: »Da, nimm das, ihr werdet Hunger haben«, und »Hergott, hamm's Sie zugerichtet.« Ehe ich meinen Dank stammeln kann, macht sie kehrt und verschwindet schnell auf dem gleichen Wege.

»Ich muß wohl toll aussehen«, sagte ich nachdenklich.

»Halb so wild, Sie sehen nur etwas komisch aus.«

»Das ist rührend. Sehen Sie sich mal den Speck an. Aber Sie müssen die Maschine holen, Graf. Vor mir hat sie Angst.«

Das Speckbrot schmeckt köstlich. Ich habe es ohne Zögern angenommen. Während der Graf fort ist, habe ich Zeit, über mich nachzudenken. Meine Vorstellungen über die Zukunft sind vage. Auf jeden Fall wird es meinen Beruf, den des aktiven Flieger-Offiziers, nie mehr in unserem Lande geben. Was aus uns, den hohen Offizieren, den »Volkshelden«, den ehemals Priviligierten wird, ist völlig ungewiß. Die Kampagne, sich reinzuwaschen, sich zu entschuldigen, ist in vollem Gange, und gewiß wird es die kämpfende Frontgeneration sein, die den Preis zahlt. Man wird mich sicher nicht in meinem erlernten Beruf als Sportlehrer arbeiten lassen, ich könnte ja die Jugend militarisieren. Als »Schwerterträger« muß ich ja ohnehin zu jener fanatischen Gruppe von Kämpfern gehören, die ihr Leben immer noch einsetzten, als jeder strategische Laie sah, daß der Krieg hoffnungslos verloren war. In meine Heimat zurückzukehren, ist mir verwehrt. Sie liegt in der sowjetisch besetzten Zone. Ob Ursel und die Kinder am Leben sind, ob sie in Warnemünde bei Ursels Mutter oder in Leipzig bei meinen Eltern Zuflucht gefunden haben?

Der Graf kommt wankenden Schrittes und trägt in einer Hand das Holzkistchen, in dem sich die Schreibmaschine befindet. »Sie war sehr lieb«, sagt er. »Sie hat mich ausgefragt, was

Ihnen denn zugestoßen sei. Das sei ja furchtbar, und wir sollten nur wiederkommen. Sehen Sie hier, sie hat auch mir ein Speckbrot geschenkt.«

Als wir zur verabredeten Zeit »am Zaun« ankommen, übermüdet, am Ende der Kraft, aber stolz, die Maschine zu haben, stehen sie schon bereit, uns zu helfen. Als kämen wir von einer gefährlichen Expedition in ein unbekanntes Land zurück, bombardieren sie uns mit Fragen, und wir berichten von all den Erlebnissen des Ausflugs, der in der Tat eine Expedition war.

Leonie hat aus der Schreibstube des Lazaretts Papier und all die Utensilien besorgt, die man benötigt. So liegen fein säuberlich Kohlepapier, Radiergummi und Durchschlagbögen neben der Maschine auf dem Tisch. Inzwischen hat Holzamer die Remington aus ihrem Holzgehäuse entnommen und einen Bogen Papier eingespannt. Mit steifen Zeigefingern – sie sind der einzig brauchbare Teil seiner abstoßend verkrüppelten Hände – beginnt er zu »tippen«. Völlig versunken, nimmt er an unseren Gesprächen nicht teil, weil er endlich eine nutzbringende Tätigkeit gefunden hat, denn es macht ihm Freude, mir zu helfen. »Es geht, es geht prima, Oberst!«, sagt Holzamer. »Sie können sofort anfangen. Sie diktieren mir ihre Erlebnisse der letzten Monate des Krieges in die Maschine, – so wie Sie es vorhatten und wie Sie es uns erzählt haben.«

»Es ist für heute zu spät«, meine ich. »Wir, der Graf und ich, sind zum Umfallen müde. Aber morgen früh fangen wir an, das verspreche ich Ihnen.«

»Ich habe meine Auszeichnungen abgelegt. Ich werde sie nicht wieder anlegen, bevor die deutsche Luftwaffe sich so einsetzt und schlägt wie damals, als ich hohe Auszeichnungen dafür erhalten habe. Es bleibt aber dabei; ich befehle: die Jägerei setzt sich ein bis zum letzten Mann. Das werde ich rücksichtslos durchsetzen. Tut sie dies nicht, dann geht sie in den Infanteriekampf. Um die Verluste der Jäger kümmert sich das deutsche Volk einen Dreck.«

Reichsmarschall Hermann Göring
am 7. 10. 1943
Obersalzberg
(Historical Division of U.S.-Army)

Oktober/November 1944

Wir hatten nur zwei Tage auf dem Feldflugplatz in Sieben-
bürgen gelegen, als der Befehl eintraf: »Jagdgeschwader 77
verlegt unverzüglich auf den Flugplatz Schönwalde bei Berlin. Es wird in der Reichsverteidigung eingesetzt.«
Das Grollen der Front war schon zu hören. Die Artillerie-
schlacht hatte in der Nacht begonnen, und das Dorf rüstete
zum Aufbruch. Als ich aus dem Bauernhaus trat, beluden sie
gerade die schweren Ackerwagen mit all dem, was man bei
einer überhasteten Flucht mitnimmt, und Kisten, Truhen und
Bettzeug türmten sich zu Bergen. Sie wollten nicht glauben,
daß sie dieses Paradies, das Jahrhunderte lang ihre Heimat
war, verlassen mußten, und standen im fahlen Morgenlicht
um die Wagen herum und hielten ihre Kinder an den Händen.
Es war Erntezeit. In den Vorgärten der blitzsauberen Höfe
blühten Malven, Astern und Sonnenblumen üppig und wild.
Ich hatte im Forsthaus am Waldrand gewohnt und sah nun
den Kradmelder die schnurgerade Straße heraufrasen.
»Sie sollen sofort starten, Herr Oberst – die Artillerie wird
bald auf den Flugplatz schießen . . .«
»Kommen Sie, Straden«, sagte ich zu meinem Adjutanten,
und zu den Bauern gewandt: »Fahrt los, so schnell ihr könnt.
Sie werden bald hier sein!«
Sofort geriet der Tross in Bewegung. Die Peitschen knallten,
die starken Pferde legten sich ins Geschirr. Es waren fast nur
Frauen und alte Männer. Die Frauen saßen auf dem Gebirge
der sperrigen Ladung. Sie hatten bunte Kopftücher um die
runden Gesichter gebunden und bemühten sich, die Last beieinander zu halten, die Kinder, das quellende Bettzeug, und
die Schinken und Brote, die sie in Kopfkissenbezüge einge-
bunden hatten.
»Was machen wir mit Piefke?« fragte Straden.
Der Förster hatte einen Wurf von zehn brandroten kurzhaari-
gen Teckeln, und als die Flucht unausweichlich war, sagte

er: »Suchen Sie sich einen aus – ich kann sie doch nicht mitnehmen.« Ich wählte einen kräftigen Rüden mit zerzausten Lauschern. Er schien der Stammvater der Meute zu sein. Warum ich ihn »Piefke« nannte, weiß ich nicht, aber nachdem ich ihn mit »Flugzeugführer-Schokolade« bestochen hatte, schien er sich mit mir zu befreunden.

»Wir fliegen ja nur bis Debreczin. Er kann hinter meinem Kopfpanzer sitzen. Wenn wir nicht zu hoch fliegen, schadet's ihm nicht.«

Wir überholten den Treck der Flüchtlinge, bogen in den Feldweg ein, der zum Landestreifen führte, und als wir neben den Messerschmitts anhielten, stiegen die ersten Erdfontänen krepierender Artilleriegranaten aus dem satten Grün der Wiesen. Die Front rückte heran. Piefke hatte sich ohne Widerstand in den winzigen Raum hinter der Panzerglasscheibe zwängen lassen, und wenn ich mich umdrehte, konnte ich zwischen Panzer und Plexi-Haube die feuchte Nase und die großen, erschrokkenen Augen sehen.

Wir waren in aller Eile gestartet, und ich begann den Verband zu formieren und meine Flugzeuge zu zählen, als ich im Sprechfunk lebhaftes, aufgeregtes Schreien, Warnen und Befehlen hörte, wie es bei Feindberührung und beim Luftkampf geschieht. »Klausenburg, über Klausenburg . . .!«

»Wer hat Luftkampf, bitte Standort von Iltis, bitte kommen.« Mein Funkspruch hatte ein vielfältiges Echo, es waren mehrere, die zur gleichen Zeit aufgeregt antworteten. Aber wieder war lediglich »Klausenburg« zu verstehen.

Der Zeigefinger glitt über die Karte, die auf den Knien ausgebreitet war. Wir konnten uns den Umweg über Klausenburg leisten, vielleicht kamen wir noch rechtzeitig, bevor der Luftkampf beendet war.

Als der Höhenmesser auf 4000 Meter kletterte, fiel mir »Piefke« ein. Ich durfte nicht höher fliegen und hatte keine Ahnung, wie Sauerstoffmangel Hunden bekommt.

Unser Geschwader-Schwarm – sechs Maschinen – glitt in tadelloser Gefechtsformation über die blauen, dicht bewalde-

ten Berge und die Felder, die in der Herbstsonne gelb auf-
leuchteten. Die Luft war still und wolkenlos. In unregelmäßi-
gen Abständen dröhnte der Funksprechverkehr schmerzhaft
laut in den Ohren. Dann erstarb das Schreien und Rufen, und
als wir Klausenburg erreichten, das mit karminroten Dächern
zwischen den Wäldern und Feldern lag, schien der Luftkampf
vorüber zu sein. Nur das gelegentliche Knistern und Knacken
drang aus den Kopfhörern.

»Rechts oben Messerschmitts . . .« Ich weiß nicht, wer sie
entdeckt hatte und warnte. Aber da waren »Me's«, vier, sechs.
Sie zogen eine enge Kurve, schwenkten auf unseren Kurs ein
und folgten uns.

»Achtung, Sie werden beschossen . . ., die ›Me's‹ greifen
an . . .« Ich fuhr heftig mit dem Kopf herum, zog mein Flugzeug in eine enge Linkskurve (armer Piefke) und sah, wie
eine »Me« aus allen Rohren feuernd die letzte Rotte des
Schwarmes angriff.

»Rumänen, Achtung, das sind Rumänen . . .« Es war Fährmann, der dies mit heller Stimme schrie, und dann sah ich
auch die Hoheitsabzeichen der »Königlich-Rumänischen
Luftwaffe« auf Rumpf und Flächen der Flugzeuge. Es war die
alte »Me 109E«, die »Emil« mit den rechteckigen Flächen und
der stumpfen Nase; ich wußte, daß wir ihnen ein paar Staffeln
damit ausgerüstet hatten.

Nachdem ihr Angriff mißlungen war, hatten sie nun keine
Chance mehr. Trotzdem geriet ich in eine seltsame Aufregung. Ich sollte auf Messerschmitt-Flugzeuge schießen! Auf
Piloten, die vielleicht vor einer Woche noch auf unserer Seite
waren und mit uns flogen. Alle schienen von der gleichen Erregung gepackt. Das Geschrei in den Kopfhörern wurde chao-
tisch, mein Geschwaderschwarm hatte sich aufgelöst, und
plötzlich befanden wir uns im entschlossenen Angriff. Ich
hatte »Piefke« vergessen.

Als ich angriff und schoß, fielen die Beine der »Me« heraus,
eine Wolke weißen Kühlstoffs schoß aus den Kühlern unter

33

der Fläche, und aus der Rückenlage ging das Flugzeug in einen senkrechten Sturzflug.

Ich hörte noch die abgehackten Satzfetzen des Kampfes: »Aufpassen«, »Hochziehen«, und »Abschuß«, – aber ich mußte mich beeilen, den Feldflugplatz Debreczin zu erreichen, das Benzin wurde knapp.

Dann fiel mir plötzlich »Piefke« ein, und im Umdrehen sah ich seine großen Hundeaugen auf mich gerichtet.

Nach der Landung ließ er sich – am ganzen Körper zitternd – aus seinem Gefängnis befreien. Und von da an ging er nicht mehr von meiner Seite.

Am Abend saßen wir beim Schein einer flackernden Petroleumlampe um den Tisch des kleinen Gutshauses und aßen »Bauernfrühstück«, – jedenfalls nannte der dicke Rieber das so. Der »Dicke«, wie wir ihn nannten, war mein Bursche, Kasino-Koch, Kantinen-Verwalter – kurz, »Mädchen für alles«. Er war seit den Tagen am Kaukasus bei mir, hatte mich nach Stalingrad und Sizilien begleitet und sich schlechthin unentbehrlich gemacht.

Seit der Befehl zur Verlegung »ins Reich« eingetroffen war, hatte sich Bedrücktheit ausgebreitet wie bei Reisenden, die vor der Endstation einer abenteuerlichen Fahrt stehen. »Reichsverteidigung«, wir wußten, was das bedeutete: Nach Jahren des Umherzigeunerns durch Frankreich, Rußland, Afrika und Italien das Nachhausekommen in die zerbombte, schwer leidende Heimat und ein erbarmungsloser Jagdeinsatz gegen die Bomberströme der Alliierten. Man würde uns ohne jede Rücksicht in den Kampf werfen.

Die Gespräche schleppten sich hin. Mit einem Mal war der frivole, schnoddrige Ton einer gemäßigten und sachlichen Betrachtung gewichen. Was es für das Reich bedeuten würde, wenn der Ring sich schlösse und der Kampf auf deutschem Boden weiterginge; ob es möglich sei, wenigstens die Zerstörung unserer Städte zu verhindern, und ob uns vielleicht ein Wunder retten könne.

Ich konnte meine Gedanken nicht von den Erlebnissen des

Tages lösen. Ich sah die bestürzten, hilflosen Gesichter der
Frauen auf den Ackerwagen des Flüchtlingstrecks und die
friedliche Dorfstraße in der Üppigkeit des fruchtbaren Para-
dieses. Riesige gelbe Kürbisse und Sonnenblumen groß wie
Wagenräder, und die Flut der Herbstblumen. Und ich wußte,
daß die Heimat für uns alles bereit hielt, was wir bisher ge-
flissentlich übersehen und ignoriert hatten. Arme, gequälte
Menschen in den zerbombten Städten. Blasse Gesichter und
Hoffnungslosigkeit. Fade Ersatzkost aus Surrogaten für Kaffee, Milch und Fleisch (Bratlinge), und Verpflegungskarten
und Holzgas-Autos, und Fliegeralarm.
Hinter uns lag gewiß eine schwere Zeit pausenlosen Einsatzes. Wir waren praktisch außer Atem, seit die Alliierten in Sizilien gelandet waren. Einer Feuerwehr gleich hatte man uns
an den Brandherden der Südfront eingesetzt, hatte uns nach
Frankreich geworfen, um die Invasion der Alliierten zu bekämpfen, und schickte uns nun zum Schutze des Reiches
nach Berlin, – nach einer Gastrolle von wenigen Tagen in
Rumänien und Ungarn.
»Sie werden uns doch ein paar Tage Ruhe lassen! Wir brauchen Flugzeuge und Piloten, und wir müssen uns einfliegen
– gegen Viermotorige –, das können wir doch gar nicht
mehr«, sagte Straden. »Die machen da kein Federlesen«,
meinte »Hänschen« Krug, der Gefechtsstand-Offizier. »Die
Sitten sind dort rauh. Der Reichsmarschall ist nicht konzilian-
ter geworden, seitdem er uns in Sizilien wegen Feigheit vor
dem Feind vor ein Kriegsgericht stellen wollte.«
»Er gibt der Jagdfliegerei die Schuld an den Niederlagen und
dem Versagen der Luftwaffe. Sobald der Führer ihn tadelt, zö-
gert er keine Sekunde, mit dem Zeigefinger auf uns zu deuten: ›Die sind schuld, die haben versagt, die sind feige‹. Er
trägt keinen Orden mehr, der Reichsmarschall. Seitdem Galland ihm sein Ritterkreuz zurückgegeben hat, blieb ihm keine
andere Wahl, als auch seinerseits in schlichter taubenblauer
Uniform ohne Orden seine Solidarität zu demonstrieren. Aber
er hat die Moralpredigten an die Jäger auf Schallplatten auf-

nehmen lassen und an die Geschwader geschickt. Diese Reden sind gespickt mit Beleidigungen und bedeuten doch nur: ›Ihr seid schuld, ihr seid schuld‹. Weil er keine besseren Flugzeuge hat, schickt er uns Schallplatten mit Durchhalteparolen!«

Die Ratlosigkeit stand auf allen Gesichtern. Sie waren plötzlich zu Hause, »im Reich«. Sie konnten ihre Gleichgültigkeit nicht mehr entschuldigen. (»Wir sind an der Front und haben keine Zeit, eure Sorgen zu teilen. Wir sind beinahe täglich in Luftkämpfe verwickelt.«) Sie wußten, daß der Jagdkampf gegen die Bomberströme mörderisch war, daß sie nirgends mehr sicher sein würden, – weder in der Luft noch am Boden, und daß nur ein Wunder sie retten könnte.

»Aber warum geben sie uns denn nicht endlich den Düsenjäger, die ›Me 262‹?« fragte Fährmann.

»Weil Hitler immer noch an die Offensive gegen England glaubt, und weil er die Bomber hätschelt und hofft, sie eines Tages als seine Vergeltung einzusetzen . . .«

Die drei Jagdgruppen des Geschwaders 77 lagen an der Peripherie der Reichshauptstadt. Der Geschwaderstab hatte sich mit einer Gruppe in Schönwalde eingerichtet. Es waren wider Erwarten seltsam »passive«, beinahe friedensmäßige Tage, die wir im Oktober verlebten. Wären nicht die ständigen Fliegeralarme während der Nacht und der Feuerschein über Berlin gewesen, wir hätten glauben können, daß der Krieg vorüber sei.

Der General der Jagdflieger baute seine große »Jäger-Reserve« auf. Eine Streitmacht von 3700 Jägern, »um endlich den großen Schlag zu führen«, und einen der großen Einflüge vernichtend schlagen zu können. Wir bekamen neue Messerschmitts in großer Zahl. Man teilte uns junge Piloten zu, unerfahren, schüchtern und verängstigt. Wir flogen selten (der Betriebsstoff war knapp), und wir übten den Flug im Geschwader-Verband und den geschlossenen Angriff auf fingierte Bomberverbände. Die jungen Piloten waren noch nicht

36

auf den Kampf vorbereitet, und war es schon schwierig, einen großen Gefechtsverband von erfahrenen Jagdfliegern zu führen und zusammenzuhalten, so war es erst recht mit den Jungen eine hoffnungslose Sache. Sie hatten einfach Angst. Man verlangte von ihnen den exakten Verbandsflug. Sie flogen eingeklemmt in dieses riesige Gebilde aus über einhundert Jägern und sollten Abstand, Höhe und Zwischenraum halten. Sie sollten den Luftraum beobachten und sich nicht zum Luftkampf mit Jägern herausfordern lassen (sie hatten überhaupt noch keinen Luftkampf erlebt), und sie sollten beim Angriff auf die Bomber-Armada ihre Position halten – um jeden Preis. Das konnte nicht funktionieren. Auch die Technik machte uns Kummer. Das Umkehren »wegen zu rauh laufenden Motors«, »wegen Kerzenschadens«, oder »niedrigem Öldruck« war an der Tagesordnung.

Die ersten weiblichen Techniker, Mechaniker, Waffen- und Funkwarte trafen ein. Sie sollten die Männer ersetzen, die man an der Front benötigte. Die Oberwerkmeister der Staffeln begannen über die Disziplin zu klagen. Die weiblichen Techniker ließen sich allzu bereitwillig von den männlichen Kameraden umwerben. Die Flugzeugführer fanden Gefallen an den attraktiven Helfern im engsitzenden schwarzen Overall, die sich zu ihnen hinabbeugten, um ihnen beim Anlegen der Gurte behilflich zu sein.

Es kostete Mühe, uns an die Verhältnisse im Reich zu gewöhnen. Obgleich wir in Rußland und Afrika nicht im Überfluß gelebt hatten (im Winter vor Moskau Pferdefleisch mit gefrorenen Kartoffeln), so hatte uns Italien reichlich dafür entschädigt. Wir hatten in unserer kurzlebigen Welt existiert, die bis zum nächsten Feindflug reichte, und die Heimat war fern, wenn wir auch die Frontzeitung lasen und den Wehrmachtsbericht hörten.

Nun aßen wir die einfache Kost, rationiert und »auf Marken«, die vom Mangel diktiert war. Die Propaganda-Maschinerie des Radios klang gespenstisch, unwirklich, und wurde von »Vorwarnung«, »Voralarm« und »Alarm« in beinahe regelmäßigen Abständen unterbrochen. Wir hatten unsere Ohren zugehalten und an der (schrumpfenden) Peripherie des Reiches mit dem Blick »frontwärts« der Angst um das Schicksal der Heimat die Therapie des Kampfes, des Angriffs und des täglichen Einsatzes entgegengesetzt. Nun gab es kein Ausweichen mehr.

Aber die Führung gab uns ein neues Ziel: »Dies ist die Zeit, in der ihr die Nerven behalten müßt.« »Wir müssen ein paar Schläge einstecken und dürfen uns nicht verleiten lassen, uns zu verzetteln.«

So flogen und übten wir weiter und ignorierten die Bomber und glaubten am Ende gar selbst an den »großen Schlag«.

Mitte November traf ein Fernschreiben ein, das mich zu einer zweitägigen Aussprache »unter Leitung des Reichsmarschalls« nach Gatow bei Berlin befahl. Alle hochausgezeichneten Verbandsführer sollten zugegen sein.

Wir standen an einer langen Konferenztafel hinter unseren Stühlen und warteten auf den Reichsmarschall. Der Konferenzraum war »schlicht, im Stile des Dritten Reiches« gehalten, Tisch und Stühle aus heller, gebeizter Buche. Während der Reichsmarschall, den Umhang in Cäsaren-Geste um die Schulter geschwungen, als Riesenphoto auf uns herabschaute, stand die Büste Hitlers in Bronze auf schmalem Sokkel an der Breitseite des Raumes zwischen den Fenstern, durch die das Sonnenlicht des Spätherbstes drang. Ein paar schmalgerahmte Stiche, der große Friedrich und Moltke, wie sie jeder von uns aus unseren Offizier-Kasinos (Massenproduktion!) kannte, hingen auf der blassen Tapete. Häßliche Lampen in sechseckigen wuchtigen Holzgestellen, die etwas erdhaft Rustikales vermitteln sollten, schwangen an Ketten über unseren Köpfen.

Eine illustre Versammlung von Männern, die dem Volk als »Helden« bekannt waren, deren Konterfei in den Illustrierten, in Groschenheften und Wochenschauen vom Propaganda-Apparat unermüdlich präsentiert wurden. Gut aussehende, meist blutjunge Männer. Die Herbstsonne spiegelte sich in den Dekorationen, die sie am Halse oder auf der Brust trugen. Man hatte sie sorgfältig ausgesucht – die »Höchstdekorierten« der Luftwaffe, und die Waffengenerale der Bomber, Jäger und Aufklärer.

Ich stand neben Lützow und dem General der Jagdflieger. Dieser trug die Uniformjacke in einer modischen Variante, die offensichtlich seiner Erfindungsgabe entsprungen war (oder kopierte er den Reichsmarschall?), nämlich am Halse hochgeschlossen, so daß die weißen Generalsspiegel, gleich den Spiegeln des Heeres, nebeneinanderlagen. Aber er trug keine Auszeichnung.

Ich konnte meinen Blick nicht losreißen vom Profil des Generals, der in stoischer Ruhe neben mir stand und geradeaus sah. Dieses Gesicht erschien mir in einem Maße maskulin und beinahe brutal, daß ich die Anziehungskraft, die dieser Mann (besonders auf Frauen) ausstrahlte, zu spüren glaubte. Die kräftigen schwarzen Haare (gar nicht germanisch!) lagen gleich einem Helm glatt zurückgestrichen über dem wohlgeformten Schädel. Die Stirn, die Sattelnase, Folge eines Unfalls beim Kunstflug, der struppige schwarze Schnurrbart, der breitlippige Mund und das große Kinn bildeten eine Einheit von (für manche furchterregender) Dynamik.

»Meine Herren, ich melde dem Herrn Reichsmarschall!«

Die Stimme des Generals der Kampfflieger riß mich aus meiner Betrachtung. General P. stand kerzengerade neben der Tür, durch die sich die überaus massige Gestalt des Reichsmarschalls erstaunlich behende dem Kopfende der Tafel zu bewegte.

»Herr Reichsmarschall, ich melde die von Ihnen befohlenen Offiziere vollzählig versammelt.«

»Guten Morgen, meine Herren.«

Während ich einen Augenblick lang der Anziehungskraft der Stimme dieses Mannes erlag, flüsterte Lützow zu meiner Rechten: »Schauspieler! Heute sind wir taubenblau!«

In der Tat: er trug die taubenblaue Uniform, zweireihig

(Reichsmarschall-Privileg) mit den breiten weißseidenen Aufschlägen, und – zu meiner Enttäuschung – lange Hosen. Ich kannte ihn in den roten, juchtenledernen Stiefeln über den Breeches-Hosen, wobei ich jedesmal unwiderstehlich der Faszination der Häßlichkeit erlag. Enormer Hintern, registrierte ich. Der dicke Mann zwängte sich zwischen die Seitenlehnen eines Sessels und »ließ sich nieder«. Und schon öffnete er den breiten, energischen Mund und begann mit seiner sonoren Trompetenstimme den Raum zu füllen.

»Meine Herren. Diese Versammlung ist ein Areopag, aber beileibe kein Scherbengericht. Ich erwarte von Ihnen, die Sie meine Tapfersten und Erfolgreichsten sind, daß Sie kritisch zu allem Stellung nehmen, was in unserer Waffe – Ihrer Meinung nach – nicht in Ordnung ist, verbessert werden sollte. Aber Ihre Kritik hat vor der Spitze der Luftwaffe Halt zu machen – Ihrem Oberbefehlshaber. Hier steht nichts zur Diskussion, denn ›habemus papam‹«, und er wiederholte »habemus papam«. Dabei legte er die fette beringte Rechte auf die massige Brust.

»Sie sollen mir helfen, den Ruf der Luftwaffe wiederherzustellen. Das deutsche Volk erwartet das, denn wir haben versagt, unglaublich versagt. Die Waffe steht in ihrer schwersten Krise. Das Volk kann nicht verstehen, warum die alliierten Bomber wie beim Parteitag über dem Reich spazierenfliegen können und die Jäger nicht starten – weil Nebel ist, weil sie nicht einsatzbereit, weil sie indisponiert sind . . .«

Ich kann es auswendig, dachte ich, ich kenne die Litanei rückwärts und vorwärts, und ich kann es nicht mehr hören.

Er begann sich zu ereifern; seine Wangen wurden rosig, und die Augen, die in der großen Fläche des breiten Gesichts zu klein wirkten, fingen an zu leuchten. Es war der Mund dieses Mannes, der mich stets gefesselt hatte, dieser energische, riesige Mund über dem brutalen Kinn. Die Lippen waren schmal und in den Mundwinkeln eingezogen. Der Mund eines Willensmenschen, aber zugleich ein sinnlicher, genießender

Mund – der, wenn er sich öffnete, makellose, aber zu kleine Zähne sichtbar machte.

Und dann begann er zu klagen und zu lamentieren, zu loben und zu schmeicheln, und setzte alles daran, diese »freie Diskussion« zu kanalisieren und zu lenken. Er beklagte den inneren Zustand der Luftwaffe und die schwindende Einsatzmoral.

Er verbat sich eine Wiederholung der »fruchtlosen« Diskussion der Frage, ob das neue Düsenflugzeug Messerschmitt 262 als Jagdflugzeug oder als Bomber eingesetzt werden sollte, denn seine Entscheidung, dieses Flugzeug den viel erfahreneren Bomberpiloten zu geben, sei längst gefallen. Was sollen wir eigentlich sonst an Wesentlichem diskutieren, dachte ich.

Dann klangen plötzlich zaghafte Siegesfanfaren: »Wir stehen vor der Entscheidungsschlacht, – auch die (›unsere Feinde‹) kochen nur mit Wasser.« Und als ob er mit einem Löschgerät einen dünnen Teppich von Schaum über das Auditorium gelegt hätte und nun mit einem letzten »Feuerstoß« den Rest von Energie verschoß, erhob er noch einmal seine Stimme:

»Ich bedaure, daß mich die Geschäfte abhalten, selbst diese Aussprache zu leiten – aber ich weiß die Leitung der Besprechung in den besten Händen, wenn ich den General der Kampfflieger, General P., bitte, das an meiner Stelle zu tun. Bevor ich jedoch gehe, möchte ich Ihnen die Beförderung des Generals der Jagdflieger zum Generalleutnant mitteilen. Ich teile Ihre Freude, mein lieber Galland.«

Stühlerücken und Händeschütteln, »herzlichen Glückwunsch!« Der Ausgezeichnete machte gute Miene zum bösen Spiel und sammelte jovial Händedrücke. Zu mir gewandt sagte er mit halblauter Stimme: »Das ist kein gutes Zeichen – nun wird es nicht mehr lange dauern, bis sie mich fortjagen.«

In der allgemeinen Unruhe hatte kaum einer gesehen, wie der Reichsmarschall den Saal verließ. Während General P.

41

die Sitzung eröffnete, zündete sich Galland eine lange schwarze Brasil an, und wie auf ein Signal begannen die Zündhölzer und Feuerzeuge längs der Tafel zu flackern.

Es war wie beim Beginn einer Lagebesprechung in einem der großen Stäbe. Die Generäle der Jäger, Aufklärer und Bomber berichteten in knappen Worten, wie es um ihre Waffe aussah. Es waren nüchterne Berichte, in denen die Dinge, die nicht funktionierten, die Schwächen und Versager, einen großen Raum einnahmen. Es »funktionierte« so vieles nicht mehr in dieser Luftwaffe und im Dritten Reich.

Sie wichen der Diskussion über die Luftverteidigung aus. Wenngleich die Nachtjäger Übermäßiges leisteten, war es bei ihnen der Mangel an Flugzeugen, und die Organisation, die im Argen lag. Und die Hoffnungslosigkeit der Jagd-Verteidigung am Tage, der Verteidigung gegen die Massenangriffe der Viermotorigen, war kaum der Diskussion wert. Das Verbot, über Düsenjäger zu sprechen, machte die Sache noch aussichtsloser.

Obgleich dies von den Jägern mit Murren und widerstrebend zur Kenntnis genommen wurde, gelang es dem Vorsitzenden, den Gedanken einer neuen, dynamischen Luft-Offensive zur Diskussion zu stellen.

Die Vorstellung, »die Insel« nach dem Motto »Gleiches mit Gleichem« zu bombardieren, schien nichts von der Faszination verloren zu haben, obgleich seit Coventry 4 Jahre vergangen waren. Als wenn die alliierte Bomber-Offensive sie mit Neid erfüllte und sie nicht wahr haben wollten, daß die Alliierten den Einsatz von Flugzeugen als Offensiv-Waffe bis zur letzten Konsequenz entwickelt hatten, lebte der Wunsch nach Vergeltung in der Diskussion auf. Es war beinahe gespenstisch – wie Schattenboxen – als sie von ein paar Staffeln aus Heinkel- und Junckers-Bombern sprachen und von den Möglichkeiten, wie sie die Abwehr durchstoßen und die englischen Städte und Häfen heimsuchen würden.

Dabei wußte jeder von uns, daß nichts Entscheidendes, nichts, was den Verlauf des Unabwendbaren hätte ändern können, möglich war. Die Bomber, die bis ins Herz der Insel vorstießen, waren gewiß die tapfersten der Tapferen. Und wenn sie das Glück hatten, zurückzukehren, so berichteten sie von einer Abwehr, wie sie perfekter, engmaschiger und tödlicher kaum möglich war.

Auch wenn der zaghafte Versuch unternommen worden wäre, »echte« strategische Bomber mit vier Motoren und großer Reichweite zu konstruieren, wäre dies alles zu spät, zu unvollkommen und technisch unreif – und die Zahl einsatzbereiter Flugzeuge wäre günstigstenfalls zweistellig. Ein einziger Angriff gegen das Reich wurde von tausend und mehr Bombern der Engländer und Amerikaner geflogen!

Die Jäger, die einen deutschen Bomberverband nach der Insel und zurück hätten begleiten können, gab es nicht. Nicht einmal zur wirksamen Luft-Verteidigung über dem Reich waren sie in der Lage.

Man sprach aber vom »Angriffsführer England«, als ob es einen Kommandeur gäbe, der Luftmacht besäße und Schläge austeilen könnte – und nur auf den Befehl wartete, daß er zuschlagen sollte.

Und plötzlich, ehe wir Jagdflieger es uns versahen, die wir als absolute Minorität unter den Teilnehmern dieses »Areopags« mit Verwunderung dem Verlauf folgten, lag ein Tagesordnungspunkt auf dem Tisch: »Politisches Engagement, Durchdrungensein von nationalsozialistischem Gedankengut, Glaube an Führer und Sieg ...« Wir sollten uns beispielhaft an die Spitze der Nation setzen und die politische Gleichgültigkeit und Lethargie bekämpfen.

Ein Nationalsozialistischer Führungsoffizier* der Kampfflieger begann in bewegter Sprache von seiner Arbeit bei den Bomberverbänden und während der Kurse für politische Erziehung in Oberjochberg zu berichten. Er ließ sich über die Notwendigkeit aus, das nationalsozialistische Gedanken-

---

* »NSFO«, eingerichtet durch Führerbefehl am 8. Januar 1944, um »in weltanschaulicher Hinsicht eine bedingungslose Übereinstimmung zwischen Staatsführung und Offizierkorps herbeizuführen.«

gut verstehen, interpretieren zu können und kompromißlos zu vertreten. Die Lage des Reiches sei kritisch, das müsse er zugeben. Aber sie sei es wiederum nicht, wenn die Männer, die flögen und kämpften, sich voll mit den Zielen des Führers identifizierten. So gesehen, gäbe es eigentlich Tapferkeit gar nicht im abstrakten Sinne. Tapferkeit sei nur mitreißend, überzeugend, wirksam und ehrlich, wenn sie aus der tiefen Erkenntnis nationalsozialistischer Zielsetzung erwüchse.

Er sähe, meinte er nun mit erhobener Stimme, in diesem Raume zwei grundverschiedene Typen des Kämpfers. Solche, die sich, tiefdurchdrungen von den politischen Maximen des Nationalsozialismus, fanatisch für den Endsieg einsetzten, – und solche, die zwar tapfer ihren Einsatz flögen, jedoch offensichtlich nicht in dem gleichen Maße fanatische Verfechter der geschichtlich großen Sache des Nationalsozialismus seien.

Ich hatte derartiges noch nie gehört. Erst vor ein paar Wochen war ich von der fünfjährigen Irrfahrt über die Kriegsschauplätze ins Reich zurückgekehrt. Die ideologische Berieselung an der Front war maßvoll gewesen. Zuweilen hatten wir die Front-Zeitung des jeweiligen Kriegsschauplatzes gelesen; der »Völkische Beobachter« hatte uns selten erreicht; und im übrigen waren wir auf den lakonischen Wehrmachtsbericht angewiesen. Als die Nationalsozialistischen Führungsoffiziere eingeführt wurden, war Not am Mann. Man hatte uns keinen »berufsmäßigen« oder ausgebildeten herausschicken können, und so waren wir auf Hänschen Krug verfallen, der die Terminologie der nationalsozialistischen Propaganda besser beherrschte als wir. Jedoch gelang es ihm nicht, da er ja selbst Amateur war – als Reserveoffizier war er im NS-Fliegerkorps tätig gewesen –, »kalten Haß und fanatische Entschlossenheit« zu erzeugen. Routinemäßig hielten wir unsere Gemeinschaftsabende mit den Mannschaften ab, bei denen Hänschen Krug eine anfeuernde Rede hielt und uns zu überzeugen suchte, daß »nicht den zerstörenden Ideen der ›Roten Bestien‹, sondern den aufbauenden Ideen unserer Weltanschauung die Zukunft gehöre«. So arteten denn diese Abende auch meist in eine fröhliche Sauferei aus, und wir hatten das Gefühl, damit das Soll erfüllt zu haben.

Nun wurde mir mit Bestürzung klar, daß hier eine Gruppe von Offizieren den Entschluß gefaßt hatte, nach fünf Jahren Krieg eine Bereinigungsaktion in der Truppe durchzuführen mit dem Ziele, alle die auszuschalten, deren »Vorleben und Verhalten nicht dem nationalsozialistischen Menschentypus entsprach« und die »nicht fest auf dem Boden des nationalsozialistischen Gedankenguts standen«.

Während wir wie versteinert dasaßen, schienen andere an der Diskussion der sogenannten nationalsozialistischen Führungsgrundsätze großen Gefallen zu finden. Vielleicht war es auch für manche ein Versuch, auf ein Gebiet auszuweichen, das weniger konkret war, als die Auseinandersetzung mit der verzweifelten militärischen Situation, und man empfand offensichtlich noch dazu die Genugtuung, andere schelten zu können. Fanatismus wurde an die Stelle der Hoffnungslosigkeit gesetzt, »Treue zum Führer« und die »feste Verwurzelung in der nationalsozialistischen Weltanschauung«, die »charakterliche Unantastbarkeit«, alle diese Phrasen gingen ihnen ohne Zögern von den Lippen. Die Forderung, die Führung der Luftwaffe von oben nach unten zu »durchkämmen«, wurde erhoben, und dann sprach gar einer von der »nationalsozialistischen Seele«.

Lützow hatte mit starrem Gesicht und verkniffenem Mund neben mir gesessen.

»Das ist doch unglaublich«, flüsterte er, »die meinen uns . . .«

»Sieh mal, Wernicke meldet sich zu Wort. Er hat sicher ›Mein Kampf‹ in der Aktentasche . . .«

Wernicke – einer unserer Kommandeure, ein Jagdflieger – stand schon kerzengerade, beide Hände auf den Tisch gestützt, und schaute selbstbewußt um sich, bevor er zu spre-

45

chen begann. Sein Gesicht war rosig und mit Sommersprossen gefleckt, das rötliche Haar glatt nach hinten gekämmt.

»Viele junge Männer laufen durch meine Fliegerschule«, begann er mit überlauter Stimme. »Viele junge Männer, die aus der Hitlerjugend kommen und an die Front drängen. Es ist erstaunlich und bedauerlich, daß die nationalsozialistische Erziehung nur sehr wenig Spuren hinterlassen hat. Sie haben dieses Gedankengut in keiner Weise verdaut. Weder kann man den ›Mythos des 20. Jahrhunderts‹ mit ihnen diskutieren, noch sind sie sattelfest, was ›Mein Kampf‹ betrifft. Ich muß aber auch darüber klagen, daß man uns nicht genügend mit zeitgemäßer Literatur versorgt.«

Es war still geworden. Alle blickten aufmerksam diesen Mann an, als ob sie eine Offenbarung besonderer Art von ihm erwarteten. Das gefiel ihm sichtlich. Er setzte sich, richtete sich auf, und nachdem er ein selbstgefälliges Lächeln in die Runde geschickt hatte, fuhr er fort: »Ich habe eine Methode entwickelt, die man in der Luftwaffe einführen sollte. Morgens beim Appell lese ich der angetretenen Truppe ein wichtiges Zitat aus ›Mein Kampf‹ vor. Jeder Offizier, Unteroffizier und Soldat besitzt ein kleines Heft, in das er die Zitate einträgt. Am Abend, bevor sie eingesammelt werden, müssen die Leute in dieses Heft eintragen, wie sie im Sinne des Führerzitats den Tag verbracht, ihre Pflicht getan haben.«
Lützow leise zu mir: »Das kann nicht wahr sein . . .«
Einige schauten verlegen vor sich hin. Bei anderen verständnisvolles Interesse, Tuscheln (»Interessanter Gedanke – der ist auf dem richtigen Weg«). Ermuntert durch diese wohlwollende Atmosphäre setzte nun Wernicke dem Ganzen die Krone auf: »Um den jungen Volksgenossen so eindrucksvoll wie möglich die Maxime des Nationalsozialismus vor Augen zu führen, habe ich in meterhohen Lettern Führerzitate auf die Hallentore malen lassen. So steht auf den Toren der größten Halle: ›Ich will! Adolf Hitler‹ . . .«

Einige hatten dieses alles mit wachem Interesse angehört.

46

Wernicke blickte mit unverhohlenem Stolz um sich. Wir anderen schauten uns verständnislos an.

Der General der Kampfflieger lobte die Initiative Wernickes und fand jetzt offensichtlich die Unterstützung der Mehrzahl. Und nun begannen sie – da ihre Phantasie so unerwartet von einem Jagdflieger angeregt worden war – lebhaft alle möglichen skurrilen Pläne zur Politisierung der »kämpfenden Truppe« zu diskutieren. Dann fiel plötzlich das Stichwort vom »Glaubensbekenntnis der Luftwaffe«.

Daß man überzeugende, mitreißende Richtlinien geben müsse, meinten sie. Daß man jeden einzelnen verpflichten müsse, »zum fanatischen Verfechter der geschichtlich großen Sache des nationalsozialistischen Deutschlands« zu werden. Im Sinne des Wortes des gefallenen Generalobersten D. sei es lebenswichtig, die Überzeugung »Je schwieriger die Lage, desto größer unsere Treue zum Führer« bis in die vordersten Linien zu tragen.

Mit einer krampfhaft anmutenden Begeisterung wählten sie Redakteure, die mit dem Ziele, ein packendes »Bekenntnis« zu verfassen, in Klausur gesandt wurden, »damit sie ohne Ablenkung diese große, wichtige Sache durchdenken könnten«.

Unser Wernicke brauchte nicht erst gebeten zu werden, seine Erfahrung zur Verfügung zu stellen.

Es mochten Stunden vergangen sein. In ermüdender Gleichmäßigkeit hatten wir Einsatzfragen und Ausrüstungsmängel diskutiert. Aber es waren uns keine neuen Erkenntnisse gekommen. Die Tabus waren prompt übergangen worden. So blieb die brennende Frage: »Wann bekommen die Jäger das Düsenflugzeug ›Me 262‹?« durch die Entscheidung des Reichsmarschalls, das Thema nicht zu diskutieren, eben weiter unbeantwortet.

Wir standen in einer Pause um den langen Tisch herum und tranken aus dickwandigen Wehrmachtstassen Kaffee. Die Atmosphäre war frostig geworden. Es waren zwei Lager entstanden. Die »Politischen« standen flüsternd in kleinen Grup-

pen beieinander, und die »Unpolitischen« brachten durch
mißmutige Gesichter zum Ausdruck, daß sie wünschten, dieser Unsinn möge nun bald enden. Als mir jemand von hinten
die Hand auf die Schulter legte, drehte ich mich um und stand
dem Oberst S. gegenüber, der sich während der Debatte lebhaft für die »nationalsozialistische Seele« geschlagen hatte.
Wir gehörten zum gleichen Jahrgang und hatten gemeinsam
die Offiziersschule der Marine besucht.
»Ist euch eigentlich klar«, fragte er, »daß nun bald etwas geschehen muß? Ich meine, daß ihr, was die Führung der Jagdwaffe betrifft, Konsequenzen ziehen müßt. Wir jedenfalls«,
meinte er, »sind beunruhigt über das, was wir hören. Was
ihr« – und er schloß damit offensichtlich uns Jäger alle ein,
die wir hier waren – »was ihr so tut, ich meine die Lebens-
führung, diese schrecklichen Dinge mit Weibern in dieser
schweren Zeit, all das ist doch erschreckend.« Er sagte dies
mit einem gewissen Ton der Überlegenheit. Ich zögerte, ihm
zu antworten, denn die Sinnlosigkeit der Argumente dieser
ideologischen Krieger widerte mich an. »Da du mich offensichtlich einschließt«, .erwiderte ich dann, »laß dir sagen, daß
ich eure Welt nicht verstehe. Daß ich nicht verstehe, wie ihr
durch ideologische Dispute diesen Krieg gewinnen wollt. Wir
jedenfalls fliegen und kämpfen.«
»Ach«, wandte er sich ab, »ihr, ihr empört euch über den
Herrn Reichsmarschall, der von den Jägern als ›maroden
Haufen‹ spricht. Was ist denn diese ganze Jagdfliegerei anderes als ein maroder Haufen?«
Als wir danach am Tisch saßen und der General P. sich
mühte, die kraftlose Diskussion wieder in Gang zu bringen,
schob mir der General der Jagdflieger einen Zettel zu. »Der
Reichsmarschall hat«, so stand da, »gedrängt durch den Führer, die Erlaubnis gegeben, das erste Turbinen-Jagdge-
schwader aufzustellen. Wollen Sie es führen?«
Wie kann er mich fragen, ob ich bereit sei? schoß es mir
durch den Kopf. Er kann nicht annehmen, daß ein Kommodore diese Verlockung ausschlägt. Er will mich auszeichnen,

dachte ich weiter, er will mir sagen, daß er mir vertraut und mich schätzt. Das ist sein Dank für die Mühe, die ich mir gab, Hitler zu überzeugen, daß dieses überragende Flugzeug ein Jagdflugzeug und kein Bomber sei. Ich schrieb meine kurze Antwort auf den Zettel: »Vielen Dank!«

Es war Ende Juli des gleichen Jahres. Wir starteten von Flugplätzen in Oberitalien gegen die Bomber der Alliierten, als ich das Fernschreiben erhielt, in dem mir die Verleihung der Schwerter zum Eichenlaub des Ritterkreuzes mitgeteilt wurde. Von bewährtem Heldentum war darin die Rede, von der stolzen Zahl der Luftsiege und von vorbildlichem Kampfesmut. Es wurde mir befohlen, ich solle mich zwei Tage später im Führer-Hauptquartier melden.

Am Vorabend der Meldung trafen wir in Hitlers Hauptquartier der »Wolfsschanze«, ein. Der Oberleutnant B., der Major S., und ich.

Als die Dunkelheit hereinbrach, saßen wir auf der Terrasse des Offiziersheimes. Es war sehr still, die großen Räume waren leer, nur ein paar SS-Ordonnanzen bedienten die wenigen Gäste.

Der kleine See am Fuße der Terrasse reflektierte das Blutrot der untergehenden Sommersonne, die Wälder ragten als pechschwarze Kulissen in den purpurnen Himmel.

Gelegentlich kam ein Gast, verharrte an der Tür, in Habt-Acht-Haltung den Arm zum ›deutschen Gruß‹ erhoben, und zog sich schnell wieder zurück, sobald er der beinahe feindlichen Leere gewahr wurde. Seit dem Attentat vor vierzehn Tagen war der ›deutsche Gruß‹ in der Wehrmacht obligatorisch. Nach einigem Zögern hatten wir uns schnell an diese ganz und gar unnatürliche Form der »Ehrenbezeigung« gewöhnt. Wir hatten andere Sorgen.

Schon einmal war ich hier gewesen. Damals, im Sommer 1942, hatte ich in der »Wolfsschanze« von Hitler das Eichenlaub erhalten. Ich fand ein Hauptquartier vor, in dem selbstbewußte Geschäftigkeit herrschte. Die Schlappen, die

49

man im verlustreichen ersten Winter in Rußland erlitten hatte, schienen durch den triumphalen Vormarsch zum Kaukasus, das Überschreiten des Don und das nun beinahe widerstandslose Vordringen in die Kalmücken-Steppe mehr als wettgemacht. Hitler hatte sich wie ein Eroberer gegeben. Er hatte doziert, nur selten eine Frage gestellt und fast wie im Rausch diesen Triumph und seine Pläne vor uns ausgebreitet.

Er werde, so sagte er, die kritische Erdölversorgung des Reiches drastisch verbessern. Er sprach von Maikop und von Baku (das wir nie erreichten).

(Aber ich war von Maikop gekommen und wußte, daß die Russen flüssigen Zement in die Erdöl-Bohrlöcher gegossen hatten, und daß wir vermutlich keinen Tropfen fördern würden.)

Er sprach von dem Vordringen zum Schwarzen Meer und nach Tiflis über die Grusinische Heerstraße.

(Ich aber wußte, daß sich der Vorstoß der Gebirgsjäger mit dem Ziel, das Schwarze Meer bei Sotschi zu erreichen, in den Regenwäldern des Kaukasus festgefahren hatte und daß wir begonnen hatten, die Spitzen aus der Luft zu versorgen, indem wir in Heuballen verpackte Konserven und Brote abwarfen.)

Man schien den Optimismus Hitlers im Führungsstab der Wehrmacht zu teilen. Und so verließ ich die »Wolfsschanze«, versehen mit dem moralischen Rüstzeug, das man dem Verbandsführer einer Fronttruppe mitzugeben gewohnt war, die 2000 Kilometer von der Grenze des Reichs entfernt kämpft. Als ich wieder in Maikop eintraf, packte man bereits zur Verlegung nach einem Feldflugplatz im großen Don-Bogen mit dem Auftrag, die 6. Armee zu »entlasten«, die bei Stalingrad die Wolga erreicht hatte – und abgeschnitten war.

Wie hatte sich doch seitdem hier im Führerhauptquartier die Atmosphäre geändert. Von der Mitteilsamkeit der Stabsoffiziere, die vor zwei Jahren so ausgeprägt deren Haltung bestimmt hatte, war kaum noch etwas zu spüren. Beinahe scheu, und als ob man sich entschuldigen müsse, wich man der Begegnung mit uns aus. So saßen wir – isoliert und allein gelassen – auf der Terrasse und hingen unseren Gedanken nach.

Nur der Major S. war gesprächig. Er erzählte, wie er sich mit seiner Flak-Abteilung (20mm Vierling) von Smolensk bis Ostpreußen durchgeschlagen hatte, tapfer und »rücksichtslos«. (»Wer verwundet wird, bleibt liegen – wir können nur gesunde Kämpfer gebrauchen.«) Sie waren aus zahlreichen Kesseln ausgebrochen, um den Anschluß an das zurückweichende deutsche Heer zu finden. Die Russen bedienten sich meisterhaft der Vormarschtaktik, die wir ihnen so erfolgreich 1941 beim Einmarsch demonstriert hatten. Sie überholten in weit ausholenden Zangenbewegungen die träge und häufig ungeordnet nach Westen zurückflutenden deutschen Truppen und deren Tross; sie kesselten diese immer wieder ein und vernichteten sie erbarmungslos. Die Schilderung des Rückzugs aus dem Munde des Major S. stand in nichts hinter dem zurück, was ich über den Leidensweg der Großen Armee Napoleons nach dem Brande Moskaus wußte. »Ich werde das dem Führer deutlich und unverblümt sagen«, war sein zweites Wort. Er meinte das »Versagen der Generalstäbler«, die »hoffnungslose Korruption in der Etappe«. »Sie hatten massenhaft Russenweiber, Schinken und Eier auf ihren Panjewagen – aber ich habe kein Pardon gekannt. Wenn sie die Straße, eine Brücke oder eine Furt versperrten, habe ich ihnen ein paar Minuten Zeit gegeben, die Durchfahrt freizumachen – wenn das nicht geschah, habe ich geschossen – mit den Vierlingen in dieses Knäuel von Fahrzeugen und Leibern . . .«

Bevor wir Hitlers Empfangsraum betreten durften, forderte uns ein SS-Offizier auf, unsere Koppel mit der Pistole abzulegen. Dann traten wir in den mäßig erleuchteten Raum.

Als er auf mich zukam und mir die Linke entgegenstreckte, gewahrte ich zu meiner Überraschung, daß ich einem gealterten, verbrauchten Mann gegenüber stand. Das Altmännergesicht erhielt seinen Ausdruck durch die Schlaffheit der Haut,

51

die um Mund und Kinn ein Filigran von Falten gebildet hatte, und die wässerigen, beinahe verschwommenen Augen, die nur noch in die Ferne zu blicken schienen.

Seine Stimme klang rauh, wie die eines Kettenrauchers, wenngleich er nur mit halber Stimme und monoton sprach. Wieder fiel mir auf, wie guttural er das »R« rollte, und wie er mühelos im Stil seiner Reden formulierte.

Er hatte nur eine begrenzte Zeit, sich mit uns zu unterhalten. »Nehmen Sie Platz.« Man saß kerzengerade – als habe man einen Stock verschluckt – auf der Vorderkante des viel zu tiefen modernen Ledersessels und hielt die Uniformmütze mit beiden Händen auf den Knien fest.

Wieder schien Hitler sich gut vorbereitet zu haben.

»Sie kommen aus Italien?«

»Und Sie von der Ostfront?«

»Die Front ist zum Stehen gekommen. Ich habe die Fehler sofort entdeckt. Kesselring wird in Italien mit denen schon fertig, aber hier im Reich muß dem Bomben-Terror Einhalt geboten werden, das muß um jeden Preis ein Ende haben.«

Der Oberst des Heeres, der Hitler begleitete, beugte sich herab und flüsterte:

»Mein Führer, Ihr Luftwaffen-Adjutant, der Oberst B., ist heute abwesend. Soll ich den General Ch. holen?«

Hitler erstarrte und fuhr ihn an:

»Gar keinen will ich sehen, gar keinen, – auch Sie nicht. Ich will von meinen Männern der Front die Wahrheit hören.«

»Sind Sie mit Ihrer Messerschmitt oder Fokke-Wulf den Amerikanern unterlegen?« Er stellte die Frage so direkt und mit dem Unterton, »ich möchte das genau wissen, die ganze Wahrheit hören«.

Der Oberstleutnant B. antwortete ohne Umschweife:

»Wir sind unterlegen, mein Führer. Die amerikanischen und englischen Jagdflugzeuge sind 50 bis 70 Kilometer pro Stunde schneller. Sie erreichen größere Höhen und sind wendiger.«

52

»Aber Sie haben doch Motoren mit Methanol-Einspritzung, –
die sind doch sehr stark ...«
»Auch dann, mein Führer, sind die anderen schneller.«
»Wir brauchen ein neues, überlegenes Flugzeug, mein Führer«, warf ich ein. »Ich meine das Düsen-Jagdflugzeug.« Er
wandte mir das Gesicht zu und sah mich mit den toten Augen
an. Offensichtlich hatte ich ein Tabu verletzt, denn seine
Wangen röteten sich. Die Finger der linken Hand trommelten
nervös auf dem Tisch.
»Immer wieder versucht man mich zu hintergehen und bedient sich meiner frontbewährten Kämpfer, um mich unter
Druck zu setzen ...«
»Mein Führer«, sprach ich schnell weiter, um die seltene Gelegenheit zu nutzen, »ich habe vor ein paar Tagen die Messerschmitt 262 geflogen. Das ist ein hervorragendes Flugzeug!«
Seine Stimme klang plötzlich metallisch hell und drohend:
»Ich will das nicht mehr hören. Ich möchte mit diesem Unsinn
in Ruhe gelassen werden. Das Schicksal bietet mir hier die
einmalige Chance für eine furchtbare Vergeltung, – und da
will man mir diese durch kurzsichtige Querelen zwischen den
Bombern und Jägern zerschlagen. Ich habe entschieden, daß
dieses Flugzeug ein Bomber, ein Blitz-Bomber – meine Vergeltung – sein wird! Es ist kein Jäger, und es kann auch gar
kein Jäger sein.«
Ich wollte noch einen Einwand wagen, aber er schnitt mir mit
einer herrischen Handbewegung das Wort ab.
»Mein Arzt hat mich gewarnt, um Gottes willen dies nicht zu
erwägen. Sie fliegen Geschwindigkeiten, die wir vor kurzem
nicht für möglich hielten. Ihr Jäger müßt steil aufsteigen und
stürzen. Ihr müßt Kurven fliegen, – der Jagdkampf, das ist
Kurvenkampf. Und gerade das könnt Ihr mit diesem Flugzeug
nicht, weil die gewaltigen Beschleunigungskräfte in den Kur
ven und beim Abfangen Bewußtseinsstörungen und Ohn-
macht zur Folge haben.«
Die in gemäßigter Tonart begonnene Belehrung war mit die-

sem Trompetenstoß beendet. Da war die selbstbewußte Stimme wieder, die jeden Widerspruch beiseitefegte. Das Stakkato der ausgespuckten Satzbrocken in der Manier der Reden an die Nation.

Ich war bestürzt, dennoch traf die Kanonade nicht mich. Er sprach nicht zu mir gewandt, sondern wie zu einem unsichtbaren Auditorium, und er hatte Gefallen daran gefunden.

»Schlagt euch endlich dieses Phantom aus dem Kopf! Ich will auch nichts mehr darüber hören . . . Für euch habe ich etwas Besseres, für die Jagdfliegerei Geschaffenes; das wird eine Überraschung.«

Womit will er uns überraschen, dachte ich. Hat er vielleicht sogar recht mit seinen Warnungen vor den Folgen der Beschleunigungskräfte? Aber das ist ja Unsinn! Man schlägt sich mit diesem Düsenflugzeug nicht im Luftduell der Kurvenkämpfe, man nützt die enorme Geschwindigkeit zur überraschenden Annäherung an das Opfer und schießt. Wer erzählt ihm so etwas, was weiß sein Arzt schon von diesen Dingen?

Wir hatten zu all dem betreten geschwiegen. Nicht daß mich die Zurechtweisung eingeschüchtert hätte. Aber ich fühlte Enttäuschung in mir aufsteigen und wartete darauf, daß er aufhören möge und uns entließe.

Vor zwei Jahren hatte er seine großen unrealistischen Pläne mit euphorischer Geste vor uns ausgebreitet – Kaukasus, Tiflis, Schwarzes Meer und Kaspisches Meer, und Öl, Erdöl im Überfluß!

Nun saß er wieder ermattet vor uns und ließ sich von den Katastrophen der Ostfront berichten. Er schüttelte unwirsch den Kopf, als der Major S. in der plastischen Sprache der Front vom blutigen Gemetzel der zahllosen Rückzugsgefechte sprach.

Als ob er fühlte, daß er zur moralischen Aufrichtung der »Front«, die wir ja personifizierten, verpflichtet sei, begann er plötzlich zu dozieren: Vom deutschen Volk, das erst im Leiden Größe zeige, von der geschichtlichen Wende, die uns

54

bald bevorstehe (Was meint er, wenn er ›Wende‹ sagt, dachte ich, und wann wird sie eintreten?). Er mache sich keine Sorge um den Endsieg, wenn wir – seine tapferen Kämpfer – unsere Pflicht täten (Taten wir denn nicht seit fünf Jahren unsere Pflicht?), und er habe sichere Informationen, daß die Alliierten demoralisiert seien. »Die deutsche Nation ist in der Not zu unglaublichen, großartigen Leistungen fähig. Ich werde die Welt überraschen, indem ich die ganze Nation in einer Form mobilisiere, wie es die Welt noch nicht gesehen hat . . .* Und ich werde Terror mit Terror vergelten!«

Ich fand nur mühsam in die Gegenwart zurück. Es war Lützow, der in unschuldiger Boshaftigkeit fragte: »Wie steht's eigentlich um unser ›Glaubensbekenntnis‹?« Der General H. meinte, man solle anfragen, wann die Versammlung den Entwurf diskutieren könne. Durch die ermüdenden und ergebnislosen Diskussionen war das »Glaubensbekenntnis« beinahe in Vergessenheit geraten. Zudem schien die mit der Konzipierung dieses Credos beschäftigte Gruppe Formulierungs-Schwierigkeiten zu haben. Die Mittagspause des zweiten Tages verging, ohne daß wir mit dem Ergebnis dieses ideologischen Werkes konfrontiert wurden. Es war auch keine günstige Voraussetzung für eine Diskussion, daß es erst gegen Ende des Areopag, nach der Mittagspause des zweiten Tages, vortragsreif zu sein schien. Wir waren ermüdet und nunmehr fast alle von der Nutzlosigkeit des Unternehmens Areopag überzeugt. Sie drängten zum Aufbruch – die einen, um wieder bei ihren Verbänden zu sein, die in dieser Zeit wachsender Hoffnungslosigkeit Geborgenheit boten und Aktivität gegen das fruchtlose Nachdenken, – andere, weil sie zu ihren Stäben und Schulen zurückkehren wollten, um die unterbrochene Fleißarbeit (auch eine Therapie gegen dumme Gedanken) wieder aufzunehmen.
Der Enthusiasmus zu ideologischer Haarspalterei, mit dem

---

* Am 25. 9. 1944 wurde der Volkssturm mit Führererlaß ins Leben gerufen.

sie zu Beginn des Areopag so aggressiv Schuldige gesucht hatten, war verflogen. Sie hatten im Verlauf der Diskussion verstanden, daß die »unpolitischen Kämpfer«, heftig reagierten und der politischen Argumentation überhaupt keinen Gefallen abgewinnen konnten. Schließlich betraten die Redakteure, die länger als einen Tag über dem »Glaubensbekenntnis« gebrütet hatten, den Konferenzraum – sie gebärdeten sich wie eine Delegation – und nahmen am Kopfende der Tafel Platz, während Vervielfältigungen des vorgeschlagenen Textes an uns verteilt wurden. Da stand es nun, schwarz auf weiß. »Wir glauben und bekennen . . . für Führer und Volk . . . ohne Rücksicht auf unser Leben bis zum letzten Atemzug . . .«

Der General der Jagdflieger hatte das Blatt nur flüchtig überflogen, legte es vor sich auf den Tisch und kaute an seiner Zigarre. Lützow blickte mich an, und als ich den Kopf schüttelte, beugte er sich zu mir herüber und begann zu flüstern: »Was für ein Wahnsinn! Die glauben doch nicht allen Ernstes, daß sie mit diesen Partei-Parolen die Piloten zum todesmutigen Einsatz begeistern. Schließlich sind doch wir – die Piloten – die, die noch fliegen und kämpfen. Sie wollen uns nur demütigen. Demütigen, indem sie uns zwingen, solch einen Unsinn zu diskutieren und gut zu heißen.«

»Ich meine, wir sollten das doch noch einmal gründlich überlegen . . .« Es war der General der Jagdflieger, der dies mit unbeteiligter Stimme sagte. Und als ob sie erkannten, daß dieses Bemühen um politisches Engagement ja nur ein Scheingefecht gewesen war und man die Wirklichkeit, die so grau und erschreckend war; mit doktrinären Phrasen nicht wegreden konnte, gaben sie auf und schlossen sich dem Vorschlag an, »dies doch noch einmal zu überdenken«.

Wir trennten uns nach kühlem Abschied, nicht ohne noch einmal gehört zu haben, »wie wichtig« und »wie notwendig« diese Aussprache gewesen sei.

Ich verließ Gatow, mit dem Gefühl, einem ganz großen – einem gefährlichen und herausfordernden Erlebnis entgegenzugehen. Es verdrängte die Depression dieser zwei Tage. Ich sollte das erste Düsen-Jagdgeschwader aufstellen und führen.

Brandenburg,
Oktober/November 1944

Um möglichst bald mit der Aufstellung des ersten Düsenjagd-
geschwaders beginnen zu können, bereitete ich in großer
Eile die Übergabe meines Jagdgeschwaders 77 an meinen
Nachfolger vor. Da blieb keine Zeit zu einem Abschieds-
gelage, keine Zeit für Sentiments (»Wo sind die alten Kameraden geblieben, – zwei Jahre haben wir gemeinsam an vielen Fronten gekämpft . . .«). Das Personal des neuen Geschwaders und der Stab warteten in Brandenburg bereits auf den
Kommodore. Es war das Personal eines »abgesessenen« Bom-
bergeschwaders, das die Aktivierung des neuen Turbinen-Jagd-
geschwaders durchführen sollte, jedenfalls das Bodenpersonal,
die Mechaniker und die Waffenwarte. Die Flugzeugführer kamen von den Jagdfliegerschulen, den Jagd- und Bomberverbänden. In der Tat ein gewagtes Unterfangen, ein Düsenjagd-
geschwader aufzustellen und für den Kampf gegen die großen
Bomber auszubilden, während die Fronten sich der Reichsgrenze näherten, und den Alliierten die Luftherrschaft über
dem Reich nicht mehr entrissen werden konnte.
Dieses neue Geschwader, dessen drei Jagdgruppen in Brandenburg, Parchim und Kaltenkirchen bei Hamburg untergebracht waren, schloß später auch den Jagdversuchsverband
des Majors Novotny ein, der – bevor er fiel – bewiesen
hatte, daß die »Me 262« ein hervorragendes Jagdflugzeug
war.
Im November trafen die ersten Flugzeuge demontiert auf
langen Transportzügen aus dem Süden des Reiches ein. Die
Mechaniker begannen, unterstützt von einer Mannschaft der
Messerschmitt-Werke, die Flugzeuge zusammenzubauen, die
Waffen einzuschießen. Gegen Ende des Monats nahmen wir
den Flugbetrieb auf. Die Offensive der alliierten Bomber
lief unbeirrt weiter, und die Angriffe gegen die Reichshauptstadt schreckten uns beinahe jede Nacht aus dem Schlaf. Wir

59

zogen in Quartiere außerhalb des Flugplatzes, weil wir befürchteten, daß sie ein verlockendes Ziel – einen Flugplatz, dessen Hallen und Abstellplätze voller Düsenflugzeuge standen – bald angreifen würden. Und wir begannen mit der Ausbildung in der Kette zu dreien und im kleinen Verband.

Es war ein im höchsten Maße unwirkliches Leben, das wir am Rande der Reichshauptstadt führten. In den paar Wochen, die wir benötigten, um die Flugzeuge einzufliegen und das ineinandergreifende Räderwerk eines Geschwaders in Bewegung zu setzen, ließ man uns in Ruhe und erfüllte wohlwollend alle Wünsche, die ein solcher Verband hatte. Vielleicht war es auch die Hoffnung, daß hier eine neue gefährliche Waffe geschärft würde (die »Wunderwaffe«), die unsere Führung veranlaßte, uns zu verhätscheln. Wir hatten Zeit, Zeit zum Kartenspiel, Zeit zum Diskutieren und sogar Zeit ins Kino zu gehen – falls dieses nicht vom Fliegeralarm unterbrochen wurde. Die Stadt Brandenburg war wie die Kulisse eines drittrangigen Theaters. Die Ruinen der Häuser, die ungepflegten Gärten, die abblätternden Tarnanstriche und die schäbigen Straßenbahnen, – all das lud nicht ein, etwa in einem Restaurant »auf Marken« zu essen oder einen Schoppen zu trinken. Wir begannen unser gewohntes Leben der Privilegierten zu führen, im Offizier-Kasino, oder auf den Zimmern der Offiziere. Wir hatten ja noch genügend zu essen, genügend Kognak, Sekt und Rotwein – und Zigaretten und Zigarren. Und als ob sie einen sechsten Sinn für diese Genüsse hätten – und natürlich weil sie angezogen wurden von diesen jungen, gesunden Männern (Volkshelden, Piloten, die Wunderflugzeuge flogen) waren Mädchen da. Sie waren ganz gewiß nicht schüchterne Gretchen und solche, die lange umworben werden wollten. Sie konnten eine Menge Alkohol vertragen und kümmerten sich wenig um die Eheringe ihrer Verehrer, noch hielten sie Ausschau nach einem festen Verhältnis.

Die Ausrüstung des Geschwaders ging sehr langsam voran, der Zusammenbau und das Einfliegen der Flugzeuge war zeitraubend, und es haperte an Ersatz- und Spezialteilen, wie dies bei der Einführung eines neuen Typs nicht ungewöhnlich war. So vergingen doch sechs Wochen, ehe man gewahr wurde, daß sich ein Verband formte, ehe wir die Formationsausbildung aufnehmen konnten und ich erwägen durfte, diesen – mit Einschränkungen – »einsatzbereit« zu melden.

Die Kommandeure der Gruppen, die die jungen Piloten ausbildeten und anleiten konnten, waren fronterfahrene und erfolgreiche Jagdflieger, aber im Grunde doch zu wenige und ihre Erfahrung im Einsatz gegen die Viermotorigen gering. Lediglich der Versuchsverband des gefallenen Majors Novotny, nunmehr die dritte Gruppe meines Geschwaders, hatte in zahlreichen Luftkämpfen eine Kampftaktik mit Düsenjägern entwickelt – ein außerordentlicher Schatz an Erfahrung.

In den letzten Oktobertagen besuchte mich Lützow, zu diesem Zeitpunkt Kommandeur der 4. Division. Er war beeindruckt von dem technischen Durchbruch, den die Frontfähigkeit dieses revolutionären Flugzeugs sichtbar machte, und es kostete mich Mühe, ihn von Euphorie abzuhalten, daß nunmehr »sich alles wenden würde und die Bekämpfung der Viermotorigen in ein neues Stadium trete«.

Wir hatten noch keine Kampftaktik, die wir den Piloten vorschreiben konnten. Die Diskussion um die ideale Attacke gegen die große, geschlossene Formation der Viermotorigen beherrschte unsere Gespräche – sie sollte bis zum Ende des Krieges anhalten. Es war charakteristisch für Lützow, daß er Stimmungen unterworfen war, die von seinem jeweiligen Zustand beeinflußt wurden. So konnte er in einem Anflug von Optimismus frohlocken, daß »nun endlich ein Hoffnungsschimmer sichtbar sei«, um dann wenig später in der tiefsten Verzweiflung zu beklagen, daß alles, alles zu spät geschehe und viel zu wenig sei. Die Verteidigungslage in der Luft rechtfertigte in der Tat diese Bezeichnung nicht mehr, denn von Verteidigung konnte eigentlich keine Rede mehr sein. Die Engländer hatten ihr Bomber Command zu einem furchtbaren

Instrument der Massenvernichtung entwickelt, das nunmehr ungehindert bei Nacht Städte wie Königsberg und Danzig beinahe ohne Verluste einäschern konnte. Die 8. und 15. amerikanische Luftflotte kreuzte tagtäglich über dem Reich und begann, nachdem die Energieversorgung nun auch durch Zerschlagung der großen Raffinerien für synthetisches Benzin endgültig abgewürgt war, systematisch Stadt für Stadt zu zerstören. Wir durften das Minimum an Flugstunden, das man zur Ausbildung von halbwegs flugsicheren Piloten benötigte, kaum mehr fliegen. Man drosselte den Betriebsstoffverbrauch in der radikalsten Weise. Hingegen warf man Messerschmittjäger – in Massen produziert – auf die Flugplätze.

»Aber ihr habt eine große Chance: sobald ihr im Verband, oder mindestens mit mehreren ›Me 262‹, einen Großverband der Viermotorigen attackiert und dezimiert habt, wird das für die Amerikaner ein Schock sein, wie nach dem Angriff auf Schweinfurt!«, sagte Lützow.

Die Diskussion über die Taktik mit Düsenflugzeugen war ein unerschöpfliches Thema. Wir entwickelten zahlreiche Theorien, wie man die »Me 262« am erfolgreichsten gegen die Bomberströme einsetzen solle, und waren weit entfernt von einer allgemein anerkannten Doktrin. Selbst die Experten in der Bekämpfung der Viermotorigen waren uneinig. Unsere Stärke, das war das Phänomen der neuen Antriebsart dieses Flugzeuges mit Hilfe von Turbinen, die Rückstoß erzeugten, war die enorme Geschwindigkeit. Denn wir flogen etwa doppelt so schnell wie die von Propellern vorwärtsbewegten Jagdflugzeuge der Gegner. Die Bewaffnung der »Me 262« mit vier Kanonen eines Kalibers von 3 cm war sensationell und im Grunde ideal, um die standfesten und unempfindlichen Bomber zu zerstören. Aber die neue Technik dieses Flugzeuges war auch mit Schwächen behaftet, die den Luftkampf in großen Höhen, den Angriff auf die Bomberformationen problematisch machten. Das Hineinschwingen in den Strom dieser Bomber aus der Überhöhung verbot sich wegen der Ge-

fahr, die zulässige Höchstgeschwindigkeit zu überschreiten.
Denn es gab keine Sturzflugbremsen, um das schnelle An-
wachsen der Geschwindigkeit zu verhindern. Der Angriff von
vorne, auf Kollisionskurs mit den Bombern – eine Taktik, die
die Experten mit Vorliebe flogen, weil diese sich dann praktisch nicht wehren konnten und die Besatzungen der Fliegenden Festungen dem Kugelregen ungeschützt ausgesetzt waren,
verbot sich, weil die sich summierenden Annäherungsgeschwin-
digkeiten eine überlegte Attacke einfach nicht zuließen.
Die Praxis bedeutete dann doch noch die Rückkehr zu alten,
konventionellen Angriffen von hinten, indem wir – zwar mit
enormem Geschwindigkeitsüberschuß – durch das Abwehrfeuer der Heckschützen den Bombenverband anflogen, um
die Kanonen auf kurze Entfernung in Aktion treten zu lassen.
Aber da die »Me 262« ein recht empfindliches, verwundbares
Werk der Technik war, gab es später mehr Verluste, als wir
befürchtet hatten.
Über die Vorgänge in der Führung unserer Waffe, der Jagdfliegerei, wußte Lützow sehr Beunruhigendes zu sagen. Der
General habe Göring seit Wochen nicht gesehen; seine Versuche, die Jägerei zum alleinigen Schwerpunkt aller Anstrengungen der Luftrüstung zu machen, blieben ohne Reaktion.
Die Intrigen um seine Persönlichkeit schienen das Vertrauen
in seine Qualität als Führer dieser Waffe bei Göring – und
auch bei Hitler – endgültig zerstört zu haben, so daß seine
Ablösung nur noch eine Frage der Zeit sei.
Die Kampagne Görings gegen die Tagjäger hatte einen
neuen Höhepunkt erreicht. Die Katastrophe der Luftverteidigung wurde von ihm nunmehr ohne Scham als Folge des
mangelnden Kampfwillens der Jäger dargestellt. Nachdem
das von General Kammhuber mit enormer Energie und technischem Verständnis aufgebaute System der Nachtjäger von
Göring mangels Verständnis für diese komplizierte Form der
Nachtverteidigung zerstört worden war, und Kammhuber
noch dazu kaltgestellt wurde, war nunmehr auch der Angriff
in der Nacht für den Gegner kein Risiko mehr. Wir verabrede-

63

ten, Lützow solle mich benachrichtigen, wenn die Entwicklung eine Krise erreichte, denn – darin stimmten wir überein – alle Anstrengungen waren nutzlos, wenn die Chance einer konzentrierten Luftverteidigung vertan wurde. Der endgültigen, systematischen Zerstörung unseres Landes stünde dann nichts mehr im Wege. Und wer, wenn nicht wir, die kampferfahrenen Kommodores, konnten etwas dagegen tun? Lützow hatte mir gesagt, er stehe in gleicher Weise wie mit mir auch mit Trautloft, Rödel, Neumann und anderen in Verbindung. Wir waren auf dem besten Wege, zu Verschwörern zu werden.

Gegen Ende November erreichte mich die Nachricht, ich solle am darauffolgenden Tag in Parchim sein, wo eine der Jagdgruppen meines Geschwaders in Aufstellung begriffen war, um dort mit dem General der Jagdflieger zusammenzutreffen. Es war ein regnerischer Morgen, als ich in Parchim eintraf. Die Wolken hingen tief über den Wäldern, die den Flugplatz umgaben, und ich begann zu zweifeln, ob der General, der seine Ankunft mit dem Flugzeug geplant hatte, bei diesem miserablen Wetter überhaupt kommen könne, als seine zweimotorige Reisemaschine wie ein Schemen aus den Regenschlieren auftauchte und landete. Ich wußte, daß er derartige risikoreiche Flüge liebte, und mein Respekt vor einer solchen Leistung war ungeteilt. Das Gesicht Gallands war mürrisch und finster, als er sich meine Meldung über den Zustand des Verbandes anhörte. Er knurrte ein paar Fragen, deren Beantwortung ihn keinesfalls zu befriedigen schien, und völlig unvermittelt machte er seinem Unmut Luft, indem er mir vorwarf, den Verband nicht schnell genug auf die Beine zu stellen, nicht rigoros genug vorzugehen und »wenn Sie schon keine Flugzeuge für Ihre Verbände haben, Macky, so gehört es sich einfach, daß Sie zuerst Ihren Geschwader-Schwarm ausrüsten und im Einsatz zeigen, was man mit diesem Flugzeug machen kann!«

Ich schaute ihn irritiert an und antwortete nicht sofort, da mir seine Art vertraut war, seinen Zorn am ersten greifbaren Ob-

jekt auszulassen. Dann sagte ich schlicht: »Ich habe natürlich
meinen Schwarm, Herr General – aber ich bin Ihres Grund-
satzes eingedenk, daß wir nicht kleckern, sondern klotzen
sollen«. Er winkte ab: »Lassen wir das!«
Wir gingen nebeneinander über das Rollfeld und redeten
kaum. Er sagte nur: »Alles ist unverändert, alle sind gegen
uns. Es gelingt mir nicht, Göring zu sprechen. Sie hängen da
phantastischen Ideen nach, die eine Umkrempelung alles
dessen bedeuten, was ich für richtig und notwendig gehalten
habe. Jeder maßt sich an, in mein Geschäft hineinzureden,
aber keiner von denen, die skurrile Ideen über den Jagdeinsatz haben, ist gewillt, diese in der Praxis zu demonstrieren,
auf deutsch, den Arsch selbst in den Himmel zu hängen!«
»Aber dann ist doch alles verloren«, warf ich ein.
»Ich befürchte, Macky, das ist es schon seit langer Zeit. Aber
wie sollen wir mit Anstand vor der Geschichte dastehen –
und ich meine das gar nicht pathetisch –, wenn wir tatenlos
zusehen, wie man dieses Land und seine Städte zerstört, obgleich wir wissen, daß man dies verhindern, ihm Einhalt gebieten kann . . .«
Wir aßen dann später mit den Flugzeugführern der Gruppe
die fade Truppenverpflegung und nahmen an Gesprächen
teil, die sich wieder, wie seit Wochen, mit der Taktik der
Angriffe gegen die Bomber befaßten. Zu meiner Überraschung fand ich Piloten mit einem neuen Selbstbewußtsein. Ausgezeichnet durch den Vorzug, zum Piloten in diesem einzigen Düsenjägerverband für geeignet zu gelten,
und der Tatsache voll bewußt, mit diesem Flugzeug allen
Gegnern weit überlegen zu sein, war hier noch einmal ein
Aufflackern jenes Einsatzwillens, wie er die Luftwaffe zu
Beginn des Krieges ausgezeichnet hatte. Als der General
seine Maschine bestieg, drehte er sich um, winkte mich heran und sagte mit halber Stimme: »Macky, es ist sicher gut,
daß ich Sie warne. Sie stehen auf der Abschußliste. Sie sollten
mit Ihrer Kritik an der Führung vorsichtiger sein. Der Chef
des Personalamtes hat mir während einer Besprechung erzählt,

daß Göring geäußert habe, »der Steinhoff scheint auch müde zu werden, – ich brauche jüngere, positivere Männer . . .« Als ich schwieg und noch überlegte, was ich in meinem aufsteigenden Zorn antworten sollte, fuhr er fort: »Trösten Sie sich, ich werde ja ebenso abgeschossen.«

Auch der Dezember brachte das Geschwader nicht wesentlich voran. Wir waren in der Lage, in den Hallen genügend Flugzeuge zu montieren und dadurch den Geschwaderstab und die Brandenburger Jagdgruppe so kampfstark zu machen, daß wir den »ersten Schlag« wagen konnten. Aber das Dezemberwetter erfüllte selten die Mindestbedingungen, um die Flugzeuge einzufliegen. Meist hingen die Wolken tief, behinderte Nebel die Sicht, und die ersten Schneeschauer jagten über das Flugfeld.

Die Alliierten aber flogen bei Tag und Nacht und vollendeten das Werk der Zerstörung. Um »den Schlag« zu führen, benötigten wir gute Sichtbedingungen am Flugplatz; die Dicke der Wolkendecke durfte uns nicht hindern, auf die Flughöhe der Bomber zu steigen. Es war ohnehin problematisch, Wolken zu durchfliegen und die Bomber zu finden. All dies war im Dezember nicht möglich.

Der General der Jagdflieger war gewillt, die Nerven zu behalten. Seine »Jäger-Reserve« hatte einen beachtlichen zahlenmäßigen Umfang erreicht, und er plante, die Dezimierung eines Großverbandes der Viermotorigen so durchzuführen, daß er die Propeller-Jäger wohlkoordiniert mit den Düsenjägern zur Wirkung brachte.

Unser Handikap war die begrenzte Reichweite und Flugzeit der »Me 262«. Jedoch ermöglichte ihr Steigvermögen, sie beim Einflug der Bomber sehr spät starten zu lassen und – da die Bomber relativ langsam flogen – sehr gezielt zur Feindberührung zu bringen.

Wir rechneten für die ersten Januartage mit dem Großeinsatz, zumal die gewöhnlich in dieser Zeit herrschende Winter-Hochdrucklage Wetterberuhigung erwarten ließ – ideal für unser Vorhaben.

Um einen sinnvollen Einsatz aller Jagdkräfte während des Anfluges der Bomber über dem Reichsgebiet zu ermöglichen, erwog der General der Jagdflieger, mein Geschwader ins westliche Gebiet des Reiches zu verlegen. Dadurch sollten die Düsenjäger befähigt werden, als erste am Feind zu sein, um den Jagdschutz zu zerstreuen und die Formation der Bomber anzuschlagen, damit später – weiter im Osten – die »Jägerreserve«, bestehend aus den Geschwadern mit Propellerflugzeugen, leichtere Arbeit hatte.

Mit dem Ziel, zwei bis drei für Düsenjäger geeignete Flugplätze zu finden, fuhr ich mit dem Auto wenige Tage vor Weihnachten nach dem Westen und erkundete die Plätze nördlich der Ruhr, in der Soester Börde und am Niederrhein. Es war keine Fahrt, bei der die Hoffnung, daß die Dinge sich noch zum Guten wenden könnten, irgendeine Nahrung fand. Die Amerikaner hatten gerade ihre Angriffe auf das Ruhrgebiet konzentriert, und das Grau-in-Grau der zertrümmerten Städte und die Resignation der Menschen gaben mir allen Anlaß, deprimiert zu sein.

Nur einmal, als ich eine der Serpentinen des Westerwaldes hinauffuhr und vor meinen Augen mit Feuerschein und Getöse eine der neuen Raketen »der Vergeltung« aufstieg und in der niedrigen Wolkendecke verschwand, fühlte ich so etwas wie Stolz, daß wir in diesem Zustand der Ermattung, während der Gegner deutschen Boden längst betreten hatte, noch in der Lage waren, derartige wissenschaftlich-technische Leistungen zu vollbringen.

Als ich – ein paar Tage später – auf dem Rückweg die Autobahn zwischen Helmstedt und Magdeburg entlang fuhr, wurde es Nacht. Der Nebel war dicht und gelb, und die Windschutzscheibe des Wagens begann zu vereisen. Ich öffnete das Seitenfenster, um genügend Sicht zu haben, und fuhr schließlich im Schritt-Tempo am Mittelstreifen entlang. Bei Magdeburg verließ ich die Autobahn, und es kostete mich viel Mühe, in der verdunkelten Stadt, die gegen Mitternacht völlig ausgestorben schien, den Bahnhof zu finden. Ich ließ den Fahrer zurück und hatte Glück, einen Zug zu erreichen, der früh am nächsten Morgen in Brandenburg hielt. Dort ging ich zur Bahnhofs-Kommandantur und ließ mich telefonisch mit dem Geschwader verbinden.

»Fahrbereitschaft bitte.«

»Hier Fahrbereitschaft JG 7, Feldwebel F.«

»Hier ist Oberst Steinhoff, bitte schicken Sie meinen Wagen zum Bahnhof.«

Der Feldwebel zögerte mit der Antwort, dann begann er zu stottern: »Aber – Herr Oberst, der Wagen . . .«

»Ja, was ist denn, ich möchte meinen Wagen. Ich bin hundemüde.«

»Mit dem Wagen, Herr Oberst, ist der Kommodore gestern nach Berlin gefahren. Der neue Kommodore.«

(Der General der Jagdflieger hatte mich ja vor dem Reichsmarschall gewarnt!) Nach der Schrecksekunde ließ die Empörung über die unwürdige, feige Form der »Ablösung« mich schnell reagieren:

»Bitte die Vermittlung.«

»Jawohl, Herr Oberst.«

»Hallo, Vermittlung, bitte geben Sie mir meinen Adjutanten.«

Eine Erklärung war nicht notwendig, die Sache war jedem im Geschwader längst bekannt. Er solle mir irgendein Fahrzeug besorgen, sagte ich zu Fährmann, ich möchte meine Sachen in aller Eile packen und hätte nur den Wunsch, zu verschwinden. Das ging ohne Wenn und Aber. Ich traf in meiner Wohnung ein, und während ich mich bei einem guten Frühstück von der Nachtfahrt erholte, hatte der dicke Rieber schon zu packen begonnen. Es gab nicht viel zu packen, und es gab auch nicht viel zu tun. Die Formalitäten der Übergabe vor »angetretenem Geschwader« und mit militärischem Zeremoniell schienen unnötig, sie waren wohl auch unerwünscht. Denn das Fernschreiben, daß mir formlos und routinemäßig von der Fernschreibstelle zugestellt wurde, lautete lakonisch: »Der Oberst Steinhoff, Johannes, übergibt Jagdgeschwader 7 sofort an Major W. Seine weitere Verwendung

wird noch geregelt. Unterschrift: Chef des Personalamtes.«
Der Befehl sagte nicht, wo ich mich melden sollte und wem
ich nun unterstände, er teilte mir nur mit: »Verschwinde,
schnell, wir brauchen dich nicht mehr.«
Überrascht war ich, daß es gar nicht schmerzte, – nur, daß
sie mich einfach wegjagten, verletzte meinen Stolz. Ich empfand auch nicht die gleiche Trauer, die mich bewegt hatte, als
ich das Geschwader 77 abgab, das ich jahrelang geführt
hatte, – damals war es wie das Weggehen von einer Familie
gewesen. Das Jagdgeschwader 7 war eben nur acht Wochen
alt. Die Menschen aus denen es bestand, hatten noch nicht
die Bindung einer Gemeinschaft, und wir hatten mit dem Einsatz, dem Kampf gegen die Bomber, noch nicht begonnen.
Ich würde sicher den dicken Rieber, der seit Jahren mein
›Bursche‹ war, mitnehmen. Vielleicht könnte ich Fährmann
nachholen, der seit Italien in meiner Rotte (als »Kaczmarek«)* flog und nun mein Adjutant war. Aber würde man mich
überhaupt noch fliegen lassen?
Lützow hatte sich angesagt und traf gegen Abend ein. Er
sagte, er wolle über Nacht bleiben. Der Dicke schlug ein weiteres Feldbett in meinem Zimmer auf und ging zurück in die
Küche, um das Essen zuzubereiten.
Ich saß im Halbdunkel mit Franzl in der Diele des Sommer-
hauses, die wir als Aufenthaltsraum benutzten. Wir tranken
schweigend französischen Kognak und Bier. Das Fernschreiben hatte ich ihm über den Tisch zugereicht, er hatte es gelesen und wortlos zurückgegeben.
Später, etwa nach einer Stunde, kam Fährmann, den ich den
»Kleinen« nannte, mit Klinpel und setzte sich zu uns. Das war
der »persönliche Stab«, die Vertrauten, die ich vom alten Geschwader mitgebracht hatte.
Meine »Siebensachen«, der kleine schäbige Lederkoffer, der
die Reise bis zur Peripherie des großdeutschen Reiches im
Jagdflugzeug mitgemacht hatte – er paßte genau hinter die

---

* Fliegerjargon: Pilot, der neben dem Verbandsführer fliegt.

Panzerplatte der »Me 109« – und die Blechkiste, der man die Zigeunerei auch ansah, standen an der Wand. Fertig für den xten Umzug. Franzl Lützow goß sich einen neuen Kognak ein und begann: »Das ist in der Tat eine ernste Lage, meine Herren. Der Reichsmarschall scheint entweder Großes mit Ihrem Kommodore vorzuhaben – oder er schickt ihn in Pension. Ja, das wird es sein, er wird ihn pensionieren und ihm eine der großen Staatsdomänen, oder besser, Rittergüter für Ritterkreuzträger geben, die in den fruchtbaren Ebenen am Fuße der Kaukasusberge liegen . . . Nur hat man ihm nicht gesagt, daß die Russen nicht mehr weit vor Karinhall stehen.«

Er ist heute zynisch, dachte ich, immer wenn er deprimiert ist, wird er zynisch und sagt Dinge, die ausreichen, ihn sofort hinter Schloß und Riegel zu bringen. Danach wird er betrunken sein und das heulende Elend kriegen.

Wenig später hielt ein Kübelwagen mit dem technischen Offizier und dem Nachrichtenoffizier vor der Tür. Sie klopften im Vorraum den Schnee von den Füßen und traten ein, indem sie im Türrahmen haltmachten und den rechten Arm lässig zum Gruß erhoben.

Der Dicke brachte das Essen; wie eh und je in den letzten zwei Jahren gab es »Alten Mann« (A.M. = Administratione Militare, Beutegut aus Italien, Fleischkonserven, von denen wir beachtliche Vorräte mit uns schleppten) und Rührei. Es war inzwischen dunkel geworden, und da die Stromversorgung hier stets problematisch war, standen brennende Kerzen in leeren Weinflaschen auf dem Tisch, »für alle Fälle«.

»Waren Sie schon mal in Karinhall, Herr Oberst?« fragte einer. »Nicht nur einmal«, sagte Lützow, »aber als ich das letzte Mal dort war, hab' ich gelernt, wie man Spargel ißt . . . Wir saßen an einer langen Tafel und der Herr Reichsmarschall präsidierte. Er trug ein Lederwams mit weißem Hemd, Puffärmeln und offenem Kragen. Er war ganz in seinem Element, und man mußte sich verdammt in acht nehmen, nichts Unwaidmännisches zu sagen. Wie in einem Museum glotzten uns die präparierten Köpfe der Elche und der kapitalen Hirsche von Rominten an, die das Unglück gehabt hatten, dem Reichsjägermeister vor die Büchse zu laufen. Plötzlich lag vor mir auf meinem Teller ein kleiner Berg frischen wunderbar duftenden Spargels. Ich schielte zu meinem Nachbarn hinüber, um herauszufinden, wie ich mir diese Köstlichkeit einverleiben sollte. Vom Nachbarn kam keine Hilfe, dieser schien seine Unsicherheit in höfischen Sitten solange im Gespräch über den Tisch hinweg verschleiern zu wollen, bis er es irgendwo abgucken konnte. Also faßte ich Mut, langte mit spitzen Fingern nach einem Spargel und begann einen Balanceakt mit der Gabel, als mich das dröhnende Gelächter des Hausherrn erstarren ließ. ›Er kann noch nicht mal Spargel essen‹, gurgelte er. ›Sehen Sie hier, – so‹. Und mit der Hand, die feist war und auf der Oberseite Grübchen hatte wie bei Babies, griff er zwei Spargelstangen, umschloß sie mit den Fingern und führte sie zum Mund. Ohne Zögern habe ich das Gleiche getan. Das sind eben die feinen Sitten bei Hofe.«

»Wie ist denn das mit den Rittergütern am Kaukasus, haben sie das wirklich vorgehabt?«

»Sie scheinen es vorgehabt zu haben«, sagte Lützow. »Ein Lehen vom Reich für jeden, der das Ritterkreuz bekommt, eine Domäne. Dann hat die Inflation der Ritterkreuze eingesetzt, und die Preise stiegen, – nur noch die Eichenlaubträger sollten die Priviligierten sein. Nun gibt es nichts mehr zu vergeben, und die Zahl der Eichenlaubträger schrumpft wie das Reich – alles das wird sich von selbst erledigen.«

Der Raum war voller Zigarettenrauch und Männergeruch; der Dicke stellte neue Flaschen auf den Tisch. Plötzlich läutete das Telefon. Der Major Erich Hohagen, Kommandeur der Jagdgruppe in Brandenburg, der im Walde jenseits des Flugplatzes wohnte, wollte mich sprechen. »Herr Oberst, ich habe gehört, daß Sie seit heute nicht mehr unser Kommodore sind. Man sagt mir, daß Sie dies erst erfahren haben, als sie heute hier eintrafen. Daß Sie über Nacht abgelöst wurden. Ich bin darüber empört.«

»Vielen Dank, vielen Dank, sagte ich, »das ist ja nicht des Aufhebens wert, die müssen ja ihre Gründe haben.«

»Herr Oberst«, sagte Hohagen nach einer Pause, »ich bin noch nicht lange in diesem Geschwader, aber ich meine, so springt man nicht mit Offizieren um, schon gar nicht mit Geschwader-Kommodores. Darf ich Sie fragen, wohin man Sie versetzt hat?«

»Ich bin laut Fernschreiben bis auf Weiteres ohne Verwendung.«

Er schwieg eine Weile, und sagte dann mit überlauter Stimme: »Ich melde, Herr Oberst, daß ich mit Ihnen gemeinsam hier weggehen werde. Da ich wieder furchtbare Kopfschmerzen habe – Sie kennen ja meine Stirnverletzung –, habe ich den Stabsarzt zu mir gebeten«, und er fügte mit eindringlich flüsternder Stimme hinzu: »Inzwischen zertrümmere ich alles hier, was nicht niet- und nagelfest ist. Ich kann beweisen, daß ich wegen meiner Verwundung nicht zurechnungsfähig bin.«

Er schwieg, offensichtlich erschöpft.

Er wird das tun, dachte ich, er wird das tun so wie ich ihn kenne. Sein Handeln und seine Ausdrucksweise sind von solch beeindruckender Gradlinigkeit, daß er sicher ohne Zögern alles zu Kleinholz machen wird.

»Was haben Sie vor, Herr Oberst?« fragte er.

»Mann, wenn ich das wüßte. – Lützow ist bei mir. In Kürze werden die offiziellen Abschiedsreden gehalten . . .«

Eine Weile sagte er nichts. Dann räusperte er sich, und in seiner charakteristischen Sprechweise begann er:

»Ich möchte gern dabei sein, Herr Oberst, – ich bitte später mitmachen zu dürfen. Da ich mich aber gerade vollaufen lasse, – bitte ich um Entschuldigung, falls ich etwas aus dem Rahmen fallen sollte . . .«

Pause. Ich hörte ihn atmen, sich räuspern.

»Herr Oberst, ich habe noch einen anderen, wichtigen Entschluß gefaßt. Ich werde mein Ritterkreuz nicht mehr tragen, – ich habe es abgelegt . . .«

72

Ich schwieg für ein paar Sekunden verblüfft. Dann sagte ich: »Das ist doch Unsinn! Sie haben doch mit dem, was man mir antut, gar nichts zu tun . . .«

»Doch, sehr viel sogar! Ich habe Ihren kritischen Bemerkungen über den Dicken und seine Kamarilla stets zugestimmt. Sie haben schonungslos Kritik geübt. Nun schickt man Sie in die Wüste. Ich werde mitgehen!«, damit hängte er auf.

Ich konnte in diesem Augenblick nicht wissen, daß der Major Hohagen zu denen gehören würde, die gegen Ende des Krieges im »Verband der Meuterer« die letzten waren, die durch die Bomberströme flogen und die Bomber jagten, als das Reich schon nicht mehr existierte.

Als ich zurückkam, hatte sich der Raum gefüllt. Es roch wie in einer Kneipe, und die Bierflaschen standen batterieweise auf dem Tisch. Lützow lag lang ausgestreckt in einem Sessel und malte mit dem Zeigefinger auf dem Holz der Tafel Figuren mit vergossenem Schnaps.

»Hohagen zertrümmert gerade seine Wohnungseinrichtung. Er meint, er sei unzurechnungsfähig.«

»Ist er ja auch«, sagte Lützow. »Wie kann man sowas überhaupt fliegen lassen, wo sie ihm doch anstelle der Stirnknochen Plexiglas einmontiert haben.«

»Er hat auch sein Ritterkreuz abgelegt«, ergänzte ich.

»Das ist zwar sehr charaktervoll«, meinte Lützow, »aber es ist längst zu spät, daß eine solche Handlung irgendetwas bewirkt, selbst wenn wir es alle täten.«

Stimmengewirr und Gelächter wurden immer lauter; plötzlich war mir zum Heulen zumute. Sie wußten alle, daß sie nun einen neuen Kommodore hatten und ich verschwinden mußte. Aber sie nahmen es gar nicht so tragisch. Vielmehr schien es auch ihnen eine der Zerfallserscheinungen zu sein, die zunehmend den Untergang des Reiches, die Auflösung der Wehrmacht anzeigten. Göring hatte erwogen, eine Kompanie aus »arbeitslosen« Generalen zusammenzustellen. In seiner verzweifelten Rundum-Verteidigung war sein Mißtrauen gegenüber dem Offizierkorps krankhaft, und es veran-

laßte ihn zur zynischen Herabsetzung des ganzen Standes
(»Sie betrügen! Sie sind feige und drücken sich . . .«)
Wer uns hier so zynisch und selbstzerstörerisch reden hörte,
wer sah, wie sich alles auflöste, was man unter militärischer
Disziplin, unbedingtem Gehorsam und preußischer Korrekt-
heit verstand, der würde Göring zustimmen, daß wir »ein maroder Zigeunerhaufen« geworden waren.
Aber wir waren gewarnt, nicht mehr so offen und harmlos jedem unsere Kritik mitzuteilen. Die Heimatfront befand sich
fest im Griff des Partei-Apparats, der sofort Defaitismus wit-
terte, wenn der leiseste Zweifel am Endsieg geäußert wurde,
und der in der Tat ohne Federlesen den Defaitisten im Wortsinne mundtot machte.
An diesem Abend fielen jedoch alle Schranken der soldatischen
Disziplin. Göring wurde nur noch despektierlich der »Dicke«
genannt. Hitler der »Gröfaz« (größter Feldherr aller Zeiten)
und die Parteigrößen die »Goldfasane«. Die Kameraden machten einen dröhnenden Lärm, erzählten sich Witze, die alles andere als salonfähig waren, und tranken unmäßig. Mittlerweile
waren auch die Flugzeugführer meines (ehemaligen) Stabes
und die nichtfliegenden Offiziere erschienen. Sie spürten
eben alle, das es »vorbei« war, daß sich die Lage dem Zu-
sammenbruch näherte; und weil sie sich nicht vorstellen
konnten, was jenseits der Katastrophe sein würde, kehrten
sie in ihrer Wehrlosigkeit jene Seite heraus, die sich in Zynismus, lautstarker Kraftmeierei und Respektlosigkeit aus-
drückte. Weil der Krieg sie gelehrt hatte, nur bis zum nächsten Morgen zu denken, schoben sie das Unausweichliche
vor sich her und demonstrierten Gleichgültigkeit, die in manchen Fällen sogar echt war.
»Du weißt, daß mein Vater abends im Rundfunk nicht mehr
über die See-Lage spricht«, sagte Lützow mit leiser Stimme
zu mir.* »Ja, das ist mir aufgefallen. Warum? Weil es nur noch
Unerfreuliches zu berichten gibt?«

---

* Admiral Lützow kommentierte von 1940 an in kurzen Abständen die See-
Lage im deutschen Rundfunk.

»Er ist bitter und von einem Pessimismus erfüllt, der mich Schlimmes befürchten läßt. Man hat ihn aufgefordert, weiterzumachen und durch seine unpathetische klare Beschreibung der See-Lage Vertrauen zu erzeugen. Aber er hat ihnen gesagt, er sei unter keiner Bedingung bereit, zu kommentieren, wie die ausgeblutete U-Boot-Waffe vernichtet, erledigt werde, nachdem man jahrelang wider die Gesetze der Strategie und Vernunft verstoßen habe.«

»Hast du mit ihm über unsere desparate Situation gesprochen?«

»Häufig genug, Macky. Aber zum ersten Mal habe ich ihm nach der Kommandeurstagung in Gatow gesagt, daß nun das Maß voll sei und daß ich meinte, wir müßten handeln. Es war, als ob ich etwas Ungeheuerliches gesagt hätte, etwas, das man nicht einmal denken darf. Er gehört nun einmal der Generation an, die am Trauma der Meuterei der Matrosen leidet. Er hat die Niederlage 1918 noch nicht überwunden. Als ich mich bei ihm ausweinte und ihm erzählte, wie sich der Dicke uns gegenüber benahm, wie er kaltherzig den Selbstmord Udets und seines Chefs des Generalstabs ignoriert hat und uns als Kanonenfutter ansieht, war er entsetzt.«

»Eigentlich ist es doch ganz folgerichtig, was der Dicke jetzt tut. Warum soll ich bestürzt oder gar beleidigt sein? Er hat es uns doch während der Kommandeurstagung in Gatow klipp und klar gesagt. Er will ihm treu ergebene Abschuß-Maschinen. Überlebt ein Jagdflieger den Einsatz, so ist er in seinen Augen logischerweise feige!«, meinte ich.

»Ich habe Dir damals nach dieser unwürdigen Veranstaltung gesagt, der Dicke muß weg! Dabei bleibe ich«, sagte Lützow.

Es war Anfang Oktober 1944. Die Verbandsführer, Geschwaderkommodores und Gruppenkommandeure der Luftwaffe, hatten sich im großen Saal der Reichsluftschutzschule (ich hatte von der Existenz einer solchen Schule keine Ahnung gehabt) versammelt. Der Herr Reichsmarschall hatte befohlen, daß alle Verbandsführer, die nur irgendwie an der Front entbehrlich waren, zugegen sein sollten, wenn er zu ihnen über die Lage des Großdeutschen Reiches spräche. Da die Fronten nahe gerückt waren – für uns Tagjäger der sogenannten Reichsverteidigung war sie direkt vor der Haustür –, kamen sie fast alle, die den mörderischen Krieg überlebt hatten. Sah man von denen ab, die in der vordersten Reihe saßen, so waren sie blutjung, kaum älter als dreißig Jahre.

Vorn saßen die Generale der hohen Luftwaffenführung. Im besten Mannesalter, manche schon mit schütterem Haar, trugen sie im Gegensatz zu uns auch die Kriegsauszeichnungen des ersten Weltkrieges.

Der Saal war bis zum letzten Platz mit denen gefüllt, die jetzt im fünften Jahr des Krieges die fliegenden Verbände führten. Die »Verjüngung« der kämpfenden Generation war augenfällig. Der unglaubliche Verbrauch in den großen Schlachten und an den Brennpunkten des Krieges hatte zu dem kontinuierlichen Nachrücken in die Stellung des gefallenen »Vordermannes« geführt. So fand man Offiziere in der Position eines Geschwaderkommodore, die erst im Verlauf des Krieges die Offiziersschulen verlassen hatten. Aber auch ehemalige Unteroffiziere, erfahrene Veteranen aus hunderten von Kämpfen, waren zum Offizier avanciert und standen nun den Verbänden vor, in denen sie sich hochgedient hatten. Da saßen auch die jungen, hochdekorierten Offiziere, die jedem Deutschen aus den Illustrierten und von Postkarten her bekannt waren. In der ersten Reihe der General der Kampfflieger, jungenhaft, gertenschlank mit einem feinen, schmalen Gesicht. Der General der Jagdflieger neben ihm in seiner bärtigen Männlichkeit bildete einen beeindruckenden Kontrast. Lützow saß zu meiner Rechten. »Was wird er uns wohl heute sagen? Ich fürchte, er wird uns beschimpfen, das tut er schon ohne nachzudenken.«

»Ja«, sagte ich, »er schlägt um sich und wird langsam gefährlich. Ich kann diesen Kapaun nicht mehr sehen!«

76

In diesem Augenblick betrat der »Kapaun« den Saal. Stühlerücken, Aufspringen, »Herr Reichsmarschall, ich melde . . .«, der dienstälteste General, Chef der Luftflotte Reich, stand vor dem Koloß und hielt die Hand zum deutschen Gruß erhoben. Der Reichsmarschall gab sich heute bescheiden. Nur das Flugzeugführerabzeichen mit Brillanten zierte die gewaltige Wölbung der Brust. Normale schwarze Stiefel, weiße Generalsbiesen an den Breeches. Er hatte das Großkreuz abgelegt. Was nun geschah, sollte ich nie vergessen.

Ohne zeitraubende Vorbereitung wandte er sich dem Thema zu. Es wurde eine beißende Anklagerede. Ohne Umschweife begann er in der unwürdigsten Form Vorwürfe auf uns Jagdflieger zu häufen. Die Lage sei ernst, und das deutsche Volk verstünde nicht, warum die Jagdflieger feige versagten. Man sähe die Verbände der viermotorigen Festungen bei strahlendem Sonnenschein ihr Vernichtungswerk verrichten, – aber weit und breit sei kein deutscher Jäger in Sicht. »Ich habe Euch verwöhnt. Ich habe Euch mit Auszeichnungen überhäuft. Das hat Euch satt und faul gemacht. Der ganze Abschußrummel war doch eine einzige Lüge. Kein Mensch glaubt Euch diese astronomischen Abschußzahlen, – erstunken und erlogen. Wir haben uns bei den Engländern unsterblich blamiert, nicht ein Bruchteil dessen, was Ihr als Erfolge gemeldet habt, ist abgeschossen worden.«

Während er so unkontrolliert wutschnaubte, ergriff mich tiefe Scham. Wie konnte er dies im Beisein der Bomber, Aufklärer, und Transportflieger tun? Was hatte er vor? Glaubte er wirklich, daß solch zynische Anklage Kampfgeist und Einsatzwillen wecken könne? In dem großen Saale hätte man in den kurzen Atempausen seines Redeschwalls eine Nadel fallen hören können. Die meisten Zuhörer starrten auf den Boden und versuchten ihre Empfindungen hinter unbeteiligter Miene zu verbergen. Dann entdeckte ich auf dem Rednerpult Mikrophone. Die Kabel liefen von dort in eine Kabine, wo Techniker hinter schalldichten Scheiben hantierten. Die ganze Haßtirade wurde auf Schallplatten aufgenommen, eine widerliche Dokumentation unserer Feigheit und Verworfenheit.*

Es gab in dieser theatralischen Vorführung nichts an ungezogener Erniedrigung, was ich nicht schon kannte. Nur übertraf er sich vor diesem Auditorium noch durch Zynismus und Arroganz. Vor seinen Bombern und Aufklärern zeigte er mit ausgestrecktem Zeigefinger auf uns Feiglinge, Lügner und Drückeberger. Dann endlich beruhigte er sich und erfand ein paar verlogene Phrasen: »... ich sage ja nicht, daß alle feige sind, ... aber manche Feldwebel machen den Offizieren etwas vor.« Natürlich waren es die Offiziere mit ihren Privilegien und Sonderrechten, die seine Verachtung traf. Schließlich versiegte der Strom der Rede, und er stieg stampfend und schwitzend vom Podium herab. Der Chef der Luftflotte Reich war aufgesprungen und begann mit lauter, kehliger Stimme: »Herr Reichsmarschall, wir sind in dieser schweren Stunde vom Willen beseelt, den Endsieg zu erkämpfen. Ihre ernsten Worte, Herr Reichsmarschall, sind uns zu Herzen gegangen. Wir geloben, uns bis zum letzten Blutstropfen für Führer und Reich bedingungslos einzusetzen.«

In diesem Augenblick blickte ich Lützow an und sah, wie Tränen seine Wangen hinabliefen.

»Wir geloben ...«, wie kann er wagen, in unserem Namen zu sprechen? »Vom Willen beseelt ...« – der stämmige, kleine, grauhaarige General sitzt in seinem Bunker und setzt mit seinen Generalstabsoffizieren Verbände ein, so wie man Fähnchen auf einer Landkarte steckt. Statt sich schützend vor uns Jagdflieger zu stellen, redete er dieses pathetische Zeug.

Als ich gemeinsam mit Lützow zu dessen Wohnung fuhr, fing er zögernd und langsam zu reden an:

»Ich habe versagt, völlig versagt. Warum habe ich nicht den Mut aufgebracht, mir das Ritterkreuz vom Halse zu reißen und es ihm vor die Füße zu werfen?«

---

* Die Schallplatten mit der Rede Görings vor den Verbandsführern der Luftwaffe wurde an alle Verbände verschickt.

78

»Dann habe ich auch versagt, Franzl«, sagte ich. »Aber was hättest Du damit erreicht. Er verachtet uns doch, wir sind seine Sündenböcke, die für seine grandiosen Fehler geradestehen müssen.«

»Nein, wir hätten heute handeln müssen. Das sind wir all denen schuldig, die trotz allem tagtäglich in die Maschinen steigen und kämpfen. Ich schäme mich.«

Wir fuhren schweigend die Havel entlang. Es war ein schöner Spätherbsttag. Die Blätter der Buchen und Ahornbäume brannten rot in der Sonne.

»Wir müssen handeln, Macky. Wir machen uns schuldig, wenn wir zusehen, wie diese Abenteurer tatenlos und lamentierend das Reich in Schutt und Asche fallen lassen. Und eines steht nunmehr fest: der Dicke muß weg!«

Es war längst Mitternacht vorbei, als der dicke Rieber mich ans Telefon rief. Der Geschwaderarzt teilte mir mit – als sei es die selbstverständlichste Sache der Welt –, daß der Major Hohagen das fiskalische Mobiliar seiner Wohnung zertrümmert, sich das Ritterkreuz vom Halse gerissen habe und wirres Zeug rede.

»Er muß sofort in psychiatrische Behandlung, er ist dienstuntauglich. Nach seinem schweren Unfall hat er viel zu früh wieder angefangen, Einsatz zu fliegen.«

»Ja, ja«, sagte ich, »melden Sie das doch Ihrem neuen Kommodore. Es geht mich nichts mehr an . . .«

»Aber, Herr Oberst, er ist doch Ihr Freund, was soll ich tun?«

»Sagen Sie ihm, er möge herüberkommen und mit mir Abschied feiern.«

Bald drängte sich ein Schwall lärmender Gestalten zur Tür herein. Ihnen voran Hohagen, ohne Ritterkreuz. Sie umringten unseren Tisch und sangen im Chor »Auf Wiedersehn, auf Wiedersehn . . .«

»Hast du gehört, daß gestern Woitik gefallen ist?« fragte Hohagen. »Ja, um Gotteswillen«, sagte ich, »flog der denn immer noch zur Bewährung?«

79

»Ja«, antwortete ein anderer, »er war immer noch Hauptmann. Hut ab vor seinen Erfolgen! Es müssen sechs oder sieben Festungen gewesen sein, die er im Alleingang abschoß. Meist sprang er selbst dabei heraus, weil seine Maschine getroffen wurde. Aber er kehrte immer wieder zu seinem Verband zurück, zu seinen Freunden, zu den Parias der Luftwaffe, die sich bewähren sollten.« »Wir haben alles versucht, Woitiks Strafe zu annullieren«, sagte Lützow, »aber wir scheiterten an der letzten Instanz, am Reichsmarschall. Er verschloß sich dem Vorschlag, Woitik das Ritterkreuz zu verleihen, die Bewährung im Einsatz anzuerkennen. Woitik hatte geheiratet, wir wollten, daß seine Witwe mehr als eine Hauptmanns-Versorgung bekommt, wenn ihm etwas passiert – aber der Dicke hat nein gesagt.« »Das ist unmenschlich«, antwortete ich, »das müssen seine Hofschranzen dem Dicken eingeredet haben, die nicht wissen, welche Angst man überwinden muß, wenn man eine Fliegende Festung angreift. Und Woitik soff doch nur gegen die Angst.«

Er war seit der Luftschlacht um England mein Kommandeur gewesen. Ich hatte den Anfang vom Ende miterlebt, damals 1941 im ersten Rußlandwinter. Wir hatten den Flugplatz Klin – keine fünfzig Kilometer von den Vorstädten Moskaus entfernt – räumen müssen. Über Nacht war die Temperatur auf minus fünfzig Grad gesunken, und im Morgengrauen hatten die hervorragend ausgerüsteten sowjetischen Truppen, die aus Sibirien kamen, angegriffen.
Die Flucht trug Züge völliger Panik. Während es uns gelang, gegen Abend noch sechs Messerschmittjäger startklar zu machen – den Restbestand der Jagdgruppe –, hatte Hauptmann Woitik schon Tage vorher mit der Gruppe die Flucht auf dem Landmarsch angetreten.
Es gelang mir, mit dem kleinen Verband von sechs Maschinen kurz vor Dunkelwerden in die Luft zu kommen, und wir flogen zum Feldflugplatz, der unweit des Jagdschlosses Dugino lag. Als es zu dämmern begann, erreichte der kleine Ver-

band den Flugplatz. Die Sonne hing als riesige rosafarbene
Scheibe über den zackigen Wipfeln des schwarzen Waldes.
Man sah, wie der Schnee über die frostglatte Fläche driftete
und hatte so wenigstens die Windrichtung für die Landung.
Die Schatten der Waldränder und der niedrigen Hügel waren
tiefblau. Ich hatte den Platz entdeckt, weil ich eine riesige
Schneefontäne sah, die von einer über die glitzernde Fläche
rollenden Messerschmitt erzeugt wurde. Die Landebahn war
eine schmale Schneise getrampelten Schnees, sehr schmal
und offensichtlich uneben, und sie wurde begrenzt durch beinahe haushohe Eis- und Schneeberge.
Der Wind traf in einem Winkel von mehr als 45° seitlich auf
die Piste. Es würde ein fliegerisches Kunststück sein, die
empfindliche Messerschmitt in den Windschatten zwischen
den Schneewällen sacken zu lassen und sie dann geradeaus
zu halten. Sollte die »Me« zur Seite ausbrechen, bedeutete
dies zumindest, daß man sich überschlug, – es konnte auch
tödlich sein.
»An alle Falken«, rief ich über Funksprech, »halten Sie genügend Abstand. Erst aufsetzen, wenn der Vordermann aus-
gerollt ist.« Als ich über die Tannenwipfel abschwebte, flog ich
bereits im dämmrigen Halbdunkel, die rote Sonne war hinter
dem Wald versunken. Leichte Böen schüttelten das Jagdflugzeug, so daß die Vorflügel aus den Vorderkanten der
Flächen heraussprangen. Dann sah ich aus dem Augenwinkel die riesigen Schneewächten zu beiden Seiten auf mich
zueilen, dann den Soldaten neben dem dunkelroten Lande-
kreuz, und im gleichen Augenblick sank die »Me« im Windschatten einem Stein gleich zu Boden. Ein geringfügiges Spielen
mit dem Gashebel bewirkte, daß Fahrwerk und Spornrad nicht
allzuheftig die Schneekruste berührten, und dann bremste das
sturzackergleiche Geröll aus Eisstücken und Schneebrocken
die Vorwärtsbewegung. Es bedurfte meiner ganzen Kraft,
den Knüppel an den Bauch zu ziehen und die Seitenruder
mit den Füßen zu bedienen, um einen Überschlag zu vermeiden.

Das war ein ungewohntes Getöse, als die Eisbrocken gegen Rumpf und Flächen donnerten. Und ich mußte schnell die Piste entlangrollen, um dem Hintermann die Landefläche freizugeben. Mit Taschenlampen winkten sie mich zur Seite, wo eine Ausbuchtung im Schneewall als Abstellbox für mein Flugzeug bestimmt war. Sie schafften es alle, die fünf, die nach mir landeten. Es gab ein großes Palaver: »Wie sollen wir hier je wieder starten können«, und: »Wer hier rauskommt, ohne sich das Genick zu brechen, hat Glück.«

Inzwischen war es dunkel geworden, und der Wind wehte uns den Staubschnee gerade ins Gesicht als habe man uns irgendwo in der Polarregion ausgesetzt. Wir stapften beladen mit den paar Habseligkeiten, die hinter der Panzerplatte Platz gefunden hatten, durch den Schnee auf die Hütte zu, durch deren milchige Fenster Kerzenschein drang. Ein paar Flugzeugwarte saßen dort, dick vermummt in Schafspelzmänteln, um den Ofen und dösten vor sich hin.

»Nein, es ist sonst keiner hier gelandet, Herr Oberleutnant. Sie wohnen dort drüben in dem alten Schloß, der Stab der Gruppe und die zweite Staffel, und ein anderer Stab, den wir nicht kennen.« So waren unsere sechs Maschinen wohl der Restbestand der ganzen Gruppe, das traurige Ende dieses Verbandes, der doch recht und schlecht seinen Dienst getan hatte. Wir hatten bis zum Ausbluten Geleitschutz für Bomber nach England geflogen und sollten nun nach ruhmreichen Erfolgen in den stürmischen Wochen des Vormarsches in die Unendlichkeit Rußlands in der Schneewüste untergehen, weil so ein zerschlagener, ausgemergelter Jagdverband ohne Flugzeuge eben nichts mehr wert war. Man konnte das Schloß auf der anderen Seite des flachen Tales liegen sehen, es mochten bis dorthin zwei bis drei Kilometer sein. Der Mond war aufgegangenen und badete die glitzernde Schneelandschaft in lichtem Blau. Wir bestiegen den flachen Schlitten (»es gibt hier kein Auto«), der Obergefreite hieb auf den dürren Zossen ein, der mit einem heftigen Ruck die festgefrorenen Kufen aus dem Eis brach.

Als wir uns dem Bachbett näherten und auf die schmale Brücke einbogen, sprangen zwei Füchse flüchtig über das Eis. Sie hatten das Fleisch eines toten Pferdes gerissen, das – nur noch Gerippe – neben dem steinernen Brückenpfeiler die gefrorenen Beine steil in die Höhe streckte.

Behäbig und weitausladend lag das Schloß am Hang, umgeben von mächtigen Eichen. Ein paar struppige Köter kläfften und verschwanden im Toreingang. »Ihre Staffel, Herr Oberleutnant, liegt hier drüben. Sie müssen durch diesen Hof und geradeaus durch das große Tor.«

»Wo wohnt der Kommandeur?« fragte ich.

Der Obergefreite grinste und deutete mit dem Daumen nach dem Hauptgebäude. »Dort, wo Sie Licht sehen, – er ist heute Nachmittag mit dem Schlitten von Klin gekommen.«

»Bringt meine Sachen in die Unterkunft«, sagte ich, »ich melde uns beim Kommandeur zurück.«

Als ich die Tür öffnete, schlug mir aus dem hell erleuchteten Raum dröhnendes Gelächter entgegen. Es mochte einst ein repräsentativer, schöner Raum gewesen sein. An der Längsseite zog sich ein mächtiger Kamin bis zur Stuckdecke hinauf, in dem ein Feuer aus Eichenholzscheiten loderte. Das Parkett hatte ungehobelten Dielen weichen müssen, und vor dem Kamin stand ein rohgezimmerter Tisch. Die Männer, die um den Tisch saßen, hatten mein Eintreten nicht bemerkt. Sie spielten Skat, und wie sie da die Karten auf den Tisch schmetterten, daß die Rotwein- und Hennessy-Flaschen und Gläser wackelten, boten sie ein Bild bukolischer Freude.

Der Kommandeur, Hauptmann Woitik, saß mit bloßem Oberkörper vor dem Kamin. Die Haare hingen in die schöne Stirn, sein Gesicht war ebenmäßig und rosig, man hätte es edel nennen können, hätte nicht die Trunkenheit seine Züge schwammig und formlos gemacht.

Die anderen Zecher waren zwar nicht weniger betrunken, aber sie gaben ihrer Freude an dem Fest weniger Ausdruck. Es waren die Zechkumpane, die nun schon seit Monaten, seit der Feldzug gegen Rußland begonnen hatte, dem Kommandeur treu und ausdauernd „bei seinen alkoholischen Exzessen Gesellschaft leisteten. Sie gehörten – außer dem Oberleutnant Hentz keine Aktiven, sondern Reserveoffiziere – zum Stab der Jagdgruppe und waren zu anderen Tätigkeiten ohnehin nur bedingt brauchbar. Da war der Reserve-Hauptmann Rauhart, der ein Gesicht wie eine siamesische Katze hatte, mit Augenbrauen, die wie Bürsten von der Stirn abstanden. Sein Kopf, birnenförmig, hatte wegen der Vollglatze und der völlig glatten, glänzenden Kopfhaut die Farbe eines Kinderpopos. Der Reserve-Hauptmann Vollmer war ein Hüne an Gestalt. Er schob einen gewaltigen Bauch vor sich her und hatte das Gesicht eines Bernhardiners. Aus dem Ruhrpott stammend, sprach er den Dialekt der Westfalen und beendete seine häufig unbedeutenden Bemerkungen mit »woll«. Seine angebliche Freundschaft zum Gauleiter Westfalens hatte ihm den Spitznamen »Gauleiter« eingebracht. Der dritte war der Gruppenadjutant, Oberleutnant Hentz. Seit Woitik Gruppenkommandeur war, ertrug Hentz heldenhaft den Niedergang und die Selbstzerstörung seines Kommandeurs. Selbst die Inkarnation des germanischen Helden – groß, blond und blauäugig – opferte er sich für diesen Mann auf, der dabei war, Verstand und Reputation mit Schnaps zu zerstören. Woitik war »am Kanal« zu uns gekommen, der letzte in der Serie der Kommandeure, die entweder abgelöst wurden, weil sie den Anforderungen der Luftschlacht über England nicht gewachsen waren, oder nach wenigen Einsätzen »drüben« blieben, abgeschossen oder vermißt. Als der ehemalige Unteroffizier Woitik bei uns eintraf, kannte jeder in der Gruppe seine Vergangenheit. Freistil-Ringermeister von Westfalen, erfolgreich im Spanischen Bürgerkrieg und dort zum Leutnant befördert, gutmütig; er trank viel und wußte mit Frauen nichts anzufangen.

Wer Woitik begegnete, war vom Äußeren dieses Mannes und seinem Charme angetan. Der athletische Körper trug einen klassisch schönen Kopf mit dem Profil eines griechischen Gottes. Die Augen, wasserblau und groß, schauten einen mit soviel Zutraulichkeit an, daß man sofort Sympathie für den Mann mit der dröhnenden, lauten Stimme empfand. Sehr bald lernten wir die Kehrseite dieser schönen Medaille kennen. Woitik haßte nicht nur jeden Bürokram und die nun einmal notwendige Administration, die das Zigeunerleben des kleinen Verbandes mit sich brachte. Er war auch unsagbar faul. Das wenige, was er auf diesem Gebiet tat, erschöpfte sich in Unterschriften, die er in zentimeterhohen Lettern unter alles setzte, was ihm Hentz vorlegte, – unbesehen. Und er schien beschlossen zu haben, daß er das Optimum dessen erreicht habe, was ihm dieses Leben noch an Karriere bieten könne. So war er von selbstzerstörerischer Offenheit Vorgesetzten gegenüber und ging davon aus, daß wir alle seine Brüder seien, die er zu schützen habe.

Das Schlimmste war jedoch, daß er vom Fliegen – vor allem vom Fliegen gegen den Feind – bald überhaupt nichts mehr hielt. Daß er damit sein angeschlagenes Prestige in der Jagdgruppe, aber vor allem bei seinen Vorgesetzten, restlos demolierte, schien ihn nicht zu berühren. Er trank. Und er trank ohne Hemmung nächtelang.

Bald verlegten wir vom Kanal nach Ostpreußen. Der Rußlandfeldzug begann, und die außerordentlich aktiven Monate des Vormarsches in Richtung Moskau, die ständigen Verlegungen, die zahllosen Einsätze der Gruppe in den Jagdgefilden des russischen Himmels schienen Woitik allmählich in ein normales, nüchternes Leben zurückzuzwingen. Vielleicht aber war es auch der Mangel an Gelegenheit, daß er nur mäßig trank. Dann jedoch kam der Winter, kurze Tage mit Schneetreiben und grauem Himmel, und all die Hoffnungslosigkeit der festgefahrenen Offensive. Und Woitik begann wieder zu trinken, stärker als je zuvor.

Ich hatte oft überlegt, warum dieser von der Natur so bevorzugt ausgestattete Mann keinen Feindflug mehr machte, denn er war im Spanischen Bürgerkrieg wirklich tapfer gewesen. Wahrscheinlich war er verbraucht, seine nervliche Spannkraft schien aufgezehrt zu sein. Der Alkohol – vielleicht hatte er auch aus Angst zu trinken angefangen – hatte das Übrige getan.

Als mein Kommandeur mit schweißnassem, nacktem Oberkörper, breit vor dem lodernden Kamin sitzend, aufschaute und mich erblickte, kam ich nicht etwa zur Meldung »Herr Hauptmann, ich melde . . .« Das war ihm offenbar völlig gleichgültig. »Ordonnanz«, brüllte er, »Ordonnanz, ein Glas für Macky. Hier, setzen Sie sich hierher, Macky. Ein Glas Hennessy wird Sie wieder auf die Beine bringen.«

»Herr Hauptmann«, ich versuchte mein Glück noch einmal, aber ein Wink von Hentz mit dem Daumen zur Rechten machte mir klar, daß ich mich setzen sollte.

Woitik hatte inzwischen ein schmutziges Wasserglas mit Hennessy dreiviertel angefüllt und, indem er mich mit strahlend blauen Augen ansah, dröhnte er: »Nun haben wir den Rest unserer Gruppe auch hier. Aber da wir weder Flugzeuge noch Fahrzeuge haben, nur ein paar lausige Schlitten mit dürren Gäulen, haben wir auch keine Aufgabe mehr, – wir werden einfach abwarten, bis es Frühling wird!«

»Ich möchte mich doch um meine Staffel kümmern, Herr Hauptmann. Ich muß wissen, wie meine Flugzeugführer untergekommen sind . . .«

»Das können Sie später tun, jetzt haben wir viel Zeit. Prost, Macky.«

Als ich eine Stunde später den Stuhl zurückschob und aufstand, war das Feuer im Kamin dicht vorm Verlöschen. Woitik hielt das Glas mit beiden Händen umspannt und starrte geradeaus. Der dicke »Gauleiter« hatte die Arme auf der Tischplatte verschränkt und den Kopf daraufgelegt – er schlief.

Hentz ging mit mir, und als wir durch den Hof auf das große Tor zuschritten, sagte er:

»Es wird immer schlimmer. Er kümmert sich um diesen Torso von einer Jagdgruppe überhaupt nicht mehr. Du hast als Ältester von uns eine große Verantwortung.«

Ich fand die Flugzeugführer meiner Staffel in dem hohen, saalartigen Raum ohne Fenster, der hinter dem Tor lag.

Es mußte eine Kapelle gewesen sein, die hohe Decke hatte wundervolle Stuck-Ornamente, aber der Putz war von den Wänden abgefallen. Ein riesiger offener Kamin schien nachträglich eingemauert zu sein, er nahm die ganze Kopfseite des Raumes ein. Die Flugzeugführer lagen in ihren Schlafsäcken auf Strohschütten. Man hatte mit niedrigen Brettern die einzelnen Lagerstätten abgeteilt. In der Mitte verlief durch die Länge des Raumes ein Gang mit dem Gepäck, Flugzeugführerrucksack, Pelzjacke und Stiefel. Es sah aus wie ein Pferdestall mit Boxen und Stallgasse.

Der dicke Rieber hatte mir neben der Feuerstelle in der Ecke eine Box reserviert. Es war wohlig warm, und der Widerschein der brennenden Eichenscheite tanzte über die weißen Wände.

Wir mochten ein bis zwei Tage im Schloß gewesen sein, als sich die Sache mit den Pferden ereignete. Daß wir keine Jagdgruppe mehr waren, wurde offenbar, als uns der Befehl erreichte, daß wir ab sofort die soundsovielte Kompanie einer neugebildeten Luftwaffen-Felddivision seien.

Die sechs Flugzeuge standen draußen im tiefen Schnee und waren zu nichts gut, denn wir besaßen keine Werkzeuge, keine Munition, kein Benzin und kein einziges Fahrzeug. Sobald ich mir des infanteristischen Zustandes bewußt wurde, hatte ich meine Staffel versammelt und meinen Entschluß mitgeteilt, daß wir in großer Eile wieder »mobil« werden müßten. Dies sei nur durch die Beschaffung einer genügenden Anzahl pferdebespannter Schlitten möglich.

Wir nutzten den Tag vom Morgengrauen an. Indem wir in kleinen Gruppen – schwer bewaffnet, denn sowjetische Soldaten waren durch die kaum definierbare Frontlinie nördlich von Wjasma durchgesickert – die Wälder durchstreiften, gelang es uns, an die zehn bespannte Schlitten zu »requirieren«. Die Pferdchen vor diesem flachen Schlitten mit einer Gabel und dem hölzernen Joch, das sich über Hals und Kopf des Zugtieres spannte, waren zumeist bemitlei-

87

denswerte Geschöpfe. Dürr und zottig, daran gewöhnt, sich in der Not vom Stroh der Hüttendächer zu nähren, trabten sie fleißig vor den Schlitten, dösten oder schliefen mit hängendem Kopf, sobald man anhielt. Im Schloßhof vor unserer Unterkunft ging es an dem Abend zu wie in einer Karawanserei. Die Schlitten waren nebeneinander aufgereiht, und die Pferdchen genossen sichtlich den ungewohnt komfortablen Stall und den Hafer, den irgendeiner »organisiert« hatte. Ich war stolz auf meine Truppe, und während ich zum Kommandeur ging, um zu erfragen, was nun weiter aus uns werden sollte, dachte ich daran, die bespannte Transportmöglichkeit weiter auszubauen. Jedenfalls sollte mir nicht das gleiche zustoßen wie dem Rest der Jagdgruppe, der von Klin im strapaziösen Landmarsch durch den tiefen Schnee gewatet war.

Woitik lag in einem breiten russischen Bett, mit dicken Federbetten zugedeckt. Im Halbdunkel des Raumes konnte ich ihn kaum ausmachen. Er jedoch schien zu wissen, wer ihn besuchte, und als ich der Aufforderung: »Kommen Sie her, Macky«, folgte, stieß ich gegen einen Stuhl, von dem ein Glas herunterfiel und über die Dielen rollte.

»Setzen Sie sich, Macky, und zünden Sie die Kerze an«, sagte er. »Und hier, lesen Sie dieses Fernschreiben, das mir vor ein paar Minuten überbracht wurde.«

»Jagdgruppe II/52 wird ab sofort der Luftwaffen-Felddivision unter der Führung des Oberst i. G. S. unterstellt. Die Division riegelt den russischen Einbruch nördlich Wjasma ab. Handwaffen werden zugeführt. gez. von Richthofen.« So las ich es schwarz auf weiß. »Aber das darf doch nicht geschehen, Herr Hauptmann. Wir sind Jagdflieger, keine Infanteristen. Von uns hat doch keiner eine Ahnung, wie er als Infanterist überhaupt kämpfen soll.« »Gießen Sie uns einen Kognak ein«, war die einzige Reaktion Woitiks, »es ist ja eh' alles egal.«

Als ich nach einer Stunde harten Trinkens meinen Kommandeur verließ, hatte ich den Auftrag, den General der Jagdflieger in seinem Hauptquartier in Ostpreußen aufzusuchen, um zu erwirken, daß die Jagdgruppe nicht im Erdkampf verbraucht, sondern zur Neuausrüstung zurückgezogen werde.

Am Abend schnürte ich meine wenigen Habseligkeiten zusammen und beabsichtigte, am nächsten Morgen nach Smolensk zu trampen, um von dort »per Anhalter« nach Ostpreußen zu fliegen. Im Morgengrauen weckte mich der Dicke. Mit allen Anzeichen des Alarms deutete er auf die offene Tür: »Da draußen ist ein Hauptmann, der will unsere Pferde im Auftrag des Standortältesten requirieren!«

Nichts konnte mich schneller auf die Beine bringen als die Nachricht, daß unseren Pferden etwas zustoßen könnte. Notdürftig bekleidet sprang ich die »Stallgasse« entlang in den Hof, die Pistole in der Hand.

Da zerrten sie doch tatsächlich meine Pferde am Halfter aus dem Stall. Mitten im Hof stand ein recht beleibter Herr im langen Luftwaffen-Wintermantel mit Pelzkragen. Am Koppel hing eine schwere o.8-Pistole. Er kommandierte die Landser mit den Pferden zu der Seite, wo die Schlitten aufgereiht waren. »Alle Pferde nach drüben. Bringt die Geschirre heraus. Etwas schneller bitte!«

Ich gestehe, daß zu diesem Zeitpunkt meine Haut etwas dünn war. Der Niedergang der Jagdgruppe, das Versagen der obersten Führung in diesem erbarmungslosen Winter und das Jammerbild meines eigenen Kommandeurs ließen mich ahnen, daß die Zeit der großen Erfolge vorüber war und die Wehrmacht an die Grenzen ihrer Kraft stieß. Ich hatte plötzlich die Pistole auf den Herrn im Gutsherrenpelz gerichtet und schrie: »Verschwinden Sie oder ich schieße.« Der Schock wirkte augenblicklich. Der korpulente Herr wich zurück, bis er neben seinen Unteroffizieren stand, die ihm unsere Pferde nachführen sollten. Dort gewann er seine Sicherheit zurück und begann zu schnauben: »Im Namen und auf Befehl des Standortältesten habe ich alle Pferde zu sammeln.« Er trat wieder einen Schritt vor, und seine Unteroffiziere streckten die Hände nach den Halftern unserer Pferde aus. Meine Flug-

zeugführer, meist im Negligé der Vagabunden dieses Feld-
zugs – Unterhose oder Hemd und sonst nichts – schielten
zu mir herüber und schienen äußerst gespannt, was ich nun
tun würde. Der Schuß meiner 7.65 ging dem Herrn Hauptmann
einen Meter vor die Füße und ließ den Schnee stäuben. Er
zog sich etwas zurück, machte dann ganz schnell auf der
Ferse kehrt und verschwand samt Troß durchs Tor.
Keine fünf Minuten waren vergangen, da pochte ein Feldjäger –
ein leibhaftiger Feldjäger mit Stahlhelm und dem Blechschild
auf der Brust, das wie ein Rasiernapf aussah – an unser Tor.
»Der Oberleutnant, der vorhin auf Hauptmann Moehring geschossen hat, soll sich sofort beim Standortältesten melden.«
Mir war klar, daß es nun ernst würde. Ich zog meine zer-
knüllte Uniform an, schnallte das Koppel vorschriftsmäßig
um, setzte das Käppi auf und machte mich auf den Weg.
Im Hauptgebäude des Schlosses, »die Freitreppe hinauf«,
hatte der Standortälteste Quartier bezogen. Ohne viel Umstände kam ich durch die Tür in die Halle, und da saß der
Major, Kommandeur einer Stuka-Gruppe (zur Zeit auch ohne
Flugzeuge), und neben seinem Tisch stand der unglückselige
Hauptmann und Pferderequisiteur.
»Oberleutnant Steinhoff meldet sich zur Stelle.«
»Zum Rapport«, donnerte der Standortälteste, »zum Rapport
melden Sie sich! Wie kommen Sie dazu, meinen Hauptmann
mit der Waffe zu bedrohen, ja sogar auf ihn zu schießen?«
Der gute Hauptmann stand, immer noch im Gutsherrenpelz,
neben dem Tisch und sagte zum wiederholten Mal ». . . direkt
vor meine Füße . . .«
Als ich im Begriff stand, nun meinerseits das Wort zu ergrei-
fen, öffnete sich die Tür und Woitik, mein Kommandeur, marschierte herein.
Er hatte sich in Schale geworfen und bot schon ein beein-
druckendes soldatisches Bild: Blaues Luftwaffenhemd mit
Krawatte und Uniformjacke; Breeches mit gelben Lederbesatz
und deformierte Pelzstiefel, die an der Wade hinabgerutscht
waren, und lässig um die Schultern gehängt eine der chrom-

gelben Pelzjacken mit echtem Oppossumkragen – made in
Den Haag.
»Morgen«, sagte er. »Was geht hier vor, Herr Major?«
Dieser begann weitausholend über seine Verantwortung als
Standortältester zu reden, über die Notwendigkeit, alle Kräfte
zu koordinieren, und dann sprach er von meinem unmög-
lichen Verhalten.
»Er hat meinen Hauptmann mit der Waffe bedroht, ihm vor die
Füße geschossen – Moehring ist im Zivilberuf Landgerichts-
rat...«
Da schnarrte die Stimme Woitiks dazwischen: »Alles in mei-
nem Auftrag. Ich habe befohlen, Pferde und Schlitten zu
requirieren und betrachte sie als Eigentum meiner Gruppe.
Der Oberleutnant Steinhoff hat korrekt gehandelt.«
So war Woitik. Es machte ihm Spaß, sich breit vor mich zu
stellen, und er genoß die Szene sichtlich, obgleich natürlich
der Standortälteste im Recht war.
Sie regelten die Affäre dann in meiner Abwesenheit.
Am Nachmittag machte ich den Versuch, mich bei meinem
Kommandeur abzumelden. Er war stockbetrunken und hörte
mir kaum zu. Seine Skatbrüder wünschten mir eine gute
Reise.
Es ging dann sehr schnell mit Woitik bergab. Kaum war ich
abgereist, setzte man den Rest unserer Jagdgruppe im Erdkampf ein. Woitik wurde nachts telefonisch gewarnt, daß die
Russen durchgebrochen seien, aber er ignorierte die Warnung und den Befehl, in Stellung zu gehen, da er betrunken
war.
Ein Desaster war die Folge. In der eiskalten Nacht töteten die
Russen mehrere Flugzeugführer und Soldaten des technischen Personals. Der Adjutant Hentz wurde verwundet und
man mußte ihn liegen lassen, als man zurückwich. Er wurde
von den Russen erschlagen.
Woitik kam vor ein Kriegsgericht. Das Urteil: Degradierung
und Bewährung. Er landete zur Bewährung in einer Jagdstaffel
und begann, in der Reichsverteidigung recht erfolgreich ge-

91

gen die Fliegenden Festungen zu wirken. Nicht, daß er etwa das Trinken aufgegeben hätte. Denn er trank ja gegen die Angst. Man erzählte sich, daß er bei der Zwischenlandung nach dem Feindflug zuerst den Kofferraum seiner »Me« öffnete und einen kräftigen Schluck aus der Flasche nahm. Im Einzelkampf hatte er bald mehr von den großen Bombern erledigt, als irgendein anderer, und nach den geltenden Normen verdiente eine solch tapfere Leistung längst eine hohe Auszeichnung – er hatte sich ohne Zweifel »bewährt«. Aber da der Reichsmarschall dies abgelehnt hatte, wurde Woitik sang- und klanglos beerdigt.

Gegen Morgen wurde es stiller. Sie saßen um die Tische herum, und der dicke Rieber brachte heißen Kaffee und Spiegeleier. Manche schliefen in den Sesseln mit offenem Mund, an einem der Tische wisperten sie noch und gestikulierten heftig. Katerstimmung breitete sich aus, und mir war zum Heulen. Einer von dem Tisch, an dem sie so heftig diskutierten, sprang plötzlich auf und schritt auf das große Göring-Bild zu, das an der Wand hing. (Feldherrnpose, weiter, grauer Umhang, goldbestickte Mütze und Marschallstab vor dem Bauch, von der üppig beringten Hand umspannt.)
Er nahm das Bild vorsichtig vom Haken und ging auf das Fenster zu. Dann holte er weit aus und warf den Reichsmarschall mit kräftigem Schwung durch das Glas. Das Klirren der Scherben hatte alle im Raum hochfahren lassen, sie starrten mit erschreckten Augen auf die leere Wand. Lützow hatte meinen rechten Arm umspannt und sagte: »Es wird Zeit, daß ich hier verschwinde!«
Der dicke Rieber hatte das Signal verstanden, nahm flugs Lützows Gepäck auf und schleppte es zum Auto.
»Franzl, ich komme in den nächsten Tagen zu dir«, rief ich ihm nach.

Gatow,
Dezember 1944/Januar 1945

Mir war sehr elend, als ich am Morgen nach meiner »Ablösung« den Rest meiner Sachen packte. Der dicke Rieber ging mir zur Hand, und während er aus den Kasino-Vorräten Bohnenkaffee (ungebrannt und in Strümpfe gefüllt, die mit einem roten Bändchen zugebunden waren), Schinken und Wermut in meinem Gepäck verschwinden ließ, redete er über die Zukunft. Er tat dies mit halber Stimme und so, daß es wie Trost klang; er hatte in letzter Zeit soviel an »zersetzendem Defaitismus« aufgeschnappt, daß er sich ohne Zögern mit den Defaitisten identifizierte.

»Machense sich nischt draus, Herr Oberst, – die ganze Scheisse ist sowieso bald vorbei. Die könn' Sie doch mal . . . Den Kaffee pack' ich für die gnädje Frau ein, die hat den immer so gerne. Und hier hab'ch noch Seidenstrümpfe aus Italien. Genau die Größe der Gnädjen . . .« Aber dann brach es doch aus ihm heraus. Er empörte sich über die Kaltschnäuzigkeit, mit der man mich wegjagte. »Sie hätten Ihnen wenigstens das Auto für ein paar Tage lassen sollen, und der Neue könnte auch mal kommen und Ihnen sagen, daß es ihm leid tut . . .«

»Laß das doch, Dicker«, sagte ich, »in diesem Krieg sind ganz andere Dinge geschehen. Wenn sie dich nicht mehr brauchen, wirst du abserviert und bist eine Null, ob Du den Arsch hingehalten hast oder nicht.«

»Aber Sie sind doch nicht irgendeiner. Was denken die sich denn, so mit einem umzugehen, der das Ritterkreuz mit Eichenlaub und Schwertern trägt.« Darauf wußte ich keine Antwort. Es war mir auch im Augenblick nichts gleichgültiger als die Würde meiner Auszeichnungen, nachdem ich begonnen hatte, die zu hassen, die sie mir verliehen hatten. Was »die« sich dachten, wußte ich schon lange nicht mehr, und das Gefühl, gedemütigt oder verletzt zu sein, blieb zu meiner

93

Überraschung völlig aus. Vielmehr erzeugte die Nachricht, in diesem Kriege, der sich hoffnungslos der Katastrophe näherte, nicht mehr fliegen, nicht mehr mein Geschwader führen zu dürfen, das Gefühl, »ausgesetzt« zu sein, auf einem Floß im unendlichen Meer zu schwimmen, mutterseelenallein. Als »Amtsenthobener«, ohne Bindung an irgendeinen Stab oder einen »Friedens-Truppenteil«, war ich eigentlich nicht mehr existent. Es war, als ob ich gefallen wäre.

Die Flieger-Division oder die Luftflotte Reich kümmerten sich ohnehin nicht mehr um ihre Kommandeure. Da war allenfalls noch der General der Jagdflieger, der mich ja vor zwei Monaten für diesen Posten vorgeschlagen hatte, – aber auch er war längst »persona non grata« und wußte, daß wir das Schicksal nicht mehr wenden würden. Und er war nicht der Mann, bei dem man Trost fand oder sich ausweinte. Dieser harte, nüchterne Soldat würde höchstens wiederholen, was er mir vor ein paar Tagen gesagt hatte; trocken, brutal, und mit ganz ruhiger Stimme.

Ich hatte ihn in seinem Dienstzimmer aufgesucht und ich bettelte, glaube ich, um ein paar Flugzeuge oder bestimmte Ersatzteile, obgleich ich wußte, daß er mir nicht helfen konnte. Die Organisation eines geregelten Nachschubs war längst den Händen der Generalstabsoffiziere entglitten. Das Reich verblutete wie ein waidwundes Tier, und von einer planvollen Produktion und von geordneter Verteilung war seit langem nicht mehr die Rede. Sie hatten gleichwohl das Wunder vollbracht, im Jahre 1944 insgesamt 40 600 Flugzeuge, davon 4000 Jagdflugzeuge, zu produzieren. Eine enorme, gigantische Zahl, gemessen an dem, was wir produzierten, als der Krieg begann.

Mit Hilfe derer, die für den Dienst mit der Waffe nicht tauglich waren, der alten oder schwerverwundeten Männer, der Frauen jeden Alters und der Tausende von Häftlingen, hatte man die Messerschmitts und Fokke-Wulfs in Behelfsfabriken, kleinen Werkstätten, in Straßentunnels und Kiesgruben zusammengebaut. Aber es gab keine Menschen mehr, die diese Flugzeuge, diese Mordwerkzeuge bedienen konnten. Die Geschwader waren ausgeblutet und keine für den Krieg tauglichen Formationen mehr. Und es gab kaum noch Betriebsstoff zum Fliegen, geschweige denn, um den Kampfeinsatz zu üben. Da standen diese funkelnagelneuen Flugzeuge aufgereiht nebeneinander auf den Flugplätzen oder in den Wäldern, in den Kiesgruben oder die Straßen entlang, sahen in ihren bunten Mimikri-Anstrich wie junge Wespen aus und waren zu nichts mehr nutze.

Der General hatte mürrisch zugehört, als ich meine Bitte vortrug. Er hatte nur kurz geantwortet, und es klang, als wolle er sagen: »Das weißt du doch selbst, daß ich dir nicht helfen kann. Die da oben hören ohnehin nicht mehr auf mich.«

Dann wandte er sich der Karte zu, die die ganze Breite der Wand bedeckte. Die Schrumpfung des Großdeutschen Reichs war mit Nadeln und roten Fähnchen dergestalt demonstriert, daß die Linien, konzentrisch sich verkürzend auf die Reichshauptstadt als Mittelpunkt zuliefen. Der Restbestand war erschreckend klein geworden. Wie Grenzen des Hochmuts verliefen die zackigen Konturen der Fäden entlang der Wolga bei Stalingrad, im Vorfeld von Moskau, am Atlantik und an den Pyrenäen – nun tausende von Kilometern entfernt vom erbärmlichen Rest.

»Wir haben diesen Krieg längst verloren«, sagte er dumpf, »Gott gnade uns nach all dem, was wir denen angetan haben.«

Ich war verdrossen damit beschäftigt, meine wenigen Habseligkeiten nach dem Gesichtspunkt zu ordnen, daß ich sie unterteilte in ein Vademecum aus leichtem Handgepäck und einen Rest, den ich, da er schwer an Gewicht und die Winterausrüstung einschloß, irgendwo deponieren wollte. Da rief mich der dicke Rieber mit den Worten: »Hauptmann K. möchte Sie sprechen« ans Telefon. »Es ist soweit«, begann K. ohne Umschweife. »Der General wird in den nächsten Tagen seines Postens enthoben werden, die neuen Herren sind bereits mit viel Wind im Hauptquartier aufgekreuzt. Sie müssen handeln, Herr Oberst.«

In der Tat war ich in der Stimmung »zu handeln«. Mit einem Mal war der Anfall von Resignation überwunden. Ich empfand nicht mehr das völlige Isoliertsein, gewahrte vielmehr, wie sich meine verdrängten Empfindungen in zornige Aktivität verwandelten. Ich hatte noch Freunde, Menschen, die dachten wie ich. »Ich werde sofort mit Lützow sprechen. Natürlich müssen wir etwas tun«, sagte ich. Und nach einer Pause: »Sie erreichen mich in den nächsten Tagen bei Oberst Lützow. Seien Sie vorsichtig, K.«

Es dauerte nur wenige Minuten, bis sich Lützow am Telefon meldete. »Ich möchte zu Dir kommen, Franzl. Beim General der Jagdflieger ist der Teufel los. Seitdem sie wissen, daß der General abgelöst wird, benehmen sie sich immer ungenierter. In drei Stunden kann ich bei Dir sein, – vielleicht für Tage oder Wochen, denn von mir will ja keiner mehr etwas wissen.« »Komme bitte sofort. Du kannst bei mir bleiben, solange Du willst.«

Als ich gemeinsam mit dem dicken Rieber das Landhaus verließ, in dem ich mit dem Geschwaderstab gewohnt hatte, räumten ein paar Frauen gerade die Überbleibsel unserer nächtlichen Feier beiseite. Von den Offizieren meines ehemaligen Stabes ließ sich keiner sehen. Mir war auch nicht zum Abschiednehmen zumute. Nur etwas länger als zwei Monate hatte ich dieses Düsen-Jagdgeschwader geführt. Eigentlich waren mir alle Piloten fremd. Sie hatten noch keinen Einsatz geflogen, noch keinen Luftkampf bestanden, und ich hatte verspürt, daß von dem ungestümen Drängen nach Bewährung und Zweikampf, das im ersten Jahr des Krieges zu den großen Leistungen der Jagdflieger geführt hatte, kaum noch etwas vorhanden war.

Der dicke Rieber hatte sein Gepäck zusammengeschnürt und schickte sich an, mit mir zu gehen, ohne Anordnung, ohne Befehl zur Versetzung. »Wir werden das schon später regeln«, sagte ich. Wir hatten das immer nachträglich geregelt,

– als er mir vom Kaukasus nach Stalingrad folgte, und von da nach Sizilien, ohne Versetzungsbefehl.

Zu meiner Freude fand ich Lützow in einer Stimmung, die weder Resignation noch Pessimismus spüren ließ. Die Aussicht, daß wir nun handeln würden, hatte ihn beschwingt, und ohne Zögern begannen wir die Durchführung unserer Pläne zu besprechen.

Es schien uns ratsam, den Kreis der Beteiligten klein zu halten und nur engste Freunde ins Vertrauen zu ziehen. Es waren nicht viele, die überhaupt für eine so gefährliche Unternehmung in Frage kamen – letztlich nur eine Handvoll.

Der Hauptmann K. vom Stab des Generals der Jagdflieger hatte berichtet, daß dort ein Zustand herrsche, den man mit Anarchie bezeichnen könne. Obgleich Galland noch nicht offiziell seines Postens enthoben war, wußte jeder, daß dies nur eine Frage von Tagen sein konnte. Wir telefonierten, schrieben verschlüsselte Briefe und verabredeten eine Zusammenkunft.

So trafen wir gegen Abend in der Jagdhütte des Obersten Trautloft ein, die in einem Wäldchen am Ufer des Wannsees lag. Es war ein grauer Januartag. Die Wolken hingen tief, die Straßen waren verschneit und glatt und das Fahren mühselig und gefährlich. Die Hütte lag nur wenige Minuten vom Stabsgebäude des Generals der Jagdflieger entfernt. Sie bestand aus einem einzigen quadratischen Raum, und als ich die Tür öffnete, schlug mir die warme, mit Zigarrenqualm gesättigte Luft entgegen.

Vier Geschwaderkommodore, der Inspizient der Tagjagd und der Major Br. vom Stab des Generals der Jagdflieger waren versammelt. Es hatte einige Mühe gekostet, den Oberst »Edu« Neumann aus Italien heranzubekommen, aber schließlich war es gelungen, ihn als Passagier in einem Bomber mitfliegen zu lassen.

Lützow, im Halbdunkel kaum zu erkennen, bat um Ruhe. Er sprach klar und konzentriert: »Wir, Macky und ich, meinen, es sei an der Zeit, daß die Kommodores der Jagdflieger, die miteinander befreundet sind und einander vertrauen, gemeinsam überlegen, ob es aus dem Desaster noch einen Ausweg gibt. Ich möchte den Versuch machen, zusammenzufassen, was in den letzten Monaten geschehen ist. Und dann möchte ich fragen, ob wir uns nicht schuldig machen, wenn wir weiter untätig zusehen.« Er sprach vom Dilettantismus der Luftverteidigung, von der zynischen Rücksichtslosigkeit Görings und seiner Infamie, uns die Schuld an der Zerstörung unserer Städte zu geben. Er erwähnte die Kommandeurstagung in Wannsee und den erfolglosen Areopag. Was in den letzten Monaten geschehen war, wußten wir genau. Auch wenn mancher an der Front in Italien oder in Rußland die Ereignisse im Reich mit weniger Anteilnahme oder ohne Wissen um die Einzelheiten verfolgt hatte, begriffen sie doch alle die Hoffnungslosigkeit der militärischen Lage. »In den letzten Tagen hat sich das Gerücht bestätigt, daß der General von seinem Posten als General der Jagdflieger abgelöst werden soll. Aber das ist nur der Schlußpunkt einer erniedrigenden Behandlung, die wir bisher – ich meine viel zu lange – widerspruchslos hingenommen haben.«

Als wir den General der Jagdflieger kurz vorher von unserem Vorhaben unterrichteten, hatte er den Wunsch geäußert, wir sollten in seiner Abwesenheit beratschlagen. »Aber bitte nehmt keine Rücksicht auf mich«, hatte er gesagt. »Ihr müßt die Sache, für die Ihr Euch einsetzt, von meiner Person und von meiner Rolle als General der Jagdflieger trennen.«

Wir hatten alle stumm zugehört, sogen an den Zigaretten und Zigarren, schlürften den Kognak und starrten geradeaus. Schlagartig war uns klar geworden, daß von jetzt an jedes Wort von Gewicht war, daß wir möglicherweise Entscheidungen trafen, die uns außerhalb der Loyalität stellten.

Lützow fuhr fort: »Ist es nicht diese Untätigkeit, die Resignation, gepaart mit der Bereitschaft, alle Beschimpfungen widerspruchslos zu ertragen, die uns einfach schuldig werden läßt? Ist es Euch nicht klar geworden, daß der Areopag eine Anklage der Jagdflieger wegen politischer Abstinenz war? Und war das nicht der Wendepunkt, wenigstens aus der Sicht des Reichsmarschalls? Er ließ uns endgültig fallen. Er beförderte den General und hatte seinen Nachfolger schon ausgewählt. Er begann dessen Vorstellungen immer mehr zu lieben, das IX. Fliegerkorps, die Bomber des Generals P., mit dem Düsenjäger auszurüsten, damit sie sein »Korps der Rache« würden. Diese skurrilen Ideen werden die Katastrophe endgültig besiegeln.«

»Was gibt es denn noch zu besiegeln?« Es war »Edu« Neumann, der dies einwarf. »Wir sollten überlegen, ob es überhaupt noch sinnvoll ist, etwas zu unternehmen. Was hat sich denn nach dem 20. Juli geändert? Der Aufstand war erfolglos. Sie haben alle beseitigt, die mit ihm zu tun hatten, und die Katastrophe nimmt weiter ihren Lauf.«

»Ich meine«, fuhr Lützow unbeirrt fort, »daß wir nicht so einfach der Verantwortung entfliehen können. Wir müssen uns klar werden, ob wir schuldig sind, daß unsere Städte schutzlos dem Bombardement ausgesetzt sind. Göring behauptet ununterbrochen, daß ›die armen Menschen nur wegen unseres Versagens leiden‹ müssen.«

»Es ist doch unsere Überzeugung, daß wir den Verwüstungen aus der Luft Einhalt gebieten und das Leben unschuldiger Menschen retten können«, sagte ich.

»Gut, dann laßt uns versuchen, erst einmal festzustellen, ob wir Fehler gemacht haben und ob der General Schuld trägt«, meinte der Oberst Trautloft.

»Ich bin überzeugt, daß wir, die ›berühmte deutsche Luftwaffe‹, nicht gerüstet waren, einen solchen Krieg zu bestehen«, antwortete ich. »Eigentlich war da vieles von Anfang an unverantwortlich und leichtsinnig. Ich will nicht vom politischen Abenteuer sprechen, auf das wir uns eingelassen haben. Ich möchte nur den militärischen Dilettantismus kritisieren. Göring und seine Berater haben immer die offensive Luftkriegführung bevorzugt, ohne jedoch die Luftwaffe dafür auszurüsten. Für die Defensive, die Luftverteidigung, hatten sie stets wenig übrig. Als sie gezwungen waren, das Reich zu verteidigen, weil die Bomber nach Berlin flogen, taten sie es zögernd und halbherzig – es war ohnehin zu spät. Sie haben die Nachtjagd erst aufgebaut, als die ersten katastrophalen Nachtangriffe ohne nennenswerte Abwehr – denkt an Hamburg – sie zutiefst erschreckt hatten. Wir konnten während der Luftschlacht um England die Bomber nicht bis London und zurück begleiten und dabei den Luftkampf annehmen; unsere Flugdauer war zu kurz. Das Desaster am 15. September 1940 konnte nur geschehen, weil die Luftwaffenführung weltfremd, ohne echten Kontakt zu denen, die flogen und kämpften, den Luftkrieg inkonsequent und zögernd führte. Unsere Jagdflugzeuge sind heute – mit Ausnahme der »Me 262« – den Anforderungen des Jagdkampfes nicht mehr gewachsen – daran ändern auch die Erfolge in Afrika und Rußland nichts. Die ständigen Sinnesänderungen der Führung während des Krieges gleichen einer Fieberkurve, – mal Bombenoffensive, mal »Jäger-Programm«, dann Einsatz der Düsenflugzeuge als Blitzbomber, – das ganze ist doch Scharlatanerie! Und alles das wurde auf dem Rücken derer ausgetragen, die ohne Murren ihr Leben einsetzten – und dazu zähle ich uns.«

»Aber warum ist uns denn nicht früher eingefallen, etwas zu tun?« fragte Oberst Rödel. »Warum haben wir nicht früher revoltiert und versucht, das Schicksal zu wenden, als noch Hoffnung bestand, die Katastrophe zu vermeiden?«

»Ganz gewiß sind wir jungen Flieger nicht am Ausbruch dieses Krieges schuld. Haben wir geahnt, daß man uns nach England, nach Nordnorwegen, Afrika und in die Kalmückensteppe schicken würde? Und von uns war kaum einer älter als 25 Jahre. Die ganze Nation hat doch mitgemacht. Wo waren denn die erfahrenen alten Männer, die warnten, uns auf dieses Abenteuer einzulassen?«

»Wir müssen zugeben, daß uns, die wir an der Front flogen, der Aufstand vom 20. Juli unvermutet und völlig überraschend getroffen hat. Daß unser Horizont begrenzt war, weil wir im Kampfgeschehen der Front tagtäglich voll in Anspruch genommen waren, mag als Entschuldigung gelten. Aber wir haben auch Scheuklappen angelegt und doch zuweilen nach dem Motto »Nach uns die Sintflut« gelebt. Die Alten, die Veteranen des ersten Weltkrieges, haben uns nicht geholfen. Mit wenigen Ausnahmen haben sie begeistert oder wenigstens ohne Widerspruch mitgemacht, ohne an das Ende zu denken. Und – seien wir doch ehrlich – wir haben uns auch korrumpieren lassen und die Orden und Ehren angenommen, obgleich wir hätten sehen müssen, daß man uns kaltschnäuzig mißbrauchte.«

»Das leugnet ja niemand. Aber sollen wir denn deshalb weiter untätig zusehen, wie das Reich zerstört wird – und nur den Volkssturm oder die armen Schweine von der Infanterie und die in den Panzern kämpfen lassen? Wenn die nicht mehr fertig werden mit dem sinnwidrigen, kaltschnäuzigen Rummel um den ›Endsieg‹, von dem sie ahnen, daß es die totale Niederlage sein wird, – wenn die ›sich absetzen‹, werden sie gehenkt oder erschossen. Wir aber, wir brauchen nur ein ärztliches Attest – und gehen zur Kur, zum Skilaufen nach Zürs oder ins Jagdfliegerheim.«

»Genau das ist es«, sagte Lützow bestimmt. »Wir haben kein Recht und kein Privileg, Primadonnen dieses Krieges zu sein, uns die Leckerbissen herauszusuchen, oder die Arbeit niederzulegen, wenn es uns nicht mehr paßt.«

»Damit wären wir wieder beim Thema«, sagte ich. »Ganz gewiß ist mit Wunderwaffen der Krieg nicht mehr zu gewinnen. Aber bei sinnvollem Einsatz können wir größeres Unheil verhüten – hinauszögern, die Tagesangriffe vielleicht zeitweise zu einem Halt bringen . . .«

»Hinauszögern?« unterbrach mich »Edu« Neumann bitter. »Warum hinauszögern, wenn das Ende ohnehin in Sicht ist?«

»Weil wir nicht zusehen dürfen, wie die ganze Nation von Verbrechern in den Abgrund gerissen wird. Und weil es auch eine Verantwortung vor der Geschichte gibt«, sagte der Oberst v. Maltzan.

Wir schwiegen, und jedem war klar geworden, daß es nun

kein Ausweichen mehr gab. Maltzan hatte sich früher als wir mit dem Loyalitäts-Konflikt auseinandersetzen müssen, als seine Verwandten nach dem Attentat am 20. Juli inhaftiert wurden. Als mein Jagdfliegerführer in Italien hatte er mich abends oft an seiner Bitterkeit teilnehmen lassen. Er glaube seit langem nicht mehr an den guten Ausgang, geschweige denn an den Sieg, hatte er mir damals gestanden.

Er war es auch wieder, der das Schweigen brach.

»Resignieren, sich schmollend im Jagdfliegerheim verkriechen, ist unverantwortlich. Wir haben die Pflicht, für unsere Überzeugung einzutreten. Aber wie?«

»Der Dicke muß weg«, sagte Lützow seinen stereotypen Satz.

»Der Dicke muß weg, und mit ihm die ganze Kamarilla«, wiederholte er. »Wir müssen überlegen, welche Möglichkeiten es gibt, ihn kaltzustellen.«

»Der sicherste Weg, ihn kaltzustellen, ist doch, ihn zu erschießen – einfach umzulegen«, rief der Major Br. Obgleich wir eine Zeitlang wie erstarrt saßen und die Ungeheuerlichkeit dieser Forderung nachwirkte, lag doch auf den Gesichtern ein Hauch von Amüsement. Br. besaß nun einmal den Ruf des »Revolutionärs«, der mit beißendem Zynismus und bitterer Ironie seiner Verachtung über die »Nonvaleurs« in der höchsten Führung der Luftwaffe Ausdruck gab, wo immer man ihn zu Wort kommen ließ. Wie durch ein Wunder aber war ihm niemals etwas geschehen, obgleich er Hitler schonungslos in seine Kritik einschloß.

»Ihn zu erschießen ist zwar konsequent, aber keine Lösung«, sagte der Oberst Trautloft. »Was haben wir von seiner Beseitigung, wenn sich die Luftkriegführung nicht ändert? Der Dicke muß gezwungen werden, die Führung der Luftwaffe abzugeben. Er kann irgend einen repräsentativen Posten erhalten, auf dem er kein weiteres Unheil anrichtet. An seiner Stelle muß ein Könner sicherstellen, daß die Luftverteidigung des Reiches so durchgeführt wird, wie wir es für richtig halten.«

»Ihn zu erschießen ist auch gar nicht so einfach«, meinte

v. Maltzan. »Seine Abneigung gegen Truppenbesuche ist so groß, daß niemand mit Sicherheit voraussagen kann, wann und wo er auftaucht. Um ihn persönlich im RLM* oder in Karinhall sprechen zu können, müssen wir erst durch die Instanzen marschieren – und alle werden uns fragen: »Was wollen Sie beim Reichsmarschall?« Sollte es aber dennoch gelingen, bis zu ihm vorzudringen, so wären wir der gleichen unwürdigen Durchsuchung ausgesetzt, wie sie die über sich ergehen lassen müssen, die von Hitler eine Auszeichnung bekommen.«

Eigentlich hatte ich eine Chance gehabt, ihn seelenruhig und ohne Gefahr zu laufen, daß man mich daran hinderte, zu erschießen. Aber mir war nicht einmal der Gedanke gekommen, obgleich sein Truppenbesuch bei meinem Geschwader erst drei Monate zurücklag. Ich war noch nicht verzweifelt genug gewesen. Er hatte sich plötzlich in Schönwalde zu einem Besuch meines Geschwaders angemeldet. Wir waren mit den drei Jagdgruppen des Geschwaders 77, von Ungarn kommend, im Reich eingetroffen. Der General der Jagdflieger baute die Jägerreserve für »den großen Schlag« auf, und mein Geschwader sollte ein Teil davon sein. Nach Jahren der Irrfahrt an den Fronten in Rußland, Afrika und Italien war ich dabei, mich an die Realitäten des grauen Alltags im Reich zu gewöhnen und mich und meine Piloten auf den harten Einsatz gegen die Fliegenden Festungen in der Reichsverteidigung vorzubereiten, als der Besuch Görings angekündigt wurde. Da es regnete, waren die Flugzeugführer in einer der großen Hallen, deren Tore aufgeschoben waren, in Erwartung des Reichsmarschalls angetreten. Es war eine stattliche Anzahl von jungen Männern, aber die Zahl derer, die kriegserfahren und kampferprobt waren, konnte ich an den Fingern einer Hand abzählen.
Als der Konvoi der Wagen auf dem Vorfeld der Halle aus-

---

* Reichsluftfahrtministerium

rollte, befahl ich: »Stillgestanden! Zur Meldung an den Herrn Reichsmarschall – Augen rechts.« Dann schritt ich auf seinen großen Mercedes zu. Es dauerte geraume Zeit, bis er sich aus dem Wagen herausgequält hatte. Man half ihm beflissen in den Wintermantel (mit wundervollem Innenpelz und prächtigem Oppossumkragen), dann umfaßte er den Marschallstab und nahm Haltung an. »Heil Hitler«, klang die helle, kehlige Stimme wie ein Pistolenschuß. Kein »meine Herren«, kein »Soldaten!«, nur lakonisch »Heil Hitler«.
»Heil Hitler, Herr Reichsmarschall!« Dann schritt er auf den rechten Flügel der Formation zu und begann die Front abzuschreiten. Ich stellte die Gruppen-Kommandeure vor. Flüchtig drückte er ihnen die Hand, stellte keine Fragen, stapfte nur die Reihe der Flugzeugführer entlang, indem er den Marschallstab zum Gruß vor dem Bauch auf und ab schwenkte. Ich bemerkte, daß er nervös und unsicher war. Nur einmal machte er halt – er stand vor dem Oberleutnant Angerer und musterte diesen eine Zeitlang. Wie wenn er nach Worten gesucht hätte, brach es plötzlich aus ihm heraus: »Könnten Sie heute, bei diesem Wetter, tief in Feindesland hineinfliegen – sagen wir nach Frankreich oder Belgien – und dort mit Bordwaffen Flugzeuge angreifen und hierher zurückkehren?«
Warum muß er gerade Angerer erwischen, dachte ich, warum ausgerechnet Angerer und nicht Köhler oder Riedmeyer oder Säckel? Angerer war einfach ein Unglücksrabe. Wenn er eine Staffel führte, so nur, weil er älter als die anderen, als das »junge Gemüse« war, das das Gros der Flugzeugführer bildete. Aber er dachte in den langsamen, trägen Frequenzen eines niederbayerischen Bauernjungen und sprach mit dem harten Dialekt seiner Heimat, – noch dazu mit einer hellen, femininen Stimme, als habe der Stimmbruch bei ihm noch nicht eingesetzt. Angerer schien zu Tode erschrocken. Er rührte, stand wieder still und sah mich flehentlich an. »Herr Reichsmarschall«, begann er umständlich. Dann schaute er hinaus in den Regen und sagte: »Fliegen könnt' ich schon ...« neue Pause, der Reichsmarschall trat von einem Bein aufs andere,

– »aber i glaub' net, daß i franzen könnt'.« Nun war es Göring, der mich hilfesuchend anblickte, dann schien er die Sorge Angerers zu verstehen.

»Ja, ja«, sagte er rasch, »Sie könnten fliegen. Das ist gut. Zum Franzen habt Ihr ja diese Apparate in Euren Flugzeugen.« Diese umwerfende Feststellung verfehlte auch beim letzten Piloten des Geschwaders nicht ihre Wirkung. »Apparate«, hatte er gesagt, so wie man von komplizierten technischen Gebilden des Funkwesens oder der Navigation sprach, wenn es einem an konkreten Kenntnissen und an Wissen mangelte. Wie durch Buschtrommeln verbreitete sich die Kunde vom »Sachverstand« des Oberbefehlshabers unverzüglich in der ganzen Luftwaffe. Die Apparate! Das also war unser oberster Chef! Der Truppenbesuch hatte den Vorzug, sehr kurz zu sein. Mein Oberbefehlshaber schien kein weiteres Interesse an Fragen zu haben, die den Einsatz und die Sorgen des Verbandes betrafen. Er wollte flugs weiter zur nächsten Jagdgruppe, und unversehens saß ich in seinem großen Mercedes auf dem Notsitz hinter dem Fahrer, um den Reichsmarschall zu begleiten.

Wir fuhren in mäßigem Tempo, und während die beiden Herren im Fond des Wagens sich fröhlich unterhielten – er hatte seinen alten Freund und Geschwaderkameraden aus dem ersten Weltkrieg, Bruno Loerzer, mitgebracht –, hatte ich Muße, sie zu beobachten. Nicht, daß sie unfreundlich gewesen wären. Aber sie nahmen von mir nur Notiz wie von einem Passagier, dem man zufällig im Eisenbahnabteil gegenübersitzt.

Die Landstraße führte durch ein Stück Wald mit wundervollem altem Tannenbestand. Hier hatten die Luftminen große Verwüstungen angerichtet. Die riesigen Stämme lagen kreuz und quer, und die Wurzelstöcke ragten, mit viel Erdreich gewaltsam aus dem Boden gerissen, tot in den Himmel. Gedankenversunken betrachteten die Herren die Verwüstung. Dann räusperte sich der Herr Reichsmarschall und sagte: »Es ist einfach eine Schande, was diese Barbaren mit dem deutschen Wald gemacht haben! Es wird viele Jahre brauchen, bis wir diesen Schaden beseitigt haben.«

Das Gespräch der anderen war inzwischen weitergegangen. »Gleichwohl sollten wir Hitler unsere Not vortragen«, sagte Lützow. »Wir müssen ihm ohne Schonung sagen, daß wir die Sache für verloren halten. Aber gleichzeitig müssen wir der Verantwortung ledig werden, tatenlos den Bombenterror über das Reich ergehen zu lassen – obgleich wir überzeugt sind, daß man durch eine energisch und fachmännisch durchgeführte Luftverteidigung tausenden von Menschen das Leben retten kann. Das gipfelt eben in der Forderung, Göring zu entfernen. Gelingt uns das nicht, so haben wir doch zumindest unser Gewissen erleichtert und haben ausgesprochen, was wir für falsch, gefährlich, leichtfertig halten.«

»Und genau dafür werden wir erschossen werden!« bellte der Major Br. wütend aus seiner Ecke. »Wißt ihr denn nicht, daß der Führer unfehlbar ist?«

Es war inzwischen Nacht geworden. Die Luft in dem engen Raum war unerträglich. Kognak und Rotwein begannen zu wirken. Nur mit Mühe gelang es Lützow, noch einmal das Wort an sich zu reißen. »Unser Problem ist gar nicht so schwierig«, sagte er. »Wir brauchen nur die wenigen Alternativen, die uns bleiben, zusammenstellen und eine auswählen. Der Vorschlag, den Dicken zu erschießen, ihn zu beseitigen, scheint keine Anhänger zu finden. Bleibt die Möglichkeit, zum Führer vorzudringen, ihm Vortrag zu halten und um Ablösung des Reichsmarschalls als Oberbefehlshaber der Luftwaffe zu bitten. Aber wie erreichen wir eine Rücksprache beim Führer? Auf dem Dienstwege kommen wir über den nächsten Vorgesetzten nicht hinaus; man wird sehr neugierig sein, was wir ihm vortragen wollen.«

»Wir müssen Hitler überzeugen, Göring fallen zu lassen«, unterstützte ihn Major Br. »Es gibt einen Weg, Hitler zu er-

106

reichen, der ist todsicher. Wir sollten der SS die Situation schildern und sie bitten, daß sie uns das Entree verschafft.«
»Ja, Hitler kann das alles ändern«, meinte Lützow. »Er könnte sicher, aber da ist eine Gefahr. Nachdem er Himmler zum Oberbefehlshaber des Heimat-Heeres gemacht hat, ist dieser noch machthungriger geworden. Wir könnten plötzlich als SS-Luftwaffe aufwachen. Wer von Euch wünscht das? Wenn unser Metier nicht so schwierig wäre, wenn das Fliegen nicht eine so lange Ausbildung und soviel Erfahrung voraussetzen würde, hätte doch Himmler längst zugegriffen!«
»Das ganze ist verdammt gefährlich«, gab Trautloft zu bedenken. »Erstens hat Himmler Geschmack daran gefunden, die Wehrmacht in Bausch und Bogen zu übernehmen. Außerdem könnten die von der SS das in die falsche Kehle bekommen, – dann machen sie bekanntlich sehr kurzen Prozeß.«
Die Diskussion wurde wieder heftig, und die Abneigung, die SS ins Vertrauen zu ziehen, fand lauten Ausdruck. Da meldete sich der Major Br. wieder zum Wort: »Ich kenne den Obergruppenführer O. Er ist häufig bei den Kampffliegern in Oberjochberg und somit vertraut mit Luftwaffenfragen. Warum sollten wir es nicht über ihn versuchen?«
Nur zögernd stimmten sie zu, daß ein »Spähtrupp« mit O. spräche und herausfände, ob wir auf diese Weise bis zu Hitler vorstoßen könnten.
»Aber wenn es schief geht, wenn er uns bei Göring verpfeift?«
»Da könnt Ihr unbesorgt sein, der Reichsheini* haßt den Dicken. Viel eher besteht die Gefahr, daß er dabei versucht, sich gleich den Rest der Luftwaffe einzuverleiben.«
»Und wenn euer Unternehmen erfolglos bleibt?« fragte der Oberst Trautloft. »Dann bleibt nur der Weg, den dienstältesten Jagdflieger der Luftwaffe, den Generaloberst Ritter

---

* Spitzname für Heinrich Himmler.

von Greim aufzusuchen und ihn zu bitten, das Heft in die Hand zu nehmen – notfalls mittels Führer-Rapport.« »Und wenn dieser ablehnt?«

Es war spät geworden. Die Diskussion hatte uns alle ermüdet, und die Auswegslosigkeit bedrückte jeden. Da war kein Raum mehr für zynische Witzchen und makabren Spaß.

»Wir sollten den General jetzt holen«, sagte einer.

Galland saß lange Zeit stumm, nachdem Lützow ein Resümee unserer Absichten vorgetragen hatte. Dann sprach er sachlich und klar über die Vergangenheit, und nachdem er die Fehler Görings und seiner Führung noch einmal nüchtern dargelegt hatte, befaßte er sich mit dem Niedergang der Jagdwaffe in den drei Jahren, in denen er General der Jagdflieger war. Daß man nicht Jagdverbände aufgestellt habe, als man erkannte, daß die schweren Bomber der Alliierten die Lebensfähigkeit des Reiches systematisch zu zerstören begannen, sei auch sein Versagen. Er streifte kurz die Tragödie des Düsenjägers »Me 262« und die Machtlosigkeit der Nachtjäger, weil Organisation und Mittel unzureichend seien. Aber dann brach es noch einmal aus ihm heraus. Er beklagte die Unfähigkeit der Führung, zu erkennen, daß die Verteidigung des Reiches nur Chancen habe, wenn man Schwerpunkte bildete und den lächerlichen Gedanken, in der Luft noch einmal offensiv zu werden, aufgäbe.

Ihn schaudere, wenn er an die Intrigen und Verleumdungen denke, die seine Gegner anwendeten, um ihn aus dem Wege zu räumen. Jedoch glaube er, daß es immer noch möglich wäre, der feindlichen Luft-Offensive Einhalt zu gebieten, wenn man zwei bis drei Jagdgeschwader mit der »Me 262« ausrüste und alle erfahrenen Jagdpiloten in diesen Verbänden zusammenziehe. Die Ausrüstung der Bomber-Verbände mit dem Düsenjäger bezeichnete er als Wahnsinn und unverantwortlich.

Ihm sei klar, daß mit seiner Absetzung die Würfel gefallen seien. Auch werde das Schicksal seinen Lauf nehmen und der Bomben-Terror bis zur letzten Konsequenz unsere Städte ausradieren und weitere Tausende von unschuldigen Menschen töten.

Dann stellte er die Frage, ob es unsere Pflicht sei, einzugreifen, und beantwortete sie mit »ja«. Seine Skepsis über den Erfolg unseres Unternehmens verhehlte er nicht. »Nehmen wir mal an, der Führer folgt eurem Vorschlag, den Reichsmarschall kaltzustellen und durch v. Greim zu ersetzen, der mit neuen Männern und Methoden die Luftverteidigung im Sinne unserer Vorstellungen durchführt. Daß wir bei Konzentration aller Kräfte verhüten könnten, daß die systematische Zerstörung unserer Städte ungestraft weitergeht, davon bin ich fest überzeugt. Daß wir Tausende von Menschenleben retten könnten, gibt euch auch die Berechtigung, euer Vorhaben durchzuführen. Jedoch möchte ich die Frage, ob dies am Ausgang dieses Krieges etwas ändern könnte, mit einem bestimmten »Nein« beantworten. Das Reich, oder das, was davon übrig blieb, ist todkrank. Hitler und Göring haben die Fähigkeit und Potenz der angelsächsischen Kriegsmaschine fahrlässig unterschätzt. Und ich glaube nicht, daß irgendwelche Wunderwaffen die Wende herbeiführen können.«

Wir nickten zustimmend und waren froh, daß er uns nicht von unserem Unternehmen abriet. Daß es keinen »Endsieg« geben würde, wußte jeder seit langem.

»Aber seid vorsichtig, wenn ihr zur SS geht«, mahnte er. »Himmlers Machthunger ist unstillbar. Schon hat er Interesse gezeigt, sich in das Düsenjäger-Programm einzuschalten, – vorerst organisatorisch. Und seine Spielereien mit dem Senkrechtstarter ›Natter‹* sind nur der Anfang. Daß man Euch möglicherweise hochgehen läßt, ist die größte Gefahr. Die Kampfflieger politisieren in Oberjochberg** längst gemeinsam mit bestimmten SS-Führern, ganz auf der Linie dessen, was während Görings Areopag deutlich wurde. Könnt ihr

---

* Senkrechtstartende, bemannte Rakete.
** Erholungs- und Schulungszentrum der Kampfflieger.

euch noch erinnern: ›Ich glaube und bekenne ...!‹ Das sagt doch alles! Zieht euch zurück, sobald offenbar wird, daß die SS uns nicht helfen will, und betreibt sofort die Demarche bei Greim, um die Ablösung im Oberbefehl auf diesem Wege zu erreichen. Was bleibt, falls auch dies fehlschlägt, ist vermutlich die schwächste, aber ehrenvollste Art, Konflikte zu lösen: Sagt es dem Dicken alles ins Gesicht! Nicht, daß ihr damit noch etwas ändert, – aber ihr könnt besser schlafen, falls er euch schlafen läßt! Er kann bestialisch hart reagieren. Laßt uns das Risiko gemeinsam tragen. Da er mich für den Rädelsführer halten wird, bin ich automatisch mit von der Partie.«

Tagebuch General Galland, 1945

»*Die SS-Führung mischte sich immer mehr in die Angelegenheiten der Luftwaffe ein. Sie kümmerte sich um die Rüstung, aber auch um den Einsatz. Man schuf einen Sonderbeauftragten für Strahlflugzeuge. Göring lancierte in diese Stellung den General Kammhuber. Hitler unterschrieb aber deren Dienstanweisung nicht, sondern setzte von sich aus den General der Waffen SS Kammler ein . . . Kammhuber war damit dem SS General praktisch unterstellt . . .*
Mein Nachfolger nahm die Verbindung zur SS auf und kam bis an Himmler heran. Himmler seinerseits unterrichtete Hitler über meine angebliche Unzuverlässigkeit. Bald erkannte ich, daß alle meine Telefon-Apparate überwacht und abgehört wurden und daß sich der SD intensiv mit mir befaßte.«

Berlin,
Januar 1945

Am 4. Januar machten wir uns auf den Weg, um den SS-Obergruppenführer O. aufzusuchen. Wir fuhren ein Stück mit der S-Bahn und hatten dann noch ein paar hundert Meter bis zu einer Villa zu gehen, wie sie zu Dutzenden in diesem Stadtviertel standen. Weißgetüncht und ohne viel architektonische Phantasie in die quadratischen Gärten gestellt, mit Blumenfenster und ausgebautem Dachgeschoß. Das kleine Schild neben dem Klingelknopf gab keinen Hinweis auf die Bewohner. Da aber die Hausnummer mit der übereinstimmte, die dem Major B. auf telefonische Anfrage mitgeteilt worden war, drückte ich zögernd auf den Knopf.
Wir waren zu dritt – der Major B., der Hauptmann K. und ich. Der Major B. war unser »Mittelsmann«.
»Ich kenne den O., kein unrechter Mann. Mit ihm kann man reden«, hatte er gesagt. »Aber ich würde empfehlen, mit der Kritik am Führer, an der obersten Führung überhaupt, vorsichtig zu sein, – es sei denn, Sie kritisieren Göring, Herr Oberst. Die verstehen da keinen Spaß.«
Das wußte ich längst und nahm mir vor, sachlich und kühl zu bleiben und nur überzeugend zu argumentieren, daß Göring seines Postens enthoben werden müsse. Die Gartentür öffnete sich, und als wir auf die Villa zuschritten, sahen wir in der Haustür einen SS-Mann in Uniform, der uns erwartete.
»Heil Hitler«, sagte er und nahm Haltung an. »Hier herein bitte, der Obergruppenführer erwartet Sie.«
Das Zimmer lag am Ende des Flurs, die Fenster führten zum Garten. Es war mehr Wohnzimmer als Büro, mit Allerweltsmöbeln eingerichtet. An der Längswand stand ein großer geschmackloser Bücherschrank aus Eichenholz mit allegorischen Blumenschnitzereien und Glasscheiben, hinter denen die Bücherrücken wie eine komplette Sammlung der Literatur des Dritten Reiches aufgereiht waren.

Aber gleichwohl deuteten die beinahe überall auf Tisch und Regalen zerstreuten Akten, der elektrische Kocher, auf dem eine weiße Kaffeekanne stand (schmuddelig, mit langen braunen Schlieren getrockneten Kaffees) und die Schreibmaschine auf dem klobigen Barockschreibtisch darauf hin, daß dieses ein Arbeitszimmer war.

Wir schüttelten uns die Hände und riefen »Heil Hitler«, und der Major B. versuchte (ohne Erfolg) mit fröhlichem Lachen und vertraulichem »Da sind wir« zu unterstreichen, daß er zur SS Beziehungen habe. Erst als die Tür sich geschlossen hatte und wir den zwei SS-Offizieren gegenübersaßen, begann ich zu ahnen, worauf wir uns eingelassen hatten. Der Obergruppenführer war jung, sicher noch keine vierzig Jahre alt. Er hatte ein Baby-Gesicht, die Haut war rosig und glatt. Der andere Offizier war älter und trug im Gegensatz zum Obergruppenführer die schwarze Uniform am Halse hochgeschlossen. Sie sahen uns schweigend an. Der Mund des Obergruppenführers war kaum merklich zu einem ironischen Lächeln verzogen. Er schien nicht im geringsten gewillt, das Gespräch zu eröffnen, sondern sah uns ohne erkennbare Regung in dem weichen Gesicht in die Augen.

Ich weiß nicht mehr, ob die Art, in der ich zu sprechen begann, geschickt war und den Eindruck vermittelte, daß unsere Sache ernst und entscheidend war, aber ich fand mich bald verstrickt in die Darlegung unserer kritischen Gedanken eines Abwehrkampfes gegen die schweren Bomber, wie er nach unseren Vorstellungen geführt werden müsse. Ich begann meine anfänglichen Bedenken gegen allzu aggressive und burschikose Formulierung meiner Anklage mehr und mehr fallen zu lassen und sprach über das unglaubliche Versagen Görings, über seine Brutalität, wie er sie uns gegenüber offenbarte, und über die Schuld, die auf uns lastete. Die beiden waren meiner nicht ohne Leidenschaft vorgetragenen Anklage mit wachem Interesse gefolgt. Aber nicht die geringste Gefühlsregung war in ihren Gesichtern zu lesen.

Als ich aber so weit ging, unser Vorhaben in die Worte zu

kleiden: »Wir wollen retten, was noch zu retten ist«, versteinerten ihre Gesichter. Denn aus dieser Formulierung konnten sie meine wahre Einstellung zum »Endsieg« unschwer entnehmen. Der Obergruppenführer mit dem Milchgesicht war es, der die Befragung eröffnete. Und daß es eine Befragung im Sinne eines Verhörs war, sollte mir bald klar werden. Ob wir, die Jagdflieger, denn wirklich glaubten, daß wir – auch bei konsequenter Zusammenfassung aller Kräfte – noch entscheidende Schläge führen könnten, fragte er. Ob denn nicht in der Tat diese Waffe demoralisiert und undiszipliniert sei, wie doch jeder wisse. In meiner aufsteigenden Empörung darüber, daß die Verleumdung nunmehr offensichtlich Allgemeingut geworden war, fragte ich brüsk: »Woraus schliessen Sie das?« (nicht: »Herr Obergruppenführer« – er hatte ja immerhin Generalsrang!)

Und nun begann die Litanei unserer Sünden:

Ob es denn nicht zuträfe, daß die Bomber über dem Reich spazierenflögen, während die Jäger wegen des angeblich schlechten Wetters nicht starten könnten? Und ob es nicht zuträfe, daß wir uns Extravaganzen leisteten – »in dieser schweren Zeit« – Extravaganzen dergestalt, daß wir uns ausgiebig dem Genuß von Beutegut (Kognak aus Frankreich und Wermut aus Italien) hingäben? Und dann, schwarze Kriegsgefangene als Burschen der Kommodores, und Reitpferde. Und Weibergeschichten und Sekt und, und, und ...

Ich hatte staunend zugehört und dachte: »Was geht das den an?« Dann verweilten meine Augen auf seiner linken Brust, wo er eine nicht unbeachtliche Spange farbenfroher Orden trug, Orden von Rumänien, Bulgarien und Italien und das Kriegsverdienstkreuz erster Klasse. Er muß in jedem Fall sehr tüchtig sein, dachte ich. Seine Fähigkeiten scheint er insbesondere hinter der Front zu entfalten und dort, wo nicht geschossen wird. Zugleich aber empörte mich das puritanische Gehabe, und ich entgegnete heftig, daß es letztlich unsere Aufgabe sei, Flugzeuge abzuschießen und wir dies auch täten, indem wir uns täglich aufs Neue einsetzten –

wenn auch wegen der von mir beschriebenen Umstände mit
magerem Erfolg.

Was nun kam, war das Herunterbeten einer Lektion in nationalsozialistischer Erziehung. Es seien nicht »die Umstände«, auch
nicht die angebliche Unterlegenheit unserer Flugzeuge, oder das
Versagen des Reichsmarschalls für unsere Erfolglosigkeit verantwortlich, sondern wir versagten, weil wir nicht durchdrun-
gen seien von den Werten nationalsozialistischen Gedankenguts.
Weil wir Zweifel am Endsieg hätten und nicht an das Genie
des Führers glaubten, müßten wir zwangsläufig versagen.
»Und außerdem«, begann er nun zu dozieren, »sind die flie-
gerischen Fähigkeiten der Jagdflieger denen der Bomber weit
unterlegen. Die Bomber-Piloten haben eine solide Ausbildung und sind diszipliniert. Der Plan des Reichsmarschalls,
ein ganzes Fliegerkorps, das IX. Korps, mit Düsenjägern auszurüsten, ist konsequent und richtig, und der Einsatz dieses
Korps wird den Angelsachsen in die Knochen fahren.« Der
Major und der Hauptmann waren offensichtlich zu Tode erschrocken über die Entwicklung unserer Mission und sahen
mich flehentlich an (»Hör doch auf, du redest uns um Kopf
und Kragen!«).

Aber ich war nicht gewillt, mich von einem solchen Typ
belehren zu lassen, dessen Beruf es offensichtlich war, als
»Politruk« Fanatismus und Glauben an den Endsieg zu predi-
gen und uns vorzuschreiben, wie man den Luftkrieg führt. Ich
wußte, was er von mir hören wollte und brachte es dennoch
nicht fertig, durch Lügen unsere Position zu verbessern. Mit
der Überlegenheit der germanischen Rasse und dem fanatischen Siegeswillen des deutschen Volkes, dem Genie des
Führers und der nationalsozialistischen Seele wäre ich zumindest seines Wohlwollens sicher gewesen. Aber hatte ich
nicht gleiches erlebt, als der fehlgeschlagene Versuch Görings, in Form des »Areopags« die Probleme des Luftkriegs
zu lösen, in eine nationalsozialistische Schulstunde aus-
artete?

Ich sprach ruhig und sachlich, als ich das zurückwies, was er in amateurhafter Beurteilung der Luftverteidigung gesagt hatte. Es sei »fünf Minuten vor Zwölf« meinte ich, und er könne uns nicht unserer Verantwortung entheben, »zu retten, was noch zu retten sei«.

Die Wirkung meiner letzten Worte war überraschend. Der Obergruppenführer lehnte sich zurück, verschränkte die Arme vor der Brust und sah mich für eine Weile lauernd an. Dann sagte er leise in zynischem Tonfall: »Nun erklären Sie mir mal, was Sie mit ›Fünf vor Zwölf‹ meinen – doch sicher ›fünf Minuten vor dem Endsieg . . .‹«

Und als ich betreten schwieg, fuhr er mit eindringlicher Stimme, in der ein drohender Unterton mitschwang, fort: »Sie reden da von ›fünf vor Zwölf‹, während der Führer die Nation in einer Form mobilisiert hat, für die es in der Geschichte kein Beispiel gibt. Wir beschießen die britische Insel mit der V-1 und V-2! Aber das ist nur der Anfang der Vergeltung. Ein ganzes Fliegerkorps, eine Elite von Piloten, die von fanatischer Siegeszuversicht erfüllt sind, steht bereit, den vernichtenden Schlag gegen die Bomber der Alliierten zu führen. Und der Führer verfügt über Waffen, von deren Wirkung Sie sich keine Vorstellung machen . . . Sie sagen, daß die Jäger fliegen, sich einsetzen und auch abschießen, und geben im selben Atemzug zu, daß die Erfolge mager sind. Kein Wunder, denn ohne den festen Glauben an den Endsieg kann man eben nicht erfolgreich sein. Ihr Jagdflieger seid unpolitisch, – einfach unpolitisch und somit eben keine Nationalsozialisten.« Ich hatte ihm fassungslos zugehört. Weil ich überzeugt war, daß er einer jener arroganten Karrieristen war, die im politischem Aufwind des Dritten Reiches rücksichtslos die Ellbogen gebraucht hatten, ohne sich selbst physisch der Gefahr im Kriege auszusetzen, spürte ich plötzlich die Angst. Trotzdem stach mich der Hafer, und ich fragte: »Was für Wunderwaffen sind das denn, Herr Obergruppenführer?« und darauf: »Meinen Sie nicht, daß es höchste Zeit ist, das IX. Fliegerkorps gegen die Bomber einzusetzen, bevor jede Stadt zerstört ist?« Ohne auf meinen Einwurf zu hö-

117

ren, dozierte er weiter: »Der Führer hat sich den Einsatz der neuen Waffen vorbehalten. Er wird schon den richtigen Zeitpunkt wählen. Aber eines möchte ich Ihnen sagen: Die V-1 und V-2 sind nur ein Vorgeschmack dessen, was folgen wird!« Und da die Skepsis auf meinem Gesicht ihn zu reizen schien, fuhr er fort: »Ihr Jäger träumt davon, das IX. Fliegerkorps vereinnahmen zu können und es dann auch so zu verwursten, wie Ihr das bißchen, das von der Jägerei noch übrig ist, täglich verwurstet – unkoordiniert, schlecht geführt, noch dazu schlecht ausgebildet. Die Kampfflieger des IX. Korps sind aber eine Elite! Sie werden bei jedem Wetter fliegen und kämpfen und abschießen.«

»Aber das ist doch Unsinn«, konterte ich, »ich habe in Brandenburg die kläglichen Versuche des Generals der Kampfflieger gesehen, mit der Me 262 ohne Unterstützung vom Boden Wolkenfelder zu durchfliegen, blind zu fliegen. Seine Theorien vom Angriff, den man mathematisch vorberechnet und dann wie ein Blindfluglandeverfahren durchführt, beweisen nur, daß er noch nie einen Jagdkampf erlebt hat, daß er keine Vorstellung vom Kampfgeschehen in achttausend Meter Höhe hat. Galland hat das mit ihm x-mal diskutiert.«

Weiter kam ich nicht. Er wischte das, was ich gesagt hatte, mit einer Handbewegung weg, und indem er seinem Gehilfen einen Wink gab, sagte er mit schneidender, überlauter Stimme: »Galland, Galland! Sie meinen wohl, wir seien so naiv, auf jeden Leim zu kriechen, Ihnen alles das ohne Prüfung abzunehmen, was Sie uns mit soviel Phantasie erzählt haben? Wir hören auch die andere Seite, wir kümmern uns auch um Ihren Galland.«

Der andere SS-Führer hatte inzwischen in einer Ecke des Zimmers einen Schrank geöffnet und machte sich an einer Apparatur zu schaffen, einem Grammophon mit Lautsprecher und einem Verstärker mit Drähten. Als der Obergruppenführer nickte, begann das Grammophon zu laufen, und nachdem die Nadel ein paar Sekunden lang krächzende Geräusche erzeugt hatte, platzte überlaut und abrupt »Hier Galland« in den Raum. »Speer ...«, antwortete eine andere Stimme. »Galland, ich möchte mit Ihnen über die Verteidigung des Ruhrgebietes sprechen. Ich mache mir große Sorgen ...« Der SS-Führer folgte der erneuten Weisung des Obergruppenführers und hob die Nadel von der Platte. Es war sehr still in dem Zimmer.

»Sehen Sie«, sagte O. mit hinterhältiger Freundlichkeit, »wir hören beide Seiten, erst dann urteilen wir.«

Ehe wir es uns versahen, standen wir wieder vor der Villa. Wir hatten etwas wie »Vielen Dank« und »Wir müssen jetzt gehen« gemurmelt, in der Tür noch einmal kehrt gemacht und den Arm zum »deutschen Gruß« erhoben, um dann – beinahe in Panik – den Kiesweg zum Gartentor entlang zu eilen.

Sie hörten Gallands Telefongespräche ab. Sie beobachteten sicher auch mich – und Franzl Lützow! Eigentlich hätte uns klar sein müssen, daß wir beschattet wurden. War nicht der »Areopag« ein Warnsignal gewesen?

Als ich am gleichen Abend bei Lützow war, beschlossen wir, nun schnell zu handeln, – bevor man uns kaltstellte, mundtot machte, und das konnte jeden Augenblick geschehen. Niemand konnte voraussagen, wie die SS sich nunmehr verhalten würde. Der nächste Schritt im Einklang mit den Beschlüssen in der Jagdhütte mußte bald folgen.

»Sie haben gehört, daß Churchill vor ein paar Wochen im englischen Parlament gesagt hat, daß ganz Ostpreußen, Teile Pommerns und Schlesiens den Polen geschenkt werden sollen. Sieben, zehn, oder elf Millionen Deutscher sollten dann ausgesiedelt werden . . .«

»Das ist reine Theorie. Das ist lächerliche Phantasie.«

Hitlers Ansprache vor seinen Generalen am 28. Dezember 1944

Gefechtsstand der Luftflotte in Polen,
Januar 1945

Als mein Wagen im Morgengrauen auf dem Flugplatz Gatow anhielt, fand ich Franzl Lützow fröstelnd neben der Messerschmitt »Taifun«.
»Das Mistvieh will nicht anspringen.«
»Wenn der Motor kalt ist, ist es schon ein Kreuz...«
Die Mechaniker hatten sich die Seele aus dem Leib gekurbelt. In schwarzen Overalls und unförmigen Gummigaloschen stapften sie im Schnee und hauchten in die Fäuste, wobei ihr Atem zu milchigen Nebelfahnen gefror.
»Wenn wir nicht bald starten können, wird es zu schneien beginnen, und wir müssen aufgeben.«

Es war der 13. Januar. Nach einer unruhigen Nacht in der kalten Baracke hatte ich das kümmerliche Frühstück (Malzkaffee, Brot, Margarine und ein Rührei aus Eipulver, »Flugzeugführer-Sonderverpflegung«) kaum angerührt. Am Vorabend saß ich mit Franzl in einer Ecke des Offizierheimes, und wir hatten zum xsten Male durchgesprochen, wie wir den Generaloberst von Greim überzeugen könnten, daß er dem Führer vorschlagen müsse, den Reichsmarschall zu entfernen, und daß wir Jäger bei planvollem Einsatz immer noch in der Lage seien, der Vernichtung unserer Städte Einhalt zu gebieten.
Wir hatten eine halbe Flasche guten französischen Kognaks aus den Beständen des Generals geleert, und das hatte bei Franzl die letzten Hemmungen beseitigt. Er erging sich in regelrechten Haßtiraden gegen den Reichsmarschall und malte sich aus, was alles anders werden würde, wenn der erst »weg« sei.
»Manchmal glaube ich«, wandte ich ein, »das hat alles keinen Sinn mehr. Was haben wir denn jetzt noch davon, den Dicken kaltzustellen?«

Was wir vorhatten, war so ungeheuerlich, daß ich selbst immer wieder Zweifeln unterlag.

»Ich bin so allergisch gegen alles, was mich an diesen Kapaun erinnert. Wie konnten es unsere Generäle hinnehmen, daß ein solcher Versager die Luftwaffe zugrunderichtet?«

»Andererseits hast du natürlich recht«, sagte ich. »Wenn die Generalität versagt – *wir* dürfen nicht untätig zusehen, wie alles vor die Hunde geht.«

Es war immer dieselbe alte Leier. Franzl schlug sich mit dem Konflikt zwischen Loyalität und Zweifeln herum und predigte Haß gegen »die Banditen, die mit ihrem Luftterror Verbrechen begehen«, um im gleichen Atemzug mit weinerlicher Stimme »das geschieht uns ganz recht« und »wir haben furchtbare Schuld auf uns geladen« zu flüstern.

Am Nachbartisch saßen zwei Offiziere mit Blitz-Mädchen, die recht schmuck aussahen. Franzl ließ die Mädchen nicht aus den Augen, während er auf mich einsprach.

»Ich glaube, ich bin impotent«, sagte er plötzlich.

»Das wäre gut, dann würdest du nämlich aufhören, die dicke Blonde anzustarren!«

Die Blitz-Mädchen warfen Blicke zu uns beiden Volkshelden herüber. Die Offiziere am Tische der Mädchen suchten das zu ignorieren und redeten lebhaft mit ihnen.

»Die Dicke ist genau meine Kragenweite. Aber eigentlich bin ich zu besoffen«, sagte Franzl. Trotz dieser letzten Feststellung spann er gleich darauf seinen Faden weiter: »Stell Dir vor, was aus diesem Volk geworden ist. Der Führer hat sie doch so großartig erzogen, unsere Frauen. ›Eine deutsche Frau malt sich nicht die Lippen!‹ und du brauchst sie nur mal scharf anzusehen und schon springen sie mit dir ins Bett.«

»Nein, bitte, laß uns schlafen gehen – heb dir deine moralischen Betrachtungen für später auf.«

Als ich mich durch das Dunkel zur Gäste-Baracke tastete, hatte es zu schneien begonnen. Der Raum war eiskalt; ich holte mir aus einem unbewohnten Zimmer zwei zusätzliche Wolldecken. Auf dem Rückweg drückte ich auf die Türklinke des Nachbarzimmers, die Tür war abgeschlossen. Eine mürrische Stimme fragte: »Was ist los?« »Nichts«, antwortete ich. Es mochten zwei Stunden vergangen sein, als ich aufwachte. Die Fenster waren verdunkelt, ich starrte in die undurchdringliche Finsternis, ohne mich orientieren zu können. Ganz dicht neben meinem Ohr flüsterten Stimmen. Es war das Zwiegespräch von Liebenden, die sich törichte Dinge sagten. Die Bettstatt knarrte, sie stießen gegen die dünne Bretterwand, die sie von mir trennte. Ich brauchte dringend Schlaf. Zugleich erregte mich dieses Liebesspiel in meiner unmittelbaren Nähe. Beim Morgengrauen mußten wir weit nach Osten fliegen. Das Gespräch mit dem Generaloberst würde unsere ganze Konzentration fordern. Auch wenn ich die Decke über beide Ohren zog, verfolgte mich das Flüstern der beiden und das Knarren des Bettes. Schließlich wurde es mir zuviel. Wütend hämmerte ich gegen die Wand und schrie: »Gebt endlich Ruhe. Ich muß jetzt schlafen!« In der Totenstille, die folgte, fiel ich in einen flachen Schlaf, bis mich der Wecker aus wirren Träumen aufschreckte.

Als die ersten dünnen Schneeflocken über den Flugplatz fegten, sprang die »Taifun« an. Wir umflogen Berlin in weitem Bogen nach Norden ausholend und folgten der Bahnlinie über Frankfurt an der Oder, um dann bei tiefliegenden Wolken und leichtem Schneetreiben über die endlosen, schneebedeckten Weiten Lodz zu erreichen. Als wir vom Flugzeug kommend durch die Vorstadt zum Stabsgebäude fuhren, schneite es bereits heftig, und wir rollten mit dem Kübel gegen die weiße Wand des Schneetreibens. Der Abend war hereingebrochen, die verdunkelten Scheinwerfer ließen die Fahrbahn nur ahnen. Das Hauptquartier der Luftflotte fanden wir in nervöser Aufregung. Es war eines der typischen Stabsquartiere, wie sie im Osten einander ähnelten, vermutlich eine Schule. Die Wände mit grüner Ölfarbe gestrichen, die Flure nur notdürftig durch schwache Birnen erhellt, die an Schnüren, ohne Schirm, von der Decke herabhingen.

125

»Als Abgesandte einer Gruppe von Offizieren der Jagdwaffe bitten die Obersten Lützow und Steinhoff Herrn Generaloberst Ritter von Greim als dienstältesten Offizier der Jagdwaffe sprechen zu dürfen.« So hatte unsere Anmeldung beim Generalobersten gelautet. Er konnte nicht wissen, was der Zweck unseres Besuches war.

»Der Generaloberst erwartet Sie gegen sechs Uhr.« Der Ordonnanzoffizier führte uns zu den Gästezimmern. »Ich werde Sie in einer halben Stunde abholen.«

Von Greim gehörte zur alten Garde der Luftwaffen-Generalität. Als erfolgreicher Jagdflieger des ersten Weltkrieges war er schnell avanciert, und da er sich auch politisch engagiert hatte, zählte er zu den »Treuen, Verläßlichen«. Der männliche, sympathische Bayer strahlte Beständigkeit aus. Wir pflegten ihn »Papa Greim« zu nennen.

»Grüß Gott, meine Herren. Wie war der Flug?«

»Kein Problem, Herr Generaloberst. Wir konnten landen, bevor das Schneetreiben begann.«

Der große Mann mit den breiten Schultern, die Brille auf die Nasenspitze geschoben, blickte uns aus den wasserblauen Augen fragend an, als ob er ahne, daß wir Unerfreuliches zu berichten hätten.

»Bevor wir uns unterhalten, müssen wir die Abendlage hören, – was Sie dort erleben, wird Ihnen bestimmt keinen Spaß machen.« Er schritt zur Tür, legte die Arme um unser beider Schultern und schob uns den Flur entlang in den grellbeleuchteten Lageraum. »Meine Herren, die Obersten Lützow und Steinhoff werden an der Lage teilnehmen. Beide sind Ihnen ja bekannt. Herr Kless, bitte legen Sie los.«

Der Lagetisch war eine mehrere Meter lange Holzplatte auf Böcken. Er füllte den Raum beinahe völlig aus. Die großmaßstäbliche Karte, mit Reißnägeln auf dieser Platte befestigt, war mit den Linien der Fettstifte und bunten Fähnchen bedeckt – den Symbolen der Front von der Ostsee bis zu den Karpaten. Die grellen Lampen mit den grünen Schirmen waren bis dicht über die Karte herabgezogen. Die Gesichter derer, die sich über den Tisch beugten, lagen im Halbdunkel. An den grüngetünchten Wänden hingen zahlreiche Karten-Ausschnitte, Zahlen-Zusammenstellungen und Übersichten über das Wetter.

Die Offiziere des Stabes wirkten bleich und übernächtigt. Sie waren seit dem frühen Morgen des 12. Januar auf den Beinen, und eine Hiobsbotschaft hatte die andere gejagt. Die Szene hatte etwas Alarmierendes. Wie Schemen sah ich die blassen Scheiben der Gesichter im Halbdunkel, nur die Uniformröcke mit den Orden und die Hände, die sich auf den Tisch stützten, waren beleuchtet. Kaum einer bewegte sich.

Mit zunehmender Aufmerksamkeit vernahmen wir die Ausführungen der Generalstabsoffiziere, folgten den Bewegungen des Zeigestocks, der die Front entlangglitt – die Front, die keine mehr war. An den Stellen, wo kräftige rote Pfeile auf der Karte den Einbruch markierten, verharrte der Zeigestock, und es wurde totenstill im Raum, nur die Stimme des Vortragenden berichtete sachlich von Desaster.

Da war nichts mehr von dem unbeteiligten, zuweilen arroganten Herunterleiern der Tatsachen und Zahlen in Lagebesprechungen, nichts mehr vom lässigen Ignorieren der Bedeutung von »schweren Abwehrkämpfen«, »taktischen Rücknahmen«, und dem »Beziehen einer neuen Auffanglinie«. Die Erkenntnis, daß dies viel schwerwiegender war, schien alle erfaßt zu haben.

Der lang erwartete Großangriff aus dem Brückenkopf von Baranow hatte begonnen. Im Morgengrauen des 12. Januar waren zwei sowjetische Angriffskeile angetreten und hatten tiefe Einbrüche in die deutschen Stellungen erzielt.

Allein 32 Schützendivisionen und 8 Panzerkorps trugen den Angriff dieser Stoßkeile gegen Krakau und Mittelpolen vor. Unmittelbar darauf eröffneten die Sowjets den Kampf an der ostpreußischen Front. Ebenhausen, Schloßberg, Memel und Tilsit waren die Ziele. Der Großangriff schien sich wie ein Steppenbrand in Windeseile über die ganze Ostfront ausgedehnt zu haben.

Die Offiziere am Lagetisch wußten die Diktion und die Formulierungen zu deuten, sobald von der Verteidigung und den eigenen Kräften gesprochen wurde. Deutlich stand in ihren Gesichtern die Illusionslosigkeit, wenn von »hinhaltendem Widerstand« und »Frontverkürzung« die Rede war. Schon zu oft waren die Katastrophen so genannt worden.

Der Generaloberst hörte schweigend zu. Er schüttelte enttäuscht den Kopf, als von der Behinderung seiner Flieger durch das Wetter berichtet wurde und der Meteorologe keine Besserung in Aussicht stellen konnte.

Ordonnanzoffiziere legten Zettel mit neuen Nachrichten über die Lage auf die Tafel. Die Telefone im Nachbarraum läuteten ohne Unterbrechung.

Nur einmal ergriff der Generaloberst das Wort:

»Meine Herren, wir haben diese Offensive zwar erwartet, jedoch nicht mit dieser Heftigkeit. Es stellt sich die Frage, ob dieses die letzte Kraftanstrengung der Sowjets ist, wie Sie mich zuweilen glauben machen wollen. Es kann aber auch – und zu dieser Auffassung neige ich – der Beginn vom Ende sein...«

Mit klopfendem Herzen war ich der Schilderung der Katastrophe gefolgt. Als ob ich alle Stationen des Mißerfolges und der Niederlagen des Großdeutschen Reiches miterleben sollte, schien dieser Lagevortrag den Schlußpunkt unter den Anschauungsunterricht über das Unvermögen und den militärischen Dilettantismus zu setzen. Ich hatte den furchtbaren ersten Rußland-Winter miterlebt und die rücksichtslose, kaltschnäuzige Improvisation der Führung. Die Lehren aus dem schrecklichen Versagen waren nicht gezogen worden, und so fand ich mich im darauffolgenden Winter in der Kalmücken-Steppe, als wir die Flugplätze bei Stalingrad nicht mehr anfliegen konnten und tatenlos Zeuge des Im-Stich-Lassens einer ganzen Armee wurden. Gleichsam, um mich alle Niederlagen wirklich auskosten zu lassen, sandte man mich nach Nordafrika, wo das Schlußkapitel des Dramas gerade begonnen hatte. Dem demütigenden Rückzug in Italien folgte eine kurze Gastrolle bei der Invasion in Frankreich, und über Norditalien und Rumänien führte die Odyssee mich mit dem Geschwader auf die Flugplätze um Berlin – in die Reichsverteidigung, in den hoffnungslosen Kampf gegen die Bomberströme.

Das Urteilsvermögen eines Verbandsführers, der an den Kämpfen und Niederlagen aktiv, beinahe jeden Einsatz mitfliegend, beteiligt war, ist zuweilen geschärfter, kritischer und zutreffender als das des distanzierten – auf abstrakte Informationen und auf die Landkarte angewiesenen – Generalstabsoffiziers oder des verantwortlichen Befehlshabers. Der Ablauf einer Operation wurde vom Flieger, der die Dimensionen eines Angriffs oder eines Feindeinbruchs häufig mehrmals am Tage in der Luft durchmaß, so unmittelbar erlebt, daß er immer wieder die mangelnde Vorstellung derer beklagte, die – meist auf die Landkarte angewiesen und an Marschgeschwindigkeiten von sechs bis zehn Kilometern pro Stunde gewöhnt – nicht in der Lage waren, »räumlich zu denken.«

Es erfaßte mich in steigendem Maße eine beklemmende Angst, ja Verzweiflung. Die Sowjets standen in Ostpreußen und an den Grenzen des Reiches. Der Aberglaube an die Wunderwaffen und die glückliche Wende, weil »der Gegner erschöpft aufgab«, erschien mir wie ein durchsichtiger Trick. Schließlich hatte ich ja eine dieser Wunderwaffen, – ein ganzes Geschwader von Turbinenjägern – geführt, und ich wußte nur zu genau, daß deren Einsatz nicht entscheidend war und das Schicksal nicht wenden konnte.

So stand ich nun bedrückt und gedemütigt und fühlte die tiefe Enttäuschung. Wir (die Jagdflieger) hatten ein Anliegen, von dessen Berechtigung und Wichtigkeit wir überzeugt waren, aber wir kamen zu spät. Zu spät, weil keine Hoffnung mehr war, weil unsere Worte übertönt wurden von diesem gewaltigen Angriffs-Signal, weil keiner mehr gewillt war, zu

129

so später Stunde sich für etwas einzusetzen, das ja doch nichts mehr an unser aller Schicksal ändern würde!

Gequält wandte sich der Generaloberst zur Tür. »Kommen Sie, ich habe genug gehört.«

Wir saßen vor einem Kamin, in dem mächtige Eichenscheite brannten. Eine Ordonnanz stellte eine Flasche Rotwein auf den Tisch und ließ uns allein.

»Herr Generaloberst«, begann Franzl, »wir sind zu Ihnen als dem dienstältesten Jagdflieger gekommen, um Ihnen mitzuteilen, daß wir Jagdflieger kein Vertrauen mehr in unsere Führung, kein Vertrauen mehr zum Reichsmarschall haben.

Wir wissen, daß diese Jagdwaffe sich von dem Aderlaß während der Luftschlacht um England nie mehr erholt hat. Wir wissen, daß entscheidende Dinge verabsäumt wurden, die nicht mehr nachzuholen sind.

Wir haben noch eine begrenzte Anzahl erfahrener, kampferprobter Jäger. Die jungen Piloten sind kurz ausgebildet und unerfahren; sie überleben nur wenige Einsätze.

Uns ist eine Aufgabe zugefallen, die wir noch vor drei Jahren als lächerliche Utopie von uns gewiesen hätten: Kampf gegen schwerbewaffnete Bomber und Jäger an jeder Stelle des Reiches. Wir haben – das müssen wir zugeben – die Fähigkeit, bei jedem oder bei schlechtem Wetter zu fliegen, nicht rechtzeitig entwickelt. Aber war denn die Zeit dazu vorhanden? Und hatten wir etwa ein geeignetes Flugzeug?

Viel zu spät hat man uns neue überlegene Flugzeuge, die Düsenjäger ›Me 262‹ gegeben – zu wenige, zu spät. Die Masse dieser Flugzeuge geht in die Bomberverbände, ohne daß wir erkennen können, wie sie dort sinnvoll eingesetzt werden sollen.

Aber alles das, Herr Generaloberst, ist nicht der Grund, warum sich die Kommodores der Jägerei entschlossen haben, diesen Versuch zu unternehmen. Vielmehr ist es für uns unerträglich geworden, beinahe tatenlos miterleben zu müssen, wie unsere Städte – eine nach der anderen – zerstört, pulverisiert werden. Der Herr Reichsmarschall nennt uns in aller

Öffentlichkeit Feiglinge, er beschimpft und beleidigt uns. Noch vor zwei Jahren hat er den General der Jagdflieger einen Defaitisten genannt, weil er die Überzeugung aussprach, die Viermotorigen würden bald bis Berlin fliegen. Heute sind wir die Prügelknaben, weil wir dies nicht verhindern können.«

Der Generaloberst hatte mit steinernem Gesicht ins Feuer gestarrt, und als er den Kopf schüttelte, unterbrach Franzl seine Philippika.

Für endlose Sekunden sprach keiner ein Wort. Das Feuer flackerte düster, die Scheite knackten und knisterten. Dann wandte der Generaloberst den Kopf und sah erst Franzl, dann mich mit merkwürdig leerem Blick an.

»Ja, aber was wollt ihr denn tun?«

Ich konnte die direkte Frage nicht unmittelbar beantworten.

»Die Luftverteidigung – ich meine nicht die Flak, sondern die Tag- und Nachtjäger – die Luftverteidigung ist immer das Stiefkind des Reichmarschalls und auch des Chefs des Generalstabs gewesen«, sagte ich. »Wir sind überzeugt, daß sinnvoller Einsatz der Jäger – sinnvoll, das heißt, zusammengefaßt, konzentriert – so wirksam sein wird, daß der planvollen Vernichtung unserer Städte, dem Terror gegen die Bevölkerung Einhalt geboten werden kann. Die Tage von Schweinfurt und Nürnberg lassen sich wiederholen. Der Reichsmarschall ist schlecht beraten. Aber er hat selber auch die skurrilsten Ideen. Ich bitte um Verzeihung für diese Sprache, aber ich komme damit zum Kern der Sache! Wir halten die Pflege des Offensiv-Gedankens in dieser Lage, die Erhaltung des recht beachtlichen Bestandes der Bomberwaffe für Unsinn. Wir halten den Einsatz der ›Me 262‹ – nämlich vornehmlich als Bomber – für grundfalsch. Wir wollen die Beschimpfungen des Reichsmarschalls nicht mehr hinnehmen. Wir verlangen seine Ablösung, seine Kaltstellung!«

Jetzt war es heraus. Der letzte Satz klang in meinen Ohren nach, als hätte ich ihn laut gerufen. Damit war etwas geschehen, was in der Deutschen Wehrmacht nicht vorgesehen war:

Ein Oberst forderte die Ablösung seines höchsten militärischen Vorgesetzten! Der Generaloberst konnte uns festnehmen lassen und wegen Meuterei vor ein Kriegsgericht stellen. Aber zu meiner Überraschung stand in seinem Gesicht eher Staunen und fast etwas wie Belustigung. Nahm er etwa unser Anliegen nicht ganz ernst? Seine Stimme klang beruhigend, als er sagte: »Sie müssen aber auch die Reaktionen des Herrn Reichsmarschalls verstehen, meine Herren. Was muß er sich alles vom Führer anhören! Täglich liegen dem die Gauleiter in den Ohren, indem sie sagen: ›Wo sind die Jäger? Wo ist die Luftverteidigung?‹«

Franzl bekam den bekannten scharfen Zug um den Mund und schob das große Kinn vor, seine Augen wurden klein und aggressiv. Aber bevor er den Mund öffnete, fuhr es aus mir heraus: »Genau so redet der Reichsmarschall, Herr Generaloberst, genau so lamentiert er, der doch die Verantwortung trägt für die kurzsichtige Planung dessen, was er Luftverteidigung nennt. Ich habe in diesem Kriege als Flieger die Siege und Niederlagen miterlebt. Was mich empört, das sind die Phrasen, die an die Stelle guter, überlegener Flugzeuge getreten sind. Seine beleidigenden Worte ›Ich kenne diese alten Kakadus und Hengste mit und ohne Eichenlaub, die mir die jungen Leute verderben, und hasse sie!‹ treffen schon lange nicht mehr auf ausgeruhte, gut ausgebildete, vom Sieg überzeugte todesmutige Kämpfer.«

Der Generaloberst schaute mich irritiert an und schwieg. Da begann Franzl von der Gruppe der Kommodores zu sprechen, die uns beauftragt hatte, den Generaloberst um Rat zu bitten. Er sprach von der Ablösung des Generals der Jagdflieger, wie dieses In-die-Wüste-Schicken des von allen geachteten und anerkannten Fliegers gewissermaßen das Faß zum Überfließen gebracht hatte. Daß wir nun entschlossen seien, unsere Stimme zu erheben. Er redete jetzt schnell und erregt, seine Worte überstürzten sich fast:

»Wenn der Herr Reichsmarschall den alten Hengsten und Kakadus vorwirft, sie ließen ihre Haufen verlottern, sie wichen in die Luft aus, nur um sich nicht am Boden mit Fragen der Disziplin und Moral herumschlagen zu müssen – warum ist dann nach einem Jagd-Einsatz seine erste Frage: wo flog der Kommodore? War er in der Luft? Als im April vorigen Jahres die Viermots über die deutsche Bucht einflogen, fragte er stereotyp: ›Fliegt der Kommodore?‹ – ›Nein, der liegt mit Fieber im Bett‹, war die Antwort. ›Jaja, das kenne ich schon‹, sagte der Reichsmarschall wegwerfend, ›der ist auch müde und laurig geworden!‹ Sie wissen, Herr Generaloberst, Oberst O. war so zornig und verletzt, daß er trotz hohen Fiebers ins Flugzeug stieg und hinter seinem Geschwader herflog – seitdem haben wir nichts mehr von ihm gehört.«

Der Generaloberst schüttelte unwillig den Kopf und blickte zur Tür, durch die sein Chef des Stabes eingetreten war. Sie flüsterten ein paar Minuten, Bruchstücke von Sätzen drangen an mein Ohr: »Durchbruch«, »Front zurücknehmen«, Schneesturm«.

Dann wandte sich der Generaloberst uns wieder zu, und mit seinen Augen, die fragend auf uns gerichtet waren, forderte er uns auf, fortzufahren.

»Wir sind zu dem Schluß gekommen, daß wir handeln müssen. Deshalb möchten wir Sie, Herr Generaloberst, fragen, ob Sie bereit wären, an der Stelle des Reichsmarschalls die Luftwaffe zu übernehmen. Wir möchten dem Führer Vortrag halten, und wenn wir dabei nur Gelegenheit haben, unser Gewissen zu erleichtern . . .«

Ich hörte auf zu sprechen, denn der Generaloberst war aufgestanden und wanderte mit großen Schritten vor dem Kamin auf und ab. Er sah auf die große Standuhr und sagte: »Es sind nur noch fünf Stunden bis zur Morgenlage. Wenn ich Ihnen sage, es ist zu spät . . . was Sie vorhaben, kommt zu spät, so will ich auch sagen, daß mich all' das, was Sie mir berichtet haben, zutiefst erschüttert hat. Aber was Sie gestern auf der Lagekarte sahen, bedeutet, daß die Ostfront

133

von der Ostsee bis Ungarn brennt. Das ist nicht der Beginn vom Ende, das ist das Ende.«

Er setzte sich wieder und stützte den Kopf in beide Hände. Seine Augen waren rotgerändert, und das Gesicht sah unendlich müde aus.

»Und jetzt möchte ich Ihnen sagen, warum ich Ihre Bitte mit einem Nein beantworten muß: Daß der Stern des Reichsmarschalls schon lange im Sinken begriffen ist, das wissen Sie ja auch. Der Führer hat bei zahlreichen Gelegenheiten – vor allem bei Lagebesprechungen – lebhaft an ihm Kritik geübt. Er tat dies sehr heftig und verletzend – aber eigentlich auch resignierend, weil er wohl fühlte, daß er diesen treuen Paladin nicht fallen lassen könne. Das Heer hatte die Entfernung des Reichsmarschalls immer dringender gefordert. Aber es dauerte doch bis zum Herbst letzten Jahres, bis der Entschluß im Führer reifte, Göring kalt zu stellen. Im September muß er sich dann entschlossen haben, zu handeln, denn Mitte dieses Monats rief mich der Chef des Generalstabs zu sich. Er eröffnete mir, daß der Führer mich zu seinem Luftwaffen-Berater, oder besser, zu seinem Luftwaffen-Chef, machen wolle. Göring, so meinte der Führer, solle seine Stellung behalten, pro-forma – und ich solle als Stellvertreter praktisch die Geschäfte übernehmen. Der Reichsmarschall, so sagte der Chef des Generalstabs, wisse von dieser Absicht des Führers. Er habe die Nachricht ohne Überraschung, apathisch, zur Kenntnis genommen, beinahe als habe er dies kommen sehen.«

»Ich bin«, so berichtete der Generaloberst weiter, »von dort aus zum Führer geflogen. Der Reichsmarschall wußte nicht, daß er umgangen wurde – und das muß ihn rasend gemacht haben, als er es später erfuhr. Der Führer hat, zornerfüllt, Klage über das – wie er sagte – völlige Versagen der Luftwaffe geführt, über die Unfähigkeit des Reichsmarschalls, die Verlogenheit der Generalität – nun, ich erspare Ihnen besser die Einzelheiten. Ich solle ihm Vorschläge machen, wie man den Reichsmarschall im Amt belassen könne und ihn gleichwohl entmachte. Ich solle ihm ausarbeiten, welche Vollmachten ich benötige. Während ich mich mit dem Entwurf dieser ›Dienstanweisung‹ befaßte, erreichte mich die Order, sofort den Reichsmarschall in ›Karinhall‹ aufzusuchen. Ich habe einen Mann vorgefunden, der vor Wut von Sinnen zu sein schien. Er war in seiner Scheinwelt des Jagdhauses ›Karinhall‹ wieder der starke Schöpfer der Luftwaffe und ließ mich seine ganze Verachtung spüren. Daß er kaltgestellt werden solle, so meinte er, sei ihm schon längst klar. Aber daß sich in seiner Generalität einer fände, der bereit sei, diesen teuflischen Plan zu unterstützen, erschüttere ihn. Nichts werde aus dieser Intrige, nichts! Er habe das dem Führer unmißverständlich gesagt und ihn davon überzeugt, daß er, der Gründer und legitime Befehlshaber der Luftwaffe, seine Stellung und seine Vollmachten uneingeschränkt behalte. Und dieser habe zugestimmt! Ich solle mir diese Intrige aus dem Kopf schlagen und sofort zu meiner Luftflotte zurückkehren – und damit basta!«

Der Generaloberst schwieg. Wir sahen uns an und wußten, daß er unsere Bitte nicht erfüllen konnte. Wir waren plötzlich ratlos und deprimiert und empfanden die ganze Hoffnungslosigkeit unserer Mission.

Der Generaloberst starrte in das niederbrennende Feuer und rieb die massige Stirn in den Händen. Dann, als habe er jetzt erst die Worte gefunden für das, was ihn quälte, stand er schwerfällig auf und ging hinter uns im Halbdunkel erregt hin und her.

»Stellen Sie sich vor, meine Herren, in was für eine Lage man mich gebracht hat! Mich, der ich viele Jahre lang dem Reichsmarschall treu gedient habe! Der ich an den Führer geglaubt habe – und verdammt noch mal, noch immer an ihn glaube. Ich versuche es wenigstens, das können Sie mir abnehmen, wenn es einem auch schwer gemacht wird, angesichts einer solchen Lage, wie Sie sie vorhin gesehen haben. Und das geht nun schon seit Stalingrad so – immer rückwärts, immer neue Niederlagen, immer neue Enttäuschungen, Fehlkalkulationen, undurchführbare Befehle, was glauben Sie, was alles ich widerstrebend unterschreiben muß! Da muß man schon – da braucht man eben einen festen Glauben, um das durchstehen zu können. Was Sie in Ihren Verbänden erleben, das habe ich hier hundertfach! Und dann dieses – diese Zumutung vom Führer, diese eisige Verachtung vom Reichsmarschall, und der Chef des Generalstabes steht vorsichtig lavierend dazwischen. Und bei meiner Luftflotte wird die Lage tagtäglich aussichtsloser. Nein, meine Herren, Sie verlangen zu viel von mir. Ich kann nicht zum Verräter werden. Ich nicht! Und schon gar nicht Hermann Göring gegenüber. Verstehen Sie? Ich kann nicht.«

Die Stimme versagte ihm, er ließ sich in den Sessel fallen, preßte die Fäuste vor Augen und Stirn und atmete schwer. Ich wagte nicht, Franzl Lützow anzusehen. Aus seiner Richtung kam ein undeutlicher Laut, der fast wie ein Schluchzen klang. Und auch mir schnürte es die Kehle zu, den verehrten alten Soldaten so sprechen zu hören. Mein Gott, wie weit war es mit uns gekommen!

Stumm saßen wir vor dem verlöschenden Feuer. Nur wenn der Sturm im Kamin fauchte, belebte es sich wieder, und vereinzelte bläuliche Flammen sprangen aus der Glut. Jeder von uns war in die Dunkelheit seiner schweren Gedanken und Vorahnungen versunken. Ich fühlte fürchterliche Ereignisse sich unaufhaltsam auf uns zuwälzen. Draußen heulte der Schneesturm. Vom Flur drangen die Geräusche der hektischen Tätigkeit des Kommandostabes gedämpft zu uns herein. Auf der Lagekarte nebenan schlugen sich die Katastrophen an der Front in abstrakten blauen und roten Symbolen nieder. Mir war plötzlich kalt. Als der Generaloberst uns ansah, entdeckte ich in seinen Augen so etwas wie Mitleid. Er wirkte jetzt auf mich, als ginge das alles ihn selbst gar nichts mehr an, als handele es sich nur noch um uns. Er legte seine Hand auf meinen Arm und begann sehr ernst und leise zu sprechen, indem er sich vorbeugte, damit uns kein Wort entginge: »Es wäre unfair, wenn ich euch vorenthielte, daß ich über euer Eintreffen informiert worden bin. Ihr habt mir in einem Maße Vertrauen geschenkt, wie ich es kaum verdiene. Wenn ich euch sage, daß mich der Chef des Generalstabes der Luftwaffe telefonisch informiert hat, so setze ich mein Vertrauen in euch, keiner Seele etwas zu sagen.«

Betroffen sahen wir uns an. Mir saß ein Kloß im Halse. Mit einem Schlage war ich mir der Gefahr bewußt. Aber wer konnte uns verraten haben? Wir hatten doch unsere Runde sorgfältig ausgewählt.

»Koller hat mir von der Vertrauenskrise in der Jagdfliegerwaffe berichtet. Er verurteilt das, was Sie vorhaben – vor allem aber den Weg, den Sie beschritten haben – aufs Schärfste. Aber er möchte, daß Sie ihn sofort nach Ihrer Rückkehr aufsuchen, denn, wie er sagt, es muß eine Katastrophe vermieden werden, wobei er an die Vorgänge des zwanzigsten Juli erinnert.

Was Sie, meine Herren, mir berichtet haben, ist furchtbar, – hoffnungslos und deprimierend. Jedoch weiß ich keinen Rat, keinen anderen Rat, als den Chef des Generalstabes aufzusuchen und ihm Ihr Herz auszuschütten. Daß Sie mit mir an der Spitze der Luftwaffe nicht rechnen können, das werden Sie verstehen. Und ich wiederhole noch einmal, was ich nach dem Lagevortrag sagte: es ist zu spät! Jetzt werde ich mit Koller sprechen. Sie gehen besser und schlafen ein paar Stunden.«

Er erhob sich, reichte uns die Hand, und ging müden Schrittes zur Tür.

Wir waren aufgesprungen und standen nun, alleingelassen, in dem dunklen Raum, blickten uns an und sagten nichts. Franzl Lützow sah plötzlich alt und verfallen aus. Ich fühlte mich unendlich erschöpft. Unsere Mission war gescheitert.

Wir flogen die Straße entlang. Sie zeichnete einen schnurgeraden dunklen Strich in den schmutzigen Schnee. Die polnische Ebene zog sich endlos hin zur grauen Ferne, in der

Himmel und Erde ohne Übergang verschmolzen. Die Bauernhöfe und winzigen Wälder waren schwarze Tupfen im riesigen Muster.

Ich hatte die Landkarte auf den Knien ausgebreitet und fuhr mit dem Finger die schwarze Kurslinie entlang. Franzl hatte eine dieser klobigen Pelzmützen, die wir in Rußland trugen, über die Ohren gezogen und starrte mit verkniffenem Mund geradeaus. Auf der Eisenbahnlinie fuhren Züge in beiden Richtungen. Es war die Hauptnachschubstrecke nach dem Osten; die Eisenbahnpioniere hatten beim Einmarsch wahre Wunder vollbracht, als sie die russische Breitspur auf unsere schmalere Spurbreite brachten – von Frankfurt/Oder bis Stalingrad.

Es war in den letzten Tagen, bevor die 6. Armee in Stalingrad unterging, als ich mit Gustav Denk ostwärts des Manytsch, der geographischen Grenze zwischen Europa und Asien, kurz vor Sonnenuntergang startete, um anrückende sowjetische Fahrzeuge in der Kalmücken-Steppe zu jagen. Wir sichteten bald nach dem Start russische Jäger und waren, ehe wir uns versahen, in die schönste Kurbelei verwickelt. Die Wintersonne sandte ihre letzten Strahlen über die schneebedeckte Steppe. Der eisige Wind fegte weiße Fahnen über die öde Urlandschaft, und die Jagdflugzeuge blitzten auf, wenn sie in steilen Kurven hochzogen. Im Herabstoßen entdeckte ich am Boden die lange Kolonne, die sich in Richtung unseres Flugplatzes bewegte.

Ich ließ von den Jägern ab, drückte die »Me« im Tiefflug über die Fahrzeuge, und wurde von einem Schauer von Geschossen empfangen. In der Dämmerung griffen die roten und weißen Perlenschnüre der Leuchtspurgeschosse wie Finger nach mir und veranlaßten mich zu wilden Abwehrbewegungen. Gustav Denk stieß nach mir herab und feuerte aus Maschinengewehren und Kanonen, so daß ein gewaltiges Spektakel entstand, als die Geschosse von den Panzern absprangen, wie wenn ein Schneidbrenner auf Eisen trifft.

»Weiter angreifen, Gustav – die können heute Nacht unseren Platz erreichen . . .«

»Victor, Victor –«, antwortete Denk.

Die Panzer waren trotz der hereinbrechenden Dunkelheit als schwarze Kolosse auf der schneebedeckten Steppe leicht auszumachen. Ich schaltete im Anflug die Intensität des leuchtenden Reflex-Visiers herab und begann zu feuern, als der Panzer ruhig im Visier stand. Die Kaskade der Geschosse hüllte das Ziel ein, und in dem Augenblick, als ich die »Me« mit Gewalt hochzog, spürte ich den Schlag. Es war, als ob ein Stein den Rumpf getroffen hätte. »Treffer«, registrierte ich, »du mußt jetzt schnell handeln.« Ich kannte das Erstarren, wenn einem bewußt wird, daß dieses überaus empfindliche Gebilde Jagdflugzeug getroffen und verwundet wurde. Instinktiv hatte ich die Nase der Maschine in die Richtung zum Flugplatz gedreht. Die Instrumente zeigten normale Werte. Der Motor lief ruhig, und die Maschine gehorchte dem Ruder.

Da war Denks Stimme: »Sie ziehen eine weiße Fahne! Sperber eins – Sie haben weiße Fahne . . .«

Mein Kopf fuhr herum, und ich sah, wie aus den Kühlern unter der Fläche die milchig weiße Kühlflüssigkeit in breitem Strom entwich. »Die Temperatur!« schoß es mir durch den Kopf, »die Temperatur – wenn sie schnell ansteigt, habe ich nur noch Minuten, bis ich herausspringen oder notlanden muß.«

Dann entdeckte ich die Eisenbahnlinie, quer zu meiner Flugrichtung. Es war fast dunkel, aber die schneebedeckte Steppe zu beiden Seiten der Bahn war weit und hindernisfrei. Parallel zur Bahn wollte ich ›auf dem Bauch‹ landen. Der Geruch von heißem Kühlstoff begann intensiver zu werden, die Temperatur war weit über 100° gestiegen. Im Anschweben schaltete ich die Magnetschlüssel aus. Als die Luftschraube den Boden berührte, war die Kabine sofort in einen weißen Schleier gehüllt. Ich wurde heftig in die Schultergurte gepreßt und war darauf gefaßt, ein Hindernis zu treffen, mich zu überschlagen, oder in eine der gefürchteten Balkas zu stürzen, die, den Wadis der Sahara gleich, die Steppe

139

durchzogen. Aber nach schier endlosem Gleiten über den Schnee kam die »Me« zu einem abruptem Halt. Der Schneestaub senkte sich auf die Kabine herab, so daß ich in einem Käfig aus Milchglas saß. Ich öffnete den Kabinenhebel und drückte das Glasdach zur Seite.

Die Steppe lag totenstill unter dem leuchtenden Sternenhimmel. Das Motorengeräusch von Gustav Denks Maschine verklang in der Ferne. Wie ein todkrankes Tier stöhnte das Flugzeug. Das Gurgeln und Zischen des heißen Wassers in den Leitungen machte Geräusche, sie waren in der Stille der Steppe überlaut.

Als ich die Beine über die Bordwand des Rumpfes schwang und auf die Fläche trat, empfand ich die Kälte. Ich griff nach der Pelzmütze, die neben dem Fallschirm festgeklemmt war, und setzte sie auf. Dann nahm ich die Signalpistole aus ihrer Befestigung und füllte die Taschen der Lederhose mit Leuchtpatronen. Ich zog den Fallschirm aus dem Sitz, wuchtete ihn an den Gurten über die Schulter, schloß die Kabine und stapfte durch den tiefen Schnee auf die Bahnlinie zu. Mir war klar, daß ich mich schnell bewegen mußte und nicht viel Zeit verlieren durfte, denn die Sowjets würden während der Nacht viel Raum gewinnen. Die Trasse der Bahn lag mindestens einen Meter hoch über der Steppe und führte vom Manytsch schnurgerade nach Rostow.

Es mochten zwei Stunden vergangen sein. Ich war die Schwellen der Bahn entlanggestolpert. Das Wandern in den unförmigen Pelzstiefeln war mühselig, und ich mußte Pausen einlegen, in denen ich mich verschnaufte. Das Gewicht des Fallschirms drückte auf die Schultern. Der Wind hatte sich wieder erhoben und trieb mir beißende Eiskristalle ins Gesicht.

Da sah ich hundert Meter voraus die niedrige Hütte, es war ein Bahnwärterhaus. Ein Nebengleis führte zu einem Bretterschuppen, und daneben ragte wie ein Galgen der riesige Wasserhahn für die Lokomotiven empor.

Vorsichtig näherte ich mich der Hütte und entdeckte Lichtschimmer hinter den Fensterläden. Aus dem Schornstein sprühten Funken und verglühten im Nachthimmel.

Ich zog die Pistole aus der Tasche und drückte die Brettertür mit dem Fuß auf. Sie knarrte in den Angeln und gab widerwillig den Blick in einen winzigen Stall frei, der durch ein kleines Fenster aus dem Wohnraum der Hütte erleuchtet wurde. Mit erschrecktem Blöken waren zwei Lämmer zur Seite gesprungen und schauten mich mit großen Augen an, die das Licht der Öllampen des Wohnraumes reflektierten. Sofort öffnete sich die Tür, zu der ein paar Bretterstufen hinaufführten, und wie eine Erscheinung starrte ich den Eisenbahner an, der die Lampe hoch über seinen Kopf hielt, um den Stall zu beleuchten. Er hatte den Uniformrock der Reichsbahn aufgeknöpft, darunter sah man das Unterhemd über der haarigen Brust. Die roten Hosenträger mit den ledernen Knopfschlaufen hielten die deformierte Eisenbahnerhose mit Biesen.

Mein Anblick schien ihn erschreckt zu haben. Er trat einen Schritt zurück und rief über die Schulter:

»Otto, komm mal schnell her.«

Der warme Dunst des kleinen Stalles umfing mich wohlig, und der Blick in die Stube erzeugte eine plötzliche Müdigkeit.

Der mit »Otto« Angesprochene erschien nun im Türrahmen und blickte mich furchtsam an.

»Was macht ihr denn hier?« fragte ich.

Sie schienen schlagartig erleichtert.

»Wo kommst du denn her?« – und dann sahen sie den Fallschirm, den ich zu Boden gleiten ließ. »Bist du notgelandet?«

Ich stieg die Stufen hinauf und trat in die hellerleuchtete Stube. Die warme, feuchtigkeitsgeschwängerte Luft enthielt alle Ingredienzen der Geruchsorgie einer russischen Bauernstube. Dann sah ich das Mädchen, das sich an dem winzigen Herd zu schaffen machte. Es hatte mir den Rücken zugekehrt, ihre Gestalt war schmächtig, der Rock weit, ihre Beine in wollenen Strümpfen waren kräftig. Die Füße steckten in derben Wehrmachtschuhen. Es wollte offensichtlich keine Notiz von mir nehmen und stocherte geräuschvoll im Feuer. Die beiden Eisenbahner schienen meinen unerwarteten Besuch außerordentlich zu genießen. Sie betrachteten mich von oben bis unten und rätselten offensichtlich über meinen Dienstgrad. Als ich das Halstuch ablegte, erstarrten sie vor Ehrfurcht beim Anblick von Ritterkreuz und Eichenlaub und zögerten mich anzusprechen, weil sie nicht wußten, ob sie bei dem vertraulichen »Du« bleiben sollten.

»Ich bin der Hauptmann Steinhoff«, sagte ich. »Meine notgelandete Jagdmaschine liegt ein paar Kilometer von hier auf dem Bauch neben der Bahnlinie. Aber um Himmelswillen, was tut ihr hier mitten in der Steppe?«

Der in der Eisenbahnerjacke begann diese zuzuknöpfen, und »Otto«, der nur ein Unterhemd und die Hosen mit dem roten Streifen trug, versuchte seine Jacke von der Stuhllehne zu angeln.

»Macht bloß keine Umstände«, sagte ich. »Wenn ihr für mich was zu essen habt...«

»Aber sicher«, freute sich Otto. »Wir haben Kohlsuppe mit Schweinefleisch... Maria, komm her... Essen!«

Maria drehte sich um und lächelte verlegen. Sie hatte ein ebenmäßiges, schönes Gesicht. Ihr schwarzes Haar war in der Mitte gescheitelt und am Hinterkopf zu einem Knoten gebunden. Sie mochte nicht älter als zwanzig sein.

Während sie Teller auf den wackligen Tisch stellte, fing der in der Uniformjacke an zu erzählen.

»Wir sind ein Vorkommando. Vor einer Woche haben wir von Rostow aus begonnen, die Schienen auf unsere Weite zu vernageln. Sie haben uns hier abgesetzt, weil hier ein Entladegleis ist, und wir warten auf den nächsten Bautrupp, damit wir in Richtung Stalingrad weitermachen können.«

Mein Blick wanderte durch den Raum, und ich kam aus dem Staunen nicht heraus. Sie hatten zwei richtige Wehrmachtsspinde aus gelbem Holz. In der Ecke waren zwei Metallbetten übereinander aufgebaut, und über den Kleiderhaken hing ein ziemlich großes Bild des Führers, der mit herrischem Blick über uns hinwegsah. Leider mußte ich das Idyll zerstören. »Eßt nochmal ordentlich, und packt eure Klamotten«, sagte ich. »Ihr müßt mit mir gemeinsam die Bahnlinie entlang nach Westen wandern, – die Russen kommen!«

Sie schienen zu Tode erschrocken. Maria las mit aufgerissenen Augen jedes Wort von meinen Lippen und sagte keinen Ton.

»Sie haben mich nicht weit von hier abgeschossen, als ich die Panzer angriff. Wenn sie während der Nacht weitermarschieren, können sie in zwei bis drei Stunden hier sein.«

Ohne viel Zeit zu vergeuden, waren die beiden aufgesprungen und begannen zu packen. Sie stiegen unter Ächzen in wundervolle neue Filzstiefel. Sie holten weiße Lammfellpelze aus den Spinden, und füllten die Rucksäcke mit Konserven und Brot. Während ich genüßlich den zweiten Teller Kohlsuppe löffelte, sah ich, wie Maria ihnen zur Hand ging und wortlos ihre Befehle ausführte.

»Maria, wo hast du die Wäsche?«

»Maria, roll zwei Wolldecken zusammen, – sei vorsichtig mit der Kognak-Flasche. Vergiß die Zigaretten nicht.«

»Was wollt ihr mit eurer Maria machen?« fragte ich dazwischen. »Ach, die geht mit uns, – wir haben sie seit Mariopol, sie ist Studentin, spricht deutsch, und sie kocht gut.«

Maria sah mich stumm an und lächelte freundlich. Sie arbeitete flink und schien zur Eile zu drängen. Die Eisenbahner waren im Handumdrehen marschbereit. Sie hatten sich mit einer Unmenge Gepäck belastet; nun standen sie neben dem Tisch und warteten, daß ich das Signal zum Abmarsch gab.

Maria war in dem halbdunklen Stall und legte den zwei Lämmern Stricke um den Hals, damit sie beim Marsch nicht davonliefen.

Als ich die Tür öffnete, drang ein Schwall trockenen Schnees in den Stall. Otto hatte die Petroleumlampe in der Hand und schritt voraus. Wir erreichten die Schienen und begannen den qualvollen Marsch nach Westen. Der Schnee hatte über dem Bahndamm hohe Wächten gebildet, und wir stapften über die Schwellen und Schneewehen durch den Sturm. Der Ostwind trieb den Schneestaub hundert Meter hoch, und in den kurzen Pausen, da der Wind erlahmte, sah man den Sternenhimmel.

Ich hatte den Fallschirm geschultert, die Gurte schmerzten auf Schultern und Rücken. Die Fersen rieben sich in den Pelzstiefeln wund, und unter der dicken Pelzjacke lief der Schweiß den Rücken hinunter.

Die Eisenbahner keuchten hinter mir her und fingen nach etwa einer Stunde anstrengenden Marsches zu diskutieren an, ob es nicht besser wäre, sich des weniger wichtigen Gepäcks zu entledigen. Otto begann als erster den Rucksack zu erleichtern, indem er, auf einer Schneewehe hockend, Fleischbüchsen und Brot in den Schnee warf. Maria, die mit den Lämmern schweigend hinter uns hergezogen war, sammelte die Dosen und das Brot wieder auf und verstaute alles in ihrem ohnehin prallen Rucksack und in den Manteltaschen.

Gegen Morgen machten wir im Windschutz einer Balka halt. Wir hockten eng aneinander gedrängt im Dunkeln und rauchten, während Maria eine Fleischdose öffnete. Der Wind hatte an Kraft verloren, und die Sterne erloschen an dem fahlen Himmel. Die Lämmer standen hilflos im tiefen Schnee.

»Sie werden mich suchen, sobald es hell ist«, sagte ich. »Sicher werden sie mit einem Storch in der Nähe landen, falls sie eine geeignete Stelle finden.«
Meine Füße schmerzten, ich hatte mir wohl Blasen aufgelaufen. Die Eisenbahner flüsterten miteinander. Sie hatten Angst und wollten weiter nach Westen. So brachen wir nach kurzer Pause auf und wanderten weiter.
Als das Motorengeräusch des Fieseler Storch zu hören war, hielten wir an und lauschten. Er kam im Tiefflug die Bahnstrecke entlang, machte eine hochgezogene Kurve, als er uns entdeckte, und landete ein paar hundert Meter weiter auf der Steppe, die der Wind vom Schnee freigefegt hatte.
Es war Gustav Denk, der mich gesucht hatte. Er kam uns ent-

144

gegengelaufen und staunte über die Eisenbahner und das Mädchen mitten in der Steppe.

»Ihr müßt noch ein paar Kilometer laufen, – bis Sal'sk sind es noch etwa fünf Stunden. Aber die Russen dringen nur langsam entlang der Bahnlinie vor. Ihr habt Zeit.«

Die Eisenbahner, selig, daß sie der unmittelbaren Gefahr entronnen waren, packten den Schnaps aus und boten uns einen Schluck an.

Gustav konnte keinen Blick von dem Mädchen wenden und fragte die Eisenbahner aus, »ob sie gut kochen könne, ob sie sauber sei, ob sie für ihre Wäsche sorge«, und dergleichen mehr. Schließlich wandte er sich an mich:

»Wir sollten sie mitnehmen, Herr Hauptmann! Sie ist genau das, was wir brauchen, und wir passen auf, daß ihr keiner was tut – sie kann vor Ihnen im Storch sitzen.«

Argwöhnisch hatten die beiden Männer unser Gespräch verfolgt. Nun sahen sie zu Maria hinüber, als ob sie von ihr eine Äußerung erwarteten. Das Mädchen hatte offensichtlich jedes Wort verstanden. Sie raffte wortlos den Rucksack vom Boden, drehte sich um zu den Eisenbahnern und sagte in fehlerfreiem Deutsch: »Los, wir müssen heute noch weit gehen.«

Die Männer reichten mir und Gustav die Hand.

»Laßt es euch gut gehen«, rief ich.

»Auf Wiedersehen, Herr Hauptmann«, sagten die Eisenbahner und trotteten zum Bahndamm zurück. Ihnen folgte Maria; beladen wie ein Packesel zog sie die Lämmer hinter sich her durch den tiefen Schnee.

Wir flogen noch einmal tief an ihnen vorüber. Sie winkten, und dann sahen wir sie als winzige dunkle Punkte in der trostlosen Weite verschwinden.

Von einem Dunstschleier umhüllt lag Frankfurt an der Oder zu unserer Rechten. Die Oder zog sich als dunkles Band durch schneebedeckte Felder und die graue Stadt. Im Bahnhof standen zahlreiche Lokomotiven unter Dampf und erzeugten Türme aus Kumulus-Wolken über dem Dunst.

Als wir gelandet waren und die »Taifun« zur Halle rollte, überfiel mich die Angst vor dem Geschehen der nächsten Tage mit voller Wucht. Wir mußten nun den Weg zu Ende gehen, doch alle unsere Vorstellungen von einer vernünftigen Jagdführung und Luftverteidigung waren zur Illusion geworden. Die Niederlagen und Rückzüge schienen mit Gesetzmäßigkeit die Großsprecherei der Propaganda Lügen zu strafen. Ich hatte den Glauben an eine glückliche Wende längst aufgegeben, und die Worte des Generalobersten »dies ist das Ende« hatten mich hart getroffen.

Tagebuch des Generals der Flieger Koller.

13.1.45
14.45 Uhr

»Wie mir soeben gemeldet wird, befindet sich die Jagdwaffe in der größten Vertrauenskrise zum Oberbefehlshaber.
Teilweise schärfste Verbitterung. Die unmöglichsten Gedanken werden laut. Ähnliche Vorgänge wie die vom 20. Juli müssen vermieden werden.
Kommodore wollen zum Führer, ohne daß Reichsmarschall etwas erfährt. Äußerungen hört man, daß der Oberbefehlshaber zurücktreten soll...
Die Kommodore Lützow und Steinhoff sind zum Generalobersten von Greim geflogen.
Habe bei der Aussprache mit Mittelsmann darauf hingewiesen, daß das Ganze doch militärisch unmöglich sei, solche Gedanken über einen erzwungenen Rücktritt des Oberbefehlshabers, das wäre ja Soldatenrat (Meuterei)...
Habe Mittelsmann gesagt, daß ich sofort von Greim unterrichten würde, damit er im Bilde sei, bevor Lützow und Steinhoff einträfen, und daß ich meinem Oberbefehlshaber in entsprechender Form über die Vertrauenskrise Meldung machen müsse...«

14.1.45
1.45 Uhr
Greim (am Telefon): »Daß die Männer zu mir gekommen sind, um sich einmal auszusprechen und von mir eine Vermittlung zu haben, kann ihnen niemand übelnehmen. Sie suchen mit ehrlichem Willen einen Ausweg aus ihren Sorgen. Es ist ja auch unerträglich, was da alles geschieht. Die Männer werden, sobald sie in Berlin sind, mit Ihnen Verbindung aufnehmen. Ich empfehle, mit Maßnahmen gegen die Männer zu warten . . .«

»Ich drücke mich auch nicht vor meiner Schuld. Meine
große Schuld ist, der Jägerei nicht rechtzeitig das schwere
Kaliber zur Abwehr gegeben zu haben und nicht rechtzeitig
die Bedeutung der fliegenden Festungen erkannt zu haben ...

... ich habe nicht gesagt, daß es sich bei den Jägern immer um Feiglinge handelt. Aber für ›laurig‹ halte ich sie;
– da können sie sich aufhängen.«

Hermann Göring
Auszug aus dem Protokoll der
Besprechung beim Reichsmarschall
am 7.10.43, Obersalzberg.
(Historical Divisions of U.S.-Army)

Berlin, 19. Januar 1945

Am 17. Januar wurden wir, Lützow und ich, endlich zum Chef des Generalstabes der Luftwaffe, General Koller, gerufen. Dieser war am gleichen Tage vom Gefechtsstand im Westen zurückgekehrt. Er hatte tatsächlich keinen Vorwand gesucht, uns drei Tage warten zu lassen. Aber hatte er nicht Göring sofort unterrichtet, nachdem ihm unser Unternehmen verraten wurde?

Was wir von ihm wollten, war eigentlich nur eine Formalität. Er kannte die verschiedenen Stufen unseres Planes und wußte, daß uns nur noch die Konfrontation mit Göring blieb, nachdem der Versuch, durch die SS auf dem kurzen Wege an Hitler heranzukommen, ein grandioser Fehlschlag gewesen war und auch Generaloberst von Greim uns nicht helfen konnte. Aber wir waren doch sehr nervös, und die Art, in der Koller auf unser Anliegen reagieren würde, wäre ein Anzeichen, ob man uns ernst nähme und die Aussprache mit Göring zustande käme, – oder ob man kurzerhand dem Spiel ein Ende bereitete und uns festnähme.

Als wir dem Chef des Generalstabes gegenüberstanden, wurde uns sofort klar, daß man zum Verhandeln (oder Beschwichtigen?) bereit war. Er schlug den »Vater-Ton« an (»Nun, meine Herren, wo drückt der Schuh?«). Der große, starke Bayer mit den grobgeschnitzten Gesichtszügen sprach überlaut. Seine Worte hatten einen vertraulichen Unterton, und dennoch war er auf Distanz bedacht – der große Generalstabschef und die Front-Kommandeure.

Ich war Zeuge des beschämenden Schauspiels, daß Franzl Lützow alles, was uns bedrückte und was wir forderten, herunterleiern mußte, obgleich er und ich wußten, daß man Koller längst informiert hatte, daß er unsere Ziele genau kannte. Wie es um die Jägerei des Reiches aussah, was man – wie wir glaubten – tun sollte, um dem Bombenterror Einhalt zu gebieten. Die Tragödie um den Düsenjäger

»Me 262«. Das beleidigende Verhalten des Reichsmarschalls, seine unfähige Umgebung, alles mußte er noch einmal herbeten.

Ich warf hier und da Bemerkungen ein und unterstrich, wo es mir notwendig erschien. Als wir geendet hatten, sagte Koller: »Aber das ist doch ein unmögliches Verhalten, das ist doch Soldatenrat, wenn nicht Meuterei!«

In seiner Stimme schwang aber keine Drohung mit; was er sagte, war eher eine Pflichtübung. Wir hatten ohne Pause, engagiert und zuweilen erregt, auf ihn eingesprochen. Nun, da wir gezwungen waren, unsere Sache zu Ende zu bringen, wuchs in uns die Überzeugung, daß wir eine starke Position hatten, und daß man uns wenigstens anhören mußte.

»Natürlich müssen Sie Ihre Sorgen dem Herrn Reichsmarschall vortragen. Aber wenn ich diese Aussprache sofort herbeiführe, so bitte ich Sie nicht zu übersehen, in welch schwieriger Lage er sich befindet ...« Er kam nicht viel weiter mit dieser Banalität, denn schon überschütteten wir ihn – nun aggressiv – mit Argumenten: »Herr General, das kennen wir. Wollte er nicht Meier heißen, wenn sie bis zur Reichshauptstadt vorstoßen sollten? Amateurhafte Führung der Luftwaffe, Desinteresse an seiner Waffe, und Beschimpfung der Jagdflieger ...«

Das war Koller zuviel. Mit scharfer Stimme unterbrach er uns: »Ich werde dem Herrn Reichsmarschall sofort berichten und ihn um eine Aussprache mit Ihnen bitten, meine Herren.«

Tagebuch des Generals der Flieger Koller

»Stimmung in der Jagdfliegertruppe 1945«

Oberkommando der Luftwaffe   *H. Qu. 17. 1. 45*
Der Chef des Generalstabes   *23.50 Uhr*
Nr. 1202/45 g.Kdos.

An den Herrn Reichsmarschall des Großdeutschen Reiches Oberbefehlshaber der Luftwaffe.

Ich bitte folgendes melden zu dürfen:

Bei der Jagdfliegertruppe, besonders bei einzelnen Führern, macht sich seit einiger Zeit eine sich mehrende Depression bemerkbar ... die anscheinend einen gefährlichen Punkt erreicht hat.

Die Ursachen der fortschreitenden Verstimmung sind nach meinem Eindruck:

Eine starke Verbitterung über den fortgesetzten Vorwurf der Feigheit. Mangelndes Vertrauen in die Einsatzführung ...

Mangelndes Vertrauen in die oberste Führung der Luftwaffe hinsichtlich Ausrüstung, Zusammenfassung der Kräfte, Personalpolitik und Führung der Luftwaffe überhaupt ...

Man wendet sich gegen die Ablösung Gallands, hinter dem die gesamte Jagdwaffe – mit wenigen Ausnahmen – steht.

Anscheinend werden Äußerungen verbreitet, die sich unmittelbar gegen die Person des Oberbefehlshabers richten. Absichten scheinen bestanden zu haben, unter Ausschaltung des Oberbefehlshabers, teilweise über Dienststellen außerhalb der Luftwaffe, Zutritt zum Führer zu bekommen, um dort die bestehenden Sorgen und Vorschläge für deren Behebung unmittelbar vorzutragen.

Aus dieser ganzen Verstimmung heraus und wohl aus dem ehrlichen Gefühl des besten Wollens haben die Obersten Lützow und Steinhoff mit Wissen anderer Offiziere Herrn Generaloberst von Greim als ältesten deutschen Jäger um eine Unterredung gebeten und sich am 13. 1. zu von Greim begeben. Von diesem Vorgang habe ich am 13. 1. nachmittags 13.00 Uhr Kenntnis bekommen ...

Noch vor der Besprechung konnte ich Generaloberst von Greim fernmündlich unterrichten und vereinbaren, nach der Aussprache erneut Fühlung aufzunehmen.

Diese Fühlungnahme erfolgte wiederum am 14.1.45 01.45 Uhr ...

Nachdem ich heute, 17. 1. 45, 14. 00 Uhr von dem vorgescho-

benem Gefechtsstand im Westen zurückgekehrt bin, haben die Männer um die erwartete Unterredung gebeten. Um 17. 30 Uhr kamen die Obersten Lützow, Steinhoff und Rödel. Die gehabte Aussprache bestätigt, was ich eingangs meiner Meldung über die Stimmung in der Jagdfliegertruppe ausgeführt habe.

Um zunächst eine ungünstige Weiterentwicklung aufzuhalten, habe ich den genannten Offizieren gesagt, mich für einen Empfang von führenden Offizieren der Jagdfliegertruppe bei Ihnen, Herr Reichsmarschall, und für eine offene Aussprache einzusetzen und, wenn in einzelnen Punkten notwendig, Sie, Herr Reichsmarschall, auch darum zu bitten, einen Führervortrag zu erwirken.

Nach meinem Eindruck reift eine schwere Vertrauenskrise heran, die, wenn sie nicht aufgefangen wird, zu ganz schweren Belastungen, schließlich zur Katastrophe führen kann. Dies muß in der augenblicklichen Kriegslage unter allen Umständen verhindert werden.

Ich schlage daher vor, die genannten Offiziere der Jagdfliegertruppe zu einer offenen und reinigenden Aussprache zu empfangen . . .

gez. Koller

Am 19. Januar – wir hatten in nervöser Spannung gewartet – erreichte uns der Befehl, uns im Haus der Flieger zu einer Aussprache mit dem Reichsmarschall bereitzuhalten.

Je näher nun diese »Stunde der Wahrheit« rückte, umso nüchterner betrachtete ich die Situation.

Die Konfrontation mit Göring fand ja zu einem Zeitpunkt statt, in dem die Luftwaffe praktisch als Faktor, den die alliierten Bomber bei der Zerstörung der Widerstandskraft des Reiches ernst nehmen mußten, nicht mehr existierte. Seit Göring noch dazu am 1. Januar die mit viel Energie und Zielstrebigkeit durch Galland aufgebaute »Jäger-Reserve« in dem unwirksamen und nutzlosen Angriffsunternehmen, genannt »Bodenplatte«, sinnlos verbraucht hatte, sah es um die Möglichkeit, überhaupt noch konzentrische und wirksame Abwehr zu fliegen, traurig aus. Tatsache war, daß Anfang 1945 ganz Deutschland beinahe ungeschützt den Bombenangriffen der Alliierten ausgesetzt war. Diese standen nicht vor der Frage, was sie zu zerstören in der Lage seien, sondern was sie zerstören sollten. Und da sie sich ungehindert am Himmel bewegten und jeden Ort des Reiches innerhalb dessen geschrumpfter Peripherie erreichen konnten, vollbrachten sie wahre Superlative der Zerstörung.

Die Reichshauptstadt war in der letzten Nacht von Mosquitos angegriffen worden, wie beinahe jede Nacht. Es war immer das gleiche Spiel. Die außerordentlich schnell und hoch fliegenden Bomber (in Holzbauweise, ursprünglich als Aufklärer mit hoher Geschwindigkeit entwickelt), lösten gegen Mitternacht Fliegeralarm aus, sobald sie, von der britischen Insel einfliegend, die Elbe erreicht hatten. Obgleich gewöhnlich nicht mehr als vier oder fünf dieser Schnellbomber einflogen, zwangen sie doch die ganze Stadt in die Luftschutzkeller.

Da sie zeitlich gestaffelt und auf verschiedenen Anflugwegen über das Stadtgebiet gelangten, hielten sie nicht nur die Abwehr in Atem, sondern raubten den Berlinern den Schlaf. Sie warfen Luftminen, unhandliche, benzinfaßgroße Behälter mit großer Zerstörkraft, und sie warfen wahllos, nicht fähig, selbst ein ausgedehntes Ziel präzise zu treffen.

Unsere Hilflosigkeit gegen derartige Nadelstiche war deprimierend.

Auszug aus dem Protokoll der Besprechung beim Reichsmarschall am 7. 10. 43, Obersalzberg.

Reichsmarschall:
»Sie müssen die Mosquitos fangen! Der X oder Y Strahl, oder wie er heißen mag*, mag richtig sein bei einzelnen Einflügen. Aber wenn es so weiter geht, daß der Mosquito durch die

---

* Eine Navigations- und Angriffshilfe für Nachtjäger unter Benutzung eines auf den georteten Feind gerichteten, eng gebündelten Funkstrahles.

Gegend flattert, ohne daß ihm etwas passiert, dann ist das für mich ein Zeichen, daß unsere Leute auch mit ihren Strahlen einpacken können, denn entweder funktioniert dieser Strahl, dann muß er den Jäger in die Nähe der Mosquitos führen. Aber es macht mich rasend, wenn so ein Mosquito, der pünktlich zum Nachtangriff anfliegt, nicht erwischt wird. Der Mann (gemeint Mosquito-Pilot) nimmt doch einen Zwangskurs. Es ist wie bei der Jagd auf den Fuchs, wo ich weiß: Ich habe drei Löcher zugestopft, er muß aus dem vierten herausfahren. Da muß ich schon ein Saujäger sein, wenn ich den Fuchs dann nicht kriege. Trotzdem werden die Mosquitos nicht erwischt. Das ist doch eine grausige Sache.«

Es war ein naßkalter Wintertag, als ich nach Berlin hineinfuhr. Schnee und Regen wechselten sich ab, und auf den Straßen hatte sich tiefer Schneematsch gebildet.

Es waren nur wenige Geschwader-Kommodores, die sich vor dem kleinen Sitzungssaal trafen. Unserem Vorschlag folgend waren die Konspiratoren dieser Aktion nach Berlin befohlen, die vor einem Monat den Entschluß gefaßt hatten, zu handeln: die Obersten Lützow, Trautloft, Neumann, Rödel und Steinhoff. Sie hatten versucht, noch zwei oder drei Verbandsführer aus der Reichsverteidigung, von der Ostfront oder vom Kanal heranzuholen, – gewissermaßen als Gegenpol, oder um die Stimme der Front unmittelbar zu hören, – aber die Besprechung war so kurzfristig anberaumt, daß dies nicht mehr möglich war.

Man wies uns in ein kleines Konferenzzimmer, in dem ein großer runder Tisch stand, und wir warteten auf Göring. Das Zimmer war überheizt, die Luft war feucht, sie schlug sich auf den großen Fenstern nieder, wo sie in langen Schlieren herunterlief. Der nasse Schnee wurde gegen die Fenster geweht und schmolz dort. Ob er uns mürbe machen wollte, indem er uns warten ließ?

Lützow stand aufrecht hinter seinem Stuhl und blickte geradeaus. Er sollte unser Sprecher sein. Die anderen

tuschelten irgendwelche belanglosen Bemerkungen und gaben sich den Anschein, als sei das Ganze keine große Affäre.
Wie würde er sich geben? Ich hatte ihn als gönnerhaften Vater seiner Luftwaffe erlebt, der aus olympischen Höhen kam
und für den junge Offiziere eben »Pimpfe« waren. Ich sah ihn,
einem triumphierenden Cäsar gleich, mit offenem, wehenden
Mantel, den Marschallstab in der Hand, gebeugt durch das
Scherenfernrohr über den Kanal nach Dover blicken. Und ich
gehörte im Oktober des letzten Jahres zu den Zuhörern, als
er zynisch, verletzend und ordinär seine Jäger abkanzelte
und sie feige nannte. Warum empfand ich einen so starken
Widerwillen gegen diesen Mann? Ich hatte begonnen, eine
Mauer des inneren Widerstandes gegen ihn aufzubauen, als
ich nicht lange nach Beginn des Krieges bemerkte, daß dieses Idol Göring mit uns jungen Offizieren spielte wie eine
Katze mit ihren Jungen, daß er uns wie Leibeigene, als seinen persönlichen Besitz betrachtete – uns und seine ganze
Luftwaffe.
Um der Macht dieser Persönlichkeit nicht zu erliegen, hatte
ich mich in eine zunehmend kritische Haltung hineingestei-
gert, die mich seine Schwächen überdeutlich erkennen ließ.
Und ich empfand beinahe so etwas wie Scham darüber, daß
ich mich seinerzeit von ihm hatte mitreißen, »verführen« lassen.

Es war im Sommer des Jahres 1936. Mein Offiziersjahrgang
war zum Leutnant befördert worden, und man hatte uns nach
Berlin beordert, wo im »Preußenhaus« – dem alten preußi-
schen Landtag – der Oberbefehlshaber der Luftwaffe zu uns
sprechen sollte. Wir füllten die Ränge des Halbrunds aus altem Eichenholzgestühl, – ein paar hundert junge Männer in
den blauen Uniformen der neuen Luftwaffe. Es war der erste
Leutnantsjahrgang dieser Waffe im Dritten Reich. Blutjunge
Männer, die sofort nach dem Abitur Soldat geworden waren,
und solche, die gleich mir das Studium auf der Universität
abgebrochen hatten, weil sie der Verlockung, fliegen zu dürfen, nicht widerstehen konnten, und weil auch für akademi-

157

sche Berufe die Chancen in dieser Zeit immer noch sehr begrenzt waren. Es mochten an die fünfhundert Leutnante sein, die auf ihren Chef warteten, auf den Kriegshelden, den letzten Kommandeur der berühmten Richthofen-Staffel, den Träger des Ordens Pour le Mérite, den wir damals noch den »Eisernen« nannten. Jedes Kind kannte diesen Mann, der sehr früh zu Hitler gestoßen war, und dessen unbestreitbarer Popularität sich dieser geschickt bedient hatte (»mein getreuer Paladin«). Obgleich Görings Prunksucht, seine Neigung zur Schauspielerei und seine Großmannssucht schon sichtbar und Anlaß zu zahlreichen Witzen waren, erfreute er sich noch immer der Gunst der Massen, die neidlos dem berühmten Flieger und rastlosen Arbeiter für Hitler seine Extravaganzen gönnten.

Als er nun das Rednerpodium bestieg und zu »seinen Leutnants« zu sprechen begann, füllte er mühelos das Halbrund des großen Saales mit seiner hellen, fordernden Stimme. Von Anfang an krempelte er gewissermaßen die Ärmel auf und machte uns klar, daß er zu Männern sprach, die ihm gehörten. »Ihr«, sagte er, »ihr seid nun Offiziere meiner Luftwaffe. Ihr sollt wissen, warum diese starke, selbständige Luftwaffe durch mich geschaffen wurde.« Er holte weit aus, und wir waren – ehe wir uns versahen – bei den Luftkämpfen in Flanderns Himmel. Er sprach von dem ritterlichen Zweikampf gegen Engländer und Franzosen, von der Überlegenheit und moralischen Stärke der Deutschen, und von dem Virtuosen des Luftkampfes, dem Freiherrn von Richthofen. Wir starrten gebannt auf den Mund dieses Mannes, der uns mit größter Selbstverständlichkeit klarmachte, daß wir kämpfen und schießen, Bomben werfen – und töten – würden. Der Luftkampf, »in dem man wenige Meter entfernt am Gegner vorbeijagt, so daß man das Weiße in seinen Augen sieht«, wandelte sich durch seine farbige Darstellung vom tödlichen Kampf zum mittelalterlichen Ritterspiel. Er gestikulierte mit den Händen, und in seinem Gesicht, das schon begonnen hatte, schwammig und formlos zu werden, entdeckte ich plötzlich jene Züge der Entschlossenheit und Kühnheit wieder, die es in seiner Jugend geprägt hatten. Einem Mimen der wagnerischen Opern gleich ließ er das romantische Ideal des Ritters eines neuen technischen Zeitalters vor unseren Augen greifbar deutlich erscheinen.

Dann sprach er von den Jahren, in denen er Hitlers Weggefährte wurde, von dem Verrat der Heimat an der Front und vom Versagen der Weimarer Republik. Daß die Großmächte mit Hilfe des Versailler Diktats die deutsche Nation für alle Zeiten entmachten und erniedrigen wollten, und daß ihre Perfidie, mit der sie diese große Nation der Kolonien beraubt hätten, verwerflich und typisch angelsächsisch sei. In bewegten Worten klagte er die Siegermächte an, das deutsche Volk – »ein Volk ohne Raum« – in Ketten legen, zersetzen zu wollen. Aber die überlegene germanische Rasse ließe sich nicht von Untermenschen und minderwertigen Subjekten in Fesseln legen. Und nun begann er von der Zukunft zu sprechen, vom Wiederaufstehen des großen deutschen Reiches, der Wiederherstellung der alten Grenzen, und dann fiel das Wort von der »Abrechnung« mit denen, die uns das Diktat von Versailles aufgezwungen hätten. Wir hatten mit angehaltenem Atem zugehört. Wir kannten die Polemik gegen Versailles und die »Dolchstoß-Legende«.

Auf der Kriegsschule hatten wir gehorchen gelernt, und dies mit Methoden, die keineswegs zimperlich waren. Der Versuch, »unseren Willen zu brechen, um uns die Unantastbarkeit des Befehls ins Blut gehen zu lassen«, war von Erfolg gekrönt gewesen.

So hatte Göring seine Zuhörer fest in der Hand, als er mit heller Kommandostimme – gleich einem Trompetensignal zum Angriff – die Worte schrie: »Ihr sollt einmal mein Korps der Rache sein!«

Als sich hinter mir die Tür öffnete, drehte ich mich um und sah Göring ins Gesicht. Es war ein müdes Gesicht, aufgedunsen und mit Falten wie bei alten Frauen, die sich vom Mund herab zum Doppelkinn zogen. Die welke Haut war gepudert, und das Gesicht hob sich kaum vom blaßblauen Uniformkragen ab, der den mächtigen Hals umschloß.

Während wir aufsprangen und salutierten – die Stühle waren laut auf dem Parkett zurückgepoltert – folgte der Konvoi dem Koloß, der dem Tischende zustrebte: der Chef des Generalstabs, der Adjutant, mehrere Generalstabsoffiziere und zwei Stenografen. Göring trug eine einfache Luftwaffen-Uniform. Wir waren andere, phantastischere von ihm gewöhnt. Der Chef des Generalstabs Koller und sein Adjutant rahmten ihn ein, als er an der Tafel Platz nahm. Hinter ihm saßen – wegen der Enge des Raumes mit angezogenen Knien – die Stenografen, mit dicken Schreibblöcken bewaffnet und eine Serie gespitzter Bleistifte in der Brusttasche, aus der sie wie Orgelpfeifen herausragten. Sie würden nun alles aufschreiben, was wir sagten. Damit man uns später zur Rechenschaft ziehen konnte (»Mein Lieber, Sie haben damals wortwörtlich gesagt: . . .«), damit *er* gedeckt war. Seine Begleitung würde den Teufel tun, sich zu äußern oder gar in unsere bewegte Klage einzustimmen (»Nun dramatisieren Sie doch nicht so! Sie führen diesen Krieg ja schließlich nicht allein . . .!«). Wie hat er doch im Oktober in der Besprechung auf dem Obersalzberg geredet, als es wieder einmal darum ging, die Schuld an dem Desaster des alles zerstörenden Bombenkrieges den »feigen« Jägern zu geben?

Auszug aus dem Protokoll der Besprechung beim Reichsmarschall am 7.10.1943 auf dem Obersalzberg.

Göring: Ein großer Teil unserer Jäger, die Jugend, wird durch die alten müden Hengste mit und ohne Eichenlaub verdorben . . .!«

Zuruf: »Die sollte man vor ein Kriegsgericht stellen – erschießen lassen . . . «

Göring: »Diese alten fetten Kakadus, die ich aus dem Weltkrieg kenne und hasse, möchte ich entfernt haben! Ich hätte längst einige Geschwaderkommodores und Gruppenkommandeure vor ein Kriegsgericht stellen müssen.«

Fett war eigentlich außer ihm keiner von uns. Und unsere Extravaganzen waren noch harmlos im Vergleich zu den Auswüchsen seiner protzigen Megalomanie.
Lützow saß sehr aufrecht am Tisch und hatte unser Manifest vor sich liegen. Sein Mund mit den schmalen Lippen und den ein wenig herabgezogenen Mundwinkeln ließ das große, kantige Kinn noch härter und das Gesicht noch sympathischer erscheinen. Trautloft, reckenhaft, überragte auch im Sitzen alle Teilnehmer der Runde. Da saß A., der einzige Bomber-Kommodore, der in der Jägerrunde zugelassen war, weil sein Geschwader auf Jäger umgerüstet wurde und weil er bei uns als Kronzeuge gegen den Vorwurf der Feigheit galt. Er hatte eine sympathische Behäbigkeit, wenn er sich bewegte und mit einem sprach, war aber beileibe nicht fett, auch kein Kakadu! Und er würde heute für uns sprechen, das wußte ich.
Stundenlang hatten wir gestern mit den Verschwörern um das Manifest gerungen. Heißsporne wollten es anklagend, scharf und mit apodiktischen Forderungen, – Trautloft riet zur Mäßigung.
Dieses Memorandum war jedoch völlig ohne Belang, seit unser Vorhaben verraten wurde. Aber das wußten nur Lützow und ich. So beteiligten wir uns zum Schein an der Stunden währenden Diskussion über diese kleine Denkschrift, die letztlich ein recht harmloses Stück Papier wurde.
Nun hatte es Lützow aus einer Brusttasche gezogen und vor sich ausgebreitet. Auch vor Göring und Koller lag das gleiche Schriftstück, die »Besprechungspunkte«.
Göring sah leicht irritiert in die Runde, dann wandte er sich mit fragendem Blick an den Generalstabschef. Er hatte außer dem gequälten »Guten Tag, meine Herren« (nicht »Heil Hitler«!) von uns keine Notiz genommen, kein wohlwollendes Kopfnicken für seine Geschwaderkommodores. Da war aber

161

auch nicht jene Arroganz, mit der er mich vor vier Jahren in einer Besprechung über den Einsatz der Nachtjäger in verletzender Form (»Sie sind zu jung, um hier mitzureden«) mundtot machte, eher ein Quentchen Unsicherheit und besorgte Neugier.

Koller: »Herr Reichsmarschall, ich habe Ihnen geschrieben, daß mich eine Anzahl von Geschwaderkommodores der Jagdfliegertruppe gebeten hat, sich mit Ihnen aussprechen zu dürfen. Die Herren haben den Wunsch, daß Sie den Oberst Lützow als ihren Sprecher akzeptieren.«

Göring nickte und sah Lützow an.

Lützow: »Herr Reichsmarschall, wir sind dankbar, daß Sie sich bereit erklärt haben, unsere Sorgen anzuhören.« Franzl Lützow stand hochaufgerichtet und blickte Göring beinahe herausfordernd an.

»Ich muß Sie jedoch bitten, meine Ausführungen bis zu Ende anzuhören, Herr Reichsmarschall. Wenn Sie mich unterbrechen, dann – glaube ich – hat diese Aussprache wenig Sinn.«

Nun hatte er doch mit Bravour jenen Satz gesagt, der ihm solche Kopfschmerzen bereitet hatte. (»Er wird mich gar nicht bis zu Ende anhören, er wird mich unterbrechen und mir das Wort abschneiden. Er hat noch nie jemandem lange zugehört – außer dem Führer. Ich muß ihm gleich zu Anfang klar machen, daß es uns bitter ernst ist.«)

Es war das Frappierendste in der nun folgenden kurzen Pause, daß Göring wie versteinert Lützow ansah und nichts, einfach gar nichts sagte. Der Chef des Generalstabes hatte derartiges von einem jungen Offizier auch noch nie erlebt und bemühte sich, durch regloses Verharren möglichst zu nichts Anlaß zu geben, während der Adjutant auf die Tischplatte starrte. (Er mußte ja wissen, daß wir forderten, der Reichsmarschall möge »seine persönliche Umgebung« ändern.)

Lützow: »Herr Reichsmarschall, Ihre Jagdflieger, besonders die Tagjäger, sind aufs Äußerste besorgt über die nähere

Zukunft ihrer Waffe und ihre Möglichkeit, in der Reichsverteidigung eine wirksame Rolle zu spielen. Wir wissen, daß
Sie, Herr Reichsmarschall, wegen des angeblichen Versagens der Jagdflieger schweren Vorwürfen ausgesetzt
sind. Sie wiederum haben nicht gezögert, diese Vorwürfe
an uns weiterzugeben, indem Sie uns der ›Laurigkeit‹, zuweilen auch der Feigheit bezichtigt haben.«
Das war starker Tobak, und Lützow provozierte geradezu,
daß Göring ihm das Wort entriß. Aber gerade um dies zu
vermeiden, sprach er mit großer Bestimmtheit weiter.
Lützow: »Ihre Jagdwaffe ist noch immer in der Lage, der
Heimat Entlastung zu bringen, dem Bombenterror wenigstens zeitweise Einhalt zu tun. Jedoch glauben wir, daß dazu
alle Anstrengungen auf die Jagdwaffe konzentriert werden
müssen, so konsequent wie möglich.
Vorstellungen, wie die Ablösung des bisherigen Generals
der Jagdflieger, Generalleutnant Galland, halten wir für ab-
wegig. Im Gegenteil muß die Führung dieser gestärkten
Jagdwaffe in den Händen erfahrener und bewährter Jagdflieger dieses Krieges liegen. Der Erfolg wird von der Zusammenfassung aller Kräfte und dem konzentrierten Einsatz
abhängen – wir meinen damit die Unterstellung der in
Reserve befindlichen Bomberverbände, die für den Jagdeinsatz vorgesehen sind, unter erfahrene Jägerführung, und
wir fordern die sofortige Freigabe aller Düsenflugzeuge –
»Me 262« – für den Jagdeinsatz. Wohlgeplant und schwer-
punktmäßig eingesetzt, könnte die Jagdwaffe dann Schläge
austeilen, die den Gegner zwingen würden, seinen Plan der
Zerstörung unserer Städte zu überdenken, vielleicht sogar
den Bombenterror einzustellen.
Wir kennen Ihre kritischen Bemerkungen über den Geist
und die Leistungen dieser Jagdwaffe. Aber wir bitten Sie,
Herr Reichsmarschall, zu bedenken, welchen Aderlaß diese
Waffe in über fünf Jahren des Krieges erlitten hat ...«
Das war gewiß eine harte Prüfung der Toleranz und Beherr-
schungskunst Görings, und Lützow schien es darauf anzu-

163

legen, ihn zu provozieren. Dieser ließ dann auch in diesem Augenblick die beringte Rechte mit hörbarem »patsch« auf unser Memorandum fallen, das vor ihm lag. Seine Mundwinkel begannen zu zittern. Aber Lützow gab ihm keine Möglichkeit. Überlaut und selbstbewußt stieß er seine Worte hervor. *Lützow:* »Die Jagdfliegerei, Herr Reichsmarschall, hier vertreten durch eine Anzahl von Geschwaderkommodores, fühlt sich zutiefst gedemütigt. Sie glaubt, daß eine Serie von Fehlentscheidungen nunmehr konsequent korrigiert werden muß. Sie ist weder bereit, den Vorwurf der Feigheit hinzunehmen, noch weiter zuzusehen, wie personell gesunde Bomberverbände – wie zum Beispiel das IX. Korps – untätig in Reserve gehalten und mit Düsenflugzeugen ausgerüstet werden, während der Rest der Jagdwaffe verblutet. Noch, Herr Reichsmarschall, kann verhindert werden, daß jede deutsche Stadt in Schutt und Asche fällt.«

Göring rang mit gefährlich rotem Gesicht nach Luft und ließ seine Rechte mehrmals flach auf den Tisch knallen. Nun gab es für Lützow keine Chance mehr, seine Philippika fortzusetzen. Aber er schien auch gar nicht gewillt, dieses zu erzwingen, denn er sah Göring nur geradeheraus in die Augen, bis dieser zu sprechen begann.

Göring: »Nun hören Sie mal, meine Herren, das ist ja allerhand, was Sie mir da auftischen.«

Sein Ton war noch erstaunlich gemäßigt. Natürlich hatte er sich für diesen Auftritt vorbereitet (erst väterliches Verständnis zeigen, dann lamentieren: »Sie lassen mich ja im Stich«, – dann Theaterdonner: »Gehen Sie nun gefälligst zu Ihren Verbänden und schießen Sie ab, das ist Ihre Pflicht«. Keine Zugeständnisse, keine Bereitschaft zur Einsicht.)

Göring: »Meinen Sie denn, ich sei blind? Meinen Sie etwa, ich sähe nicht, daß ich von Ihnen enorm viel verlange?«

Dann kam der erste Ausrutscher.

Göring: »Aber Sie sind ja auch lange genug favorisiert und verhätschelt, zu Helden der Nation gemacht worden, ich meine, die Luftschlacht um England, die fragwürdigen Abschüsse . . .«

Lützow war stehengeblieben. Er machte plötzlich ein finsteres, aggressives Gesicht und öffnete den Mund; Göring erkannte seinen Fehler und sprach schnell weiter.

Göring: »Aber (wieso ›aber‹, niemand von uns hatte etwas gesagt) Ihr (väterlich, doch bereits im Tone des Lehnsherren zu Leibeigenen) müßt doch zugeben, daß Eure Verbände zum Teil in desolatem Zustand sind. Ihr wollt die Düsenflugzeuge, wollt die Kampfgeschwader in die Jagdfliegertruppe einverleibt sehen. Ich habe vor kurzem einen Kampfverband besucht, das waren herzerfrischende Bilder, die ich da gesehen habe, – Disziplin, Ordnung, kurzum ein durch und durch militärisches Bild . . . Sie haben auch mehr Erfahrung, können bei schlechtem Wetter fliegen . . .«

Lützow ertrug das nicht, er war nicht gewillt, sich die »alte Leier« zum xten Mal anzuhören. Respektlos, laut und in beinahe despektierlichen Ton unterbrach er.

Lützow: »Herr Reichsmarschall« (und – da dieser, wenn auch irritiert, weiterredete – lauter) »Herr Reichsmarschall, Sie haben uns das wiederholt gesagt. Sie übersehen, daß wir Jäger nun über fünf Jahre täglich im Einsatz sind. Sie übersehen, daß Sie bei Jagdverbänden keine militärischen Paradebilder verlangen können, wenn diese – Zigeunern gleich – auf den Kriegsschauplätzen des Reiches umhergezogen sind, und wenn die Zahl derer, die fünf Jahre Krieg überlebten, an den Fingern abzuzählen ist. Zahlreiche Geschwader werden bereits von ehemaligen Unteroffizieren geführt, und unsere jungen Piloten überleben im Höchstfall zwei bis drei Einsätze in der Reichsverteidigung, bevor sie fallen. Wir sind ausgeblutet, Herr Reichsmarschall, die Überstellung der Kampfgeschwader als noch gesunde Reserve an Menschen ist für uns und für die Luftverteidigung lebenswichtig, – falls es nicht ohnehin zu spät ist . . .«

Nun gab es für Göring kein Halten mehr. Seine autoritäre

Natur hatte bereits zuviel der Insubordination ertragen müssen. Mit Stentorstimme begann er wütend:

Göring: »Als ob die oberste Spitze der Luftwaffe (er meinte sich selbst) das nicht alles wüßte! Aber um nicht meine Kampfflieger der Gefahr auszusetzen, daß sie marode werden wie die Jagdflieger, behalte ich sie in Reserve. Ich leugne ja nicht, daß sich einige Jagdflieger hervorragend schlagen, aber sie sind dann keine militärischen Führer, und ihre Verbände verlottern am Boden.«

Auszug aus dem Besprechungsprotokoll vom 28.5.1944, Obersalzberg.
Thema: »Lage der Reichsverteidigung.«
Reichsmarschall: »Ich strenge mich hier an, mache die tollsten Geschichten, führe der Luftflotte Reich Maschinen zu Hunderten und Aberhunderten zu, und habe eine miserable Einsatzbereitschaft von ein paar lumpigen Flugzeugen. Da endet irgendwo alles! Wir haben zu schlechte Gruppenführer und Geschwaderkommodores, die sind nicht dahinter wie der Teufel. Meine Geschwaderkommodores wollen lieber nicht soviel mitfliegen, sondern sich um ihren Dreck kümmern, Galland!«

Göring: »In Ihrer Kampfweise ist auch kein System. Sie haben Ihre Jäger nicht erzogen, die Bomber rücksichtslos auf nächste Entfernung zu bekämpfen. Wenn ich da an unsere Zeit im Kriege in Flandern denke . . .«
Lützow unterbrach ihn, nun sehr laut: »Und Sie, Herr Reichsmarschall, haben die Existenz viermotoriger Bomber einfach ignoriert. Sie haben uns keine neuen Flugzeuge, keine neue Bewaffnung gegeben.«
Göring schien perplex den Ton Lützows akzeptieren zu wollen, – aber dann brach es aus ihm heraus.
Göring: »Was reden Sie da großspurig her, Lützow! Sie tun so, als hätte ich niemals Pulver gerochen. Ich brauche keine Belehrung, ich brauche aber Jagdflieger, die danach

fiebern, an den Feind zu kommen ... Eure Taktik ist miserabel. Ihr seid den Bombern allemal gewachsen, aber es ist entscheidend, daß soviel Jäger wie möglich an den feindlichen Bomberpulk herangebracht werden und aus allen Knopflöchern schießen. Und dies auf nächste Distanz.« Und nun begann er in theatralischer Form seine Vorstellung über den Einsatz der Jäger zu entwickeln, nicht ohne die ritterlichen Kämpfe am Himmel von Flandern als rühmliches Beispiel hinzustellen. (»Natürlich hat sich seitdem manches geändert, – aber trotz aller Geräte und technischer Finessen, die Ihr in Euren Flugzeugen habt, entscheidet der Kämpfer, der Mensch.«)
Er verlange, daß die Bomberströme vom Überfliegen der Reichsgrenze bis zum Abflug ununterbrochen bekämpft würden. Die Jäger, meinte er, hätten seinen Befehl, so häufig wie möglich während eines Einflugs den Feind zu bekämpfen, immer noch nicht befriedigend ausgeführt.

Auszug aus dem Protokoll der Besprechung über »Reichsverteidigung«, Juli 1944, Berlin RLM.

Reichsmarschall: »... entscheidend ist, daß soviel Flugzeuge wie möglich auf einmal an den feindlichen Pulk herangebracht werden, – daß sie sich wirklich heranarbeiten und aus allen Knopflöchern schießen. In dem Augenblick aber, wo die Munition verschossen ist, gibt es nichts als im Sturzflug hinunter zum nächsten Platz, – das erlaube ich! – um sofort zu munitionieren. Ist das geschehen, und hat man wieder eine Staffel zusammengestellt, so muß der Angriff sofort wieder ins Laufen kommen... Ich kann mir vorstellen, daß ein längerlaufendes Gefecht wertvoll ist, daß also Treffen über Treffen an den Gegner herankommt, weil er dann sehr ermüdet und ihn dies zu stärkerem Munitionsverbrauch zwingt ...«

Was er von uns verlangte, war selbst in der Zeit, als wir noch Kräfte für eine solche Taktik besaßen, nicht mehr

167

als ein verzweifelter Versuch gewesen, den Gegner an jedem Ort über dem Reichsgebiet zu stellen. Aber sehr bald hatte sich dieses Verfahren als außerordentlich verlustreich und undurchführbar herausgestellt. Vor allem waren es die moralischen Anforderungen an die Piloten, die einer solchen Taktik des permanenten Kämpfens eine Grenze setzten. Gewiß, es war gelungen, in Ausnahmefällen nach »dem ersten Treffen« auf Flugplätzen, auf denen Jäger nach dem Luftkampf eingefallen waren, eilig Staffeln, Halbstaffeln und Rotten zusammenzustellen. Aber der Erfolg im »zweiten oder gar im dritten Treffen« war gering. Wer von uns einen Angriff gegen die waffenstarrende Phalanx der Viermotorigen vorbereitet und geflogen hatte, wußte um die Fragwürdigkeit dieser verzweifelten Parole – »Greift sie ununterbrochen an, solange ihr noch kämpfen und fliegen könnt, bis zum letzten Mann und bis zur letzten Patrone.«

Lützow hatte sich auf einen Wink Görings gesetzt. Er war auf dem Sprung und wollte zur Sache kommen. Die »Aussprache« hatte die befürchtete Wendung genommen. Göring dozierte, brachte uns bewußt vom Thema ab (»Alles für die Jäger, Konzentration der Kräfte, Düsenflugzeuge müssen in die Jagdfliegertruppe«).

Lützow: »Herr Reichsmarschall, Sie haben unsere Besprechungspunkte gesehen. Wir wären dankbar, wenn wir Ihre Meinung hören könnten...«

Dem hatte Göring ausweichen wollen. Er hatte wohl überhaupt nicht vorgehabt zu diskutieren, vielmehr schien er der Ansicht zu sein, man habe nun genug geredet, die Meuterer hätten Gelegenheit gehabt, »Dampf abzulassen«, nun sei es an ihm, die Dinge geradezurücken, Befehle zu geben, – (und zu überlegen, was man mit diesen störrischen und aufbegehrenden Offizieren machen sollte). Göring (indem er unser Memorandum mit spitzen Fingern aufhob und auf die Mitte der Tafel warf): »Was für ein unmöglicher Wisch – dieses komische Papier mit Besprechungspunkten... Was ist

168

überhaupt in Sie gefahren, die Sie sich herausnehmen, mir so etwas zu bieten?«

Zögernd begannen wir, die Verfasser des Memorandums, zu sprechen. Daß wir voll hinter dem stünden, was Lützow gesagt habe. Daß wir zutiefst beunruhigt seien und es in den Jagdverbänden in der Tat erbärmlich aussehe, – gewiß nicht durch unsere Schuld. Als ich das Stichwort Düsenjäger fallen ließ, schien das Faß endgültig überzulaufen.

Göring: »Nun will ich Ihnen einmal etwas sagen, meine Herren.« (Der Ton war offiziell geworden, gar nicht mehr väterlich, sondern eiskalt.) »Was Sie mir hier bieten, ist unglaublich! Sie maßen sich an, mir vorzuschreiben, wie ich meine Luftwaffe zu führen habe. Und Sie wiederholen hier unbelehrbar immer wieder das Gleiche, obwohl ich Ihnen ja gesagt habe, was möglich ist und was ich nicht zu tun gewillt bin.« (Nichts dergleichen hatte er gesagt. Er hatte um den Brei herumgeredet und war dem Unangenehmen ausgewichen.) »Sie verlangen, ich solle alles zusammenfassen, alles konzentrieren, die Kampfflieger eingeschlossen. Gerade das werde ich nicht tun! Ich wäre ein Narr, wenn ich diese schlagkräftige, hervorragende Reserve nicht für den Augenblick aufhöbe, in dem ich beschließe, den entscheidenden Schlag zu führen. Sie wollen die Düsenflugzeuge, und Sie werden sie nicht bekommen, weil ich sie denen gebe, die besser damit umgehen können, meinen Kampffliegern.

Und nun ein Wort zu Ihrem Anliegen, ich möge General Galland auf seinem Posten als General der Jagdflieger belassen. Ich schätze diesen verdienten Offizier, aber er ist schon Jahre auf seinem Posten, eigentlich zu lange. Und er braucht einmal Ruhe und Entspannung...«

Lützow wurde bleich, seine Finger spielten nervös auf der Tischplatte. Die Litanei, die ich anhören mußte, machte mich krank. Es war Lützow, der in diesem Augenblick die Kontrolle über sich verlor. Er stand abrupt auf.

Lützow (sehr laut): »Herr Reichsmarschall...«

Göring (im Befehlston): »Jetzt rede ich. Lützow, jetzt rede

ich! Jetzt will ich Ihnen einmal sagen, was ich von dieser Unternehmung halte! Was Sie mir hier bieten, meine Herren, ist Staatsverrat, ist Meuterei! Es ist geradezu ungeheuerlich, daß Sie hinter meinem Rücken konspirieren und seltsame Wege gehen, die einen schweren Verstoß gegen Ihre soldatischen Pflichten, gegen Ihre Treuepflicht mir gegenüber darstellen. Ich werde entsprechend reagieren!«
(Er wußte also alles, er kannte jeden Schritt unserer Unternehmung, und er würde sich rächen.)
»Sie hintergehen mich und betreiben Defaitismus. Sie verlangen, ich solle meine Umgebung austauschen, und Sie üben Kritik an meiner Person.«
Er loderte geradezu vor Zorn und sprach aus, was er uns eigentlich vorenthalten wollte, als er davon ausging, daß wir eingeschüchtert klein beigeben würden.
»Statt zusammenzuhocken und zu konspirieren, sollten Sie bei Ihren Verbänden sein und diese an den Feind führen! Aber bei Ihnen wird nur herumgemeckert, werden die jungen Leute verdorben und die Truppe zersetzt...«
Lützow stand aufrecht hinter seinem Stuhl und starrte Göring beinahe haßerfüllt an. Man sah in seinem Gesicht die Enttäuschung, daß es schlimmer gekommen war, als wir befürchtet hatten. »Was wollen Sie, Lützow, mich beseitigen? Was Sie da eingefädelt haben, ist Meuterei. Ich frage mich, was Ihr Vater sagen würde, wenn er von Ihrem Tun erführe...«
Lützow: »Ich habe mich gestern Abend mit meinem Vater ausgesprochen, er billigt mein Vorgehen – unser Vorgehen – in vollem Umfange...«
Göring (brüllend): »Nun habe ich aber genug! Ihr seid borniert, und Ihr werdet von mir entsprechend behandelt. Sie! Lützow, Sie sind ein Offizier mit einer unglaublichen Auffassung von Ihren Pflichten als Soldat ...« (Er schob seinen Stuhl zurück, stützte die dicken Hände auf die Tischplatte und erhob sich, hochrot im Gesicht.) »Sie Lützow, Sie ... ich lasse Sie füsilieren!« Nach einer letzten herri-

schen Bewegung seiner goldberingten Hand, die uns gleichsam in Grund und Boden verdammte, wuchtete er sich aus
dem Zimmer, gefolgt von seiner verstörten Kamarilla. Ich fing
einen Blick des Generalstabschef auf, aus dem fast so etwas
wie Sympathie sprach.
Wir fünf standen, alleingelassen, wie erstarrt um den Tisch
herum. Keiner sagte etwas, kaum daß wir uns anzublicken
wagten. Der Schneeregen klatschte noch immer an die Fen-
sterscheiben. Der überheizte Raum wirkte unerträglich eng.
Ich kam mir jetzt schon wie eingesperrt vor. Jeden Augenblick mußte das Wachkommando hereinkommen, das uns
festnehmen sollte. Was kommen mußte, war doch klar:
Untersuchungshaft, ohne Rangabzeichen, ohne Schnür-
senkel, Kriegsgericht...
Aber nichts geschah.
Allmählich löste sich die Spannung. Wir sahen uns stumm
an, einer hob unentschlossen die Schultern, ein anderer
schüttelte ratlos den Kopf.
Als immer noch nichts geschah, fragte ich: »Was jetzt?«
Keiner antwortete. Dann sagte Franzl Lützow, von dem die
Erregung der letzten Stunde wie abgefallen war: »Na ja –
also – gehn wir erst mal essen...«

Der Oberst »Edu« Neumann gehörte zum inneren Ring der
aufständischen Jäger und war »Jagdflieger-Führer Oberitalien«, das heißt, er führte von seinem Gefechtsstand auf
einer Bergkuppe unweit Veronas die Jäger Italiens. Es
handelte sich zu diesem Zeitpunkt um zwei italienische
Gruppen, die mit »Me 109«-Flugzeugen ausgerüstet waren.
Schon längere Zeit befand sich kein deutscher Jagdflieger
mehr auf italienischem Boden. Neumann hatte es verstanden, ein Verhältnis großen Vertrauens zu den italienischen
Jägern herzustellen, die in der gewiß nicht einfachen Situation, in der die Nation – seit dem Abfall des Königs und
Badoglios in zwei Lager zerfallen – sich befand, gleichwohl bis
zum Ende mit uns kämpfen wollten.

171

So war Neumann zur Aussprache mit Göring nach Berlin befohlen worden und schickte sich an, am gleichen Abend mit dem Fronturlauberzug nach Italien zurückzukehren.

Als er am Nachmittag seine Berliner Wohnung betrat, läutete das Telefon. Er hob ab und meldete sich. Ein Oberst des Personalamtes nannte seinen Namen und fragte ohne Umschweife: »Wann wollen Sie nach Italien zurückkehren?«

Neumann antwortete: »Mein Zug – es ist der tägliche Fronturlauberzug – geht um 22. 30 Uhr.«

Der Oberst befahl: »Bitte verlassen Sie nicht Ihre Wohnung, ich werde zurückrufen.«

Neumann war zutiefst erschrocken. Er glaubte, nun würde Göring zuschlagen, und handelte unverzüglich, um uns zu warnen. Während er sich bemühte, Lützow und mich zu erreichen – ich war auf dem Wege in die Gästebaracke des Generals der Jagdflieger in Gatow –, war dort bereits die Order aufgelaufen, ich solle mich am darauffolgenden Morgen um 10.00 Uhr beim Chef des Personalamtes der Luftwaffe melden. Ich hatte den Befehl gerade gelesen, als das Telefon läutete und Neumann sich meldete: »Macky, mir ist der Befehl übermittelt worden, meine Wohnung nicht zu verlassen. Ich habe das Gefühl, die machen jetzt Ernst. Wo ist Franzl, warne ihn bitte . . .«

»Ich soll mich morgen früh beim Chef des Personalamtes melden«, antwortete ich, »bis dahin haben wir sicher Ruhe . . .«

So saß Neumann in nervöser Spannung Stunden in seiner Wohnung, bis gegen 20.00 Uhr abends der gleiche Oberst erneut anrief und ihm lakonisch mitteilte: »Sie werden heute nicht nach Italien reisen. Melden Sie sich morgen um 10.30 Uhr beim Chef des Personalamtes!«

Als der Fronturlauberzug um 22.30 Uhr den Anhalter Bahnhof verließ, saß der Oberst Lützow in einem Einzelabteil – von der Feldpolizei für ihn freigehalten – und fuhr in »die Verbannung nach Italien«. Er übernahm an Stelle des Oberst Neumann den Posten des Jagdflieger-Führers Oberitalien

172

und hatte die strikte Weisung, mit keinem der »Meuterer« in Verbindung zu treten.

Als ich am nächsten Morgen im Vorzimmer des Personalchefs der Luftwaffe eintraf, verließ Galland gerade dessen Zimmer. »Lassen Sie sich keine unzüchtigen Angebote machen, Macky. Man wollte mir eine Division im Osten geben. Ich habe brüsk abgelehnt, – nun bin ich arbeitslos.«

Der Chef des Personalamtes, General M., schien von seiner Aufgabe, uns »in alle Winde zu zerstreuen«, nicht besonders angetan. Als ich vor seinem Schreibtisch saß, holte er weit aus und sprach von dem Verschleiß »nach sovielen Jahren Fronteinsatz«, von der Notwendigkeit, Führungsnachwuchs heranzubilden und junge Offiziere zu erziehen Mit keinem Wort ging er auf den Grund dieser großen Versetzungsaktion ein, sondern war eher väterlich, mit guten Ratschlägen zur Hand und eigentlich fürsorglich. Vielleicht meinte er es sogar ehrlich.

»Wie möchten Sie weiterverwendet werden? Glauben Sie nicht, daß es gut wäre, wenn Sie die Luftwaffen-Akademie besuchten, um ein tüchtiger Generalstabsoffizier zu werden?«

Meine Antwort hatte ich ohne zu Zögern parat: »Ich möchte mein Geschwader wieder haben, das mir unter so unwürdigen Umständen genommen wurde. Vor zwei Jahren habe ich meine Versetzung zur Akademie abgelehnt. Heute, Herr General, fünf Minuten vor zwölf, scheint mir eine solche Versetzung absurd. Ich möchte fliegen, nichts als fliegen.«

Der General schwieg indigniert. Dann, sich erhebend: »Der Herr Reichsmarschall hat befohlen, daß Sie keinen fliegenden Verband führen sollen ...« Pause. (Also doch ein alter, müder Hengst mit Eichenlaub und Schwertern!) »Sie werden erfahren, was Ihre nächste Tätigkeit sein wird, – bis auf weiteres sind Sie ohne Verwendung.«

Als ich mit Galland die Treppe zum Wagen hinunterging, blickte er mich fragend an.

»Arbeitslos wie Sie, Herr General, – bis auf weiteres ohne Verwendung!«

Er schwieg eine Weile. Dann brummte er: »Und ich darf mich nicht einmal frei bewegen – muß dauernd melden, wo ich mich aufhalte.«

»Vielleicht kommen wir noch einmal so davon«, sagte ich. »Sie können uns doch nicht alle mundtot machen – oder einsperren. Sie ganz bestimmt nicht!«

Da meinte Galland: »Vielleicht haben wir Glück. Der Dicke wird Euch nie vergessen, daß Ihr den Mut hattet, ihm die Wahrheit zu sagen. Für ihn bin ich der Rädelsführer. Er fühlt sich gedemütigt. Aber sein Stern ist in den Augen Hitlers so gesunken, daß er sich keine Fehler mehr leisten kann.«

*»Es war gelungen, die deutschen Rohöl-Vorräte unzugänglich
zu machen, und die Reste der deutschen Luftwaffe blieben
mit leeren Kraftstofftanks am Boden und waren nicht fähig,
während der letzten Stadien des deutschen Zusammen-
bruchs aktiv einzugreifen.*
*Die Jagdflieger waren gezwungen, tatenlos zuzusehen, wie
das Bomber Command und die amerikanischen Luftflotten
deutsche Städte verwüsteten . . .*
*Der Bericht über den letzten Triumph des Bomber-Command,
der Angriff gegen Dresden am 13. und 14. Februar, ist zugleich das Requiem für die deutsche Luftwaffe.«*

Anthony Verrier,
Bomberoffensive 1939–1945
Frankfurt/M. 1970

»Ohne Verwendung«
Januar/Februar 1945

Nach einer Urlaubswoche in Greifswald, wo ich vergeblich auf eine Versetzungsorder gewartet hatte, kehrte ich nach Berlin zurück. Eine weitere Woche brachte ich in der Gäste-Baracke des Generals der Jagdflieger zu, aber immer noch war keine Verfügung über meine Verwendung eingetroffen. Ich hielt mich fern vom Hauptquartier des neuen Generals der Jagdflieger, zumal ich eine Aversion gegen den ehrgeizigen, humorlosen Mann hatte, der – wie ich meinte – nicht die geringsten Voraussetzungen mitbrachte, dieses verantwortliche Amt in dieser schweren Situation zu übernehmen. Wenn ich am Morgen im Offizierheim frühstückte, versuchte ich der Begegnung mit den mir bekannten Offizieren auszuweichen. Aber es dauerte ohnehin nur wenige Tage, bis ich isoliert, als Fremder, für mich allein saß. Neue Gesichter tauchten auf. Man hatte die Vertrauten Gallands ausgetauscht, es sah nach »frischem Wind« aus, der nun beim General der Jagdflieger wehte. Göring hatte die »Reichsacht« über uns verhängt, – in der ihm eigenen Ausdrucksweise nannte er das so!
Es tat mir weh, daß sie mich ignorierten, mich auch übersahen, wenn sie zuweilen überlaut diskutierten. Keiner der ›Meuterer‹, mit dem ich mich hätte aussprechen können, war erreichbar. Galland war, nachdem er eine Woche unter Hausarrest gestanden hatte, abgereist; man sagte, er ginge irgendwo bei Freunden seiner großen Passion, der Jagd, nach. So reifte langsam der Plan, nach Italien zu reisen und Lützow zu besuchen. Ich hätte wissen sollen, daß dies fehlschlagen mußte. Der Hauptmann K. »besorgte« mir einen Dienstreise-Ausweis, der mich nach Italien zum Jagdflieger-Führer beorderte. Dies jedoch mit dem eigenartigen Umweg über Kitzbühel, wo ich ein paar Tage skilaufen wollte.
Es war eine qualvolle Zeit, die ich in Kitzbühel verbrachte.

Sie war dazu angetan, mir den Rest meines Selbstbewußtseins zu nehmen. Ich wohnte im Luftwaffen-Hotel, das – saisonbedingt – mit erholungsbedürftigen Offizieren, Beamten und Sonderführern aller Dienstgrade angefüllt war. Die Tage waren sonnig und warm, der Himmel über den Schneebergen ließ bereits den Frühling ahnen, und die Bewohner des Hotels ignorierten den Krieg nach Kräften. Man räkelte sich in den Liegestühlen auf dem Hahnenkamm oder am Fuße der Pisten, traf sich in der Bar oder feierte auf den Zimmern und zauberte aus unbekannten Quellen immer wieder alkoholische Getränke in Mengen. Die Pisten um Kitzbühel waren mir vertraut. Ich begann mir den Genuß der Abfahrten dergestalt zu verdienen, daß ich mit Fellen aufstieg. Aber stets, wenn ich gegen Mittag die Gipfel erreicht hatte, ereignete sich das Gleiche. Es war das sonore Brummen der schweren Bomber, das mich den Himmel gen Süden absuchen ließ, bis ich die zahlreichen Kondensschwänzchen der gewaltigen Formation der Fliegenden Festungen ausmachen konnte. Sie marschierten – beinahe pünktlich nach Fahrplan – tagtäglich über die heitere Wintersportlandschaft hinweg. München, Regensburg, Augsburg, Nürnberg mochten ihre Ziele sein. Ich sah die hellblauen Flugzeugleiber gegen den violettdunklen Himmel und konnte beobachten, wie die begleitenden Jäger graziös über dem Bomberstrom hin und her schwangen. Das Schauspiel dauerte fast eine Stunde, um sich nach der Mittagszeit in der Gegenrichtung zu wiederholen.

Der Bomberverband flog dann nicht mehr die gleiche präzise Formation, sei es, daß Jäger oder Flak ihn durcheinandergebracht hatten, sei es, daß sie sich sicher fühlten wie in Gottes Hand. Die Jäger flogen meist übermütig tief unter den Bombern und genossen sichtlich ihre Luftherrschaft im Wortsinne, indem sie manche Kapriolen flogen.

Wenn ich am Morgen aufstieg, bedrückte mich bereits die Angst vor dem Augenblick, in dem ich den Baß der Motoren von Süden wahrnehmen würde. Die uniformierten Winter-

sportler schienen mich mit neugierigem Interesse zu betrachten. In ihren Augen glaubte ich die Frage zu lesen: »Was tut der denn hier – mit Eichenlaub und Schwertern?«
Ich begann mich zu schämen.
Anfang Februar packte ich kurzerhand und machte mich auf den Weg zu Lützow.
Auf dem Brenner spürte ich zum ersten Mal wieder die Nähe des Krieges mit Zerstörung und Tod. Der Wehrmachtszug erreichte den Paß am frühen Nachmittag. Wir hatten Stunden endlosen Wartens hinter uns, Anfahren, Halten, Aufenthalt im Dunkel eines Tunnels, und Dahinschleichen im Fußgängertempo.
Sie räumten gerade auf, was der Bombenangriff am Vormittag zerstört, unbrauchbar gemacht und erschlagen hatte. Die Gleise waren notdürftig gerichtet, wir mußten umsteigen in einen anderen Zug. Auf dem Bahnsteig standen Tragen mit Verwundeten und Toten, die den Felsbunker nicht mehr erreicht hatten.
Der Brenner-Paß war ein lohnendes und beliebtes Ziel der alliierten Bomber, die Versorgung der Truppen in Italien wurde dadurch empfindlich gestört.
Wir saßen stumm im kalten Abteil und sehnten den Augenblick herbei, da sich der Zug in Bewegung setzen sollte. Die Feldpolizei ging durch die Waggons und kontrollierte die Papiere. Ein Oberfeldwebel hielt vor unserem Abteil und grüßte. Er prüfte die Marschbefehle und Ausweise, musterte mich kurz und verließ den Wagen. Wenig später öffnete ein Major – Stahlhelm, Armbinde »Feldpolizei«, 0,8 am Koppel –, schwammiges Gesicht eines Büromenschen, die Schiebetür und schnarrte: »Die Papiere bitte.« Nachdem er die Unterlagen der Reisegefährten überflogen hatte, beschäftigte er sich intensiv mit meinem Marschbefehl und dem Soldbuch, machte sich eine Notiz und verließ endlich brummend das Abteil.
Ich muß sagen, daß ich nicht das reinste Gewissen der Welt hatte. Ein arbeitsloser Oberst der Luftwaffe, hochdekoriert,

179

fährt mit dem Zug zur »Besprechung mit Oberst Lützow« nach Italien. Gleichwohl glaubte ich nun, keine Schwierigkeiten mehr zu haben, hing meinen Gedanken nach, döste oder schlief, bis der Zug, es mochte Mitternacht sein – in Verona hielt.

Als ich den Bahnsteig entlangschritt, an jeder Hand einen schweren Koffer, marschierten bereits zwei martialisch aussehende Feldpolizisten hinter mir. An der Sperre wartete ein Major in respekteinflößendem Aufzug, grüßte und empfing mich mit den Worten »Heil Hitler, Herr Oberst, darf ich Sie in mein Dienstzimmer bitten?«

Offensichtlich erlaubte es die Etikette nicht, daß man mich von der Last der Koffer befreite. Jedenfalls schleppte ich diese noch einmal hundert Meter weit. Ich begann böse und renitent zu werden. Mit einem lauten Knall ließ ich deshalb den Ballast vor dem Schreibtisch des obersten Feldjägers auf den Boden fallen und setzte mich schnaufend auf einen wackligen Korbstuhl. »Hier sind meine Papiere«, damit warf ich ihm die Ausweise auf den Tisch. Er prüfte die Dokumente sorgfältig, blätterte in meinem Soldbuch und hüstelte verlegen. »Herr Oberst«, begann er, und ich spürte, daß ihm die Sache sehr peinlich wurde. »Wir dürfen Sie nicht weiterfahren lassen. Das hat der Herr General Ritter von P. befohlen.«

»Was soll der Unsinn?« fragte ich. »Was fällt Ihnen ein . . .«, hätte ich beinahe gesagt. Jedoch besann ich mich eines Besseren und sagte: »Ich möchte mit dem General sprechen.«

»Jawohl, Herr Oberst, – aber ob das jetzt nach Mitternacht möglich ist?«

»Mir ist das völlig wurscht, – ich möchte den General sprechen«, verlangte ich störrisch. Dabei war mir längst klar, daß ich keineswegs eine starke Position hatte. Oberst »ohne Verwendung«, auf Vergnügungsreise im Verdacht möglicher neuer Konspiration mit dem verbannten Oberst Lützow.

Im Nebenzimmer bemühte sich ein Unteroffizier, die Verbindung mit dem General zustande zu bringen, indem er in nervenaufreibendem Kampf gegen die Tücken italienischer Telefonie sein deutsch-italienisches Repertoire vom geduldigen Flehen bis zum unflätigen Drohen erschöpfte.

Endlich schien er Erfolg zu haben, und während er den Hörer mit der Hand zuhielt, zischte er: »Es ist der Chef des Stabes, – der General ist nicht zu sprechen.«

»Steinhoff«, meldete ich mich.

»Tag, Steinhoff«, flötete er milde, »was führt Sie nach Italien?« Er fängt immer so milde an, und wenn man darauf reinfällt und geschwätzig wird, dann wird er brutal, dachte ich.

»Ich möchte einige Fragen des Jäger-Einsatzes mit Lützow besprechen.«

»In wessen Auftrag?« konterte er und ich wußte, daß er mich damit gefaßt hatte.

Ich hatte ihn nie leiden mögen. Er war für mich immer der Prototyp des ehrgeizigen, rücksichtslosen Generalstabsoffiziers gewesen. Als Chef der Luftflotte hatte er mir schon 1944 in Italien das Leben schwergemacht. Aber da er in Richthofen einen ausgesprochen starken und befähigten Flottenchef zum Vorgesetzten hatte, bemühte er sich, mindestens die gleiche Härte und den gleichen Schneid zu demonstrieren – mit negativem Erfolg.

Es war im Herbst 1943, als mein Geschwader die Flugplätze bei Foggia räumen mußte. Die Front rückte schnell heran, denn die Alliierten stießen entlang der Adria nach Norden vor. Der Chef des Stabes der Luftflotte befahl deshalb, eine Jagdgruppe und den Geschwaderstab auf den Flugplatz Ciampino Nord bei Rom zu verlegen. Ich protestierte und versuchte – erfolglos – mit der Luftflotte zu telefonieren. Aber da die Situation kritisch wurde, starteten wir, und landeten in Ciampino mit dem unguten Gefühl, nunmehr wie auf einem Präsentierteller dem Bombardement ausgesetzt zu sein. Unmittelbar nach der Landung ließ ich mich telefonisch mit dem Chef des Stabes der Flotte verbinden und beklagte mich bitter über seine – wie ich meinte – grandiose Fehlentscheidung. Das sei doch schlicht Wahnsinn. Eine völlig intakte Gruppe ohne Schutz auf den größten, jedem Bomber bekannten Flugplatz zu verlegen, sei eine Herausforderung. Und ich zweifelte nicht daran, daß die Alliierten uns den Garaus machen würden.

»Ich bitte mir aus, daß Sie Befehle ordnungsgemäß ausführen«, unterbrach er mich kurz und bündig. »Ich bin nicht gewillt, mich von Ihnen belehren zu lassen!« Er sagte das in einem Deutsch mit harter, bayerischer Prägung.

Was blieb mir übrig, als »Jawohl« zu sagen?

Sie »radierten« meine Jagdgruppe zwei Stunden später aus. Wie mit einem riesigen Bügeleisen gingen sie zweimal über alles, was sich auf dem Flugplatz über dem Erdboden erhob, Hallen und Gebäude, Flugzeuge und Fahrzeuge, und Menschen, denen es nicht gelungen war, Schutz zu finden. Die Bombenteppiche hatten keinen Flecken ausgespart, die Jagdgruppe war außer Gefecht gesetzt.

Als es mir endlich gelungen war, von irgendwo in der Nähe des Flugplatzes die Luftflotte telefonisch zu erreichen, hörte ich die Stimme des Chefs des Stabes: »Na, Steinhoff, was gibts?« Mir verschlug es den Atem. »Nichts Besonderes, Herr Oberst, ich melde nur, daß die Erste J.G. 77 nicht mehr existiert. Inklusive Geschwaderstab ist sie am Boden zerstört.«

»Bedauerlich, sehr bedauerlich, Steinhoff«, antwortete er ohne Zögern. Die Katastrophe schien ihn nicht zu beeindrucken. »Wir haben viele Tote und Verwundete und kaum ein intaktes Flugzeug«, legte ich los. Der Zorn übermannte mich, und ich schrie: »Das ist eine unverantwortliche Sauerei . . .« weiter kam ich nicht. Denn nun legte er seinerseits los. »Ich verbitte mir diesen Ton, was ist das für ein Benehmen«, und: »Sie melden sich unverzüglich bei mir.« Und dann setzte er dem Zynismus die Krone auf: »Ich muß Sie bitten, nicht so zu dramatisieren, schließlich ist Krieg . . .«

»Schließlich ist Krieg, schließlich ist Krieg«, klang es in meinen Ohren nach, als ich damals zu meiner zusammengeschlagenen Gruppe zurückfuhr. Und meine Verachtung für

diesen Mann begann zu wachsen. Nun mußte ich ihm antworten, in wessen Auftrag ich Fragen des Jäger-Einsatzes mit Lützow besprechen sollte. Mir fiel niemand ein. Ich gab auch sofort den Schwindel auf und sagte nur:
»Ich bin zur Zeit ohne Verwendung, Herr General.« (Er war ja inzwischen General geworden!) »Ich möchte meinen Freund Lützow sehen und mich mit ihm aussprechen.«
Er schwieg eine Weile, dann klang seine Stimme bestimmt:
»Sie haben keinen Auftrag, den Jagdfliegerführer Oberitaliens zu sprechen. Mit dem nächsten Zug kehren Sie nach Deutschland zurück und melden sich beim Chef des Personalamtes, General M., haben Sie mich verstanden?«
»Jawohl, Herr General.«
Der Feldjäger-Major sagte nur: »Der nächste Zug nach München geht früh um vier Uhr, Herr Oberst. Wenn Sie damit Vorlieb nehmen, können Sie nebenan auf dem Strohsack etwas ausruhen.«
Ich nahm dankbar an. In rabenschwarzer Nacht kletterte ich gegen vier Uhr in ein leeres Abteil der »Polsterklasse«, legte mich lang und deckte mich mit meinem Ledermantel zu.
Die erste Unterbrechung hatten wir hinter Trient. Es war bereits heller Tag, als wir mit kreischenden Bremsen hielten. Die Lokomotive pfiff und schrie wie ein wildes Tier. »Fliegeralarm«. Ich riß meine schweren Koffer aus dem Netz und polterte gemeinsam mit anderen feldgrauen Gestalten auf den Bahndamm. Dann plagte ich mich wieder, durch knirschenden Schotter stolpernd, mit den Untieren von Koffern im Eiltempo der schützenden Höhle in der Felswand zustrebend. Den Landsern, die, gleichfalls schwer beladen mit Urlaubs- und Versetzungsgepäck, dahineilten, machte es offensichtlich diebischen Spaß, den Oberst, der gebeugt unter der Last der Koffer beinahe in der Kniebeuge dem schützenden Felsen entgegenwankte, zu ignorieren. Aber ich hatte mich bereits an meinen Zustand des amtsenthobenen Volkshelden gewöhnt. Die Wochen im Niemandsland, ohne Privilegien und ohne für die Luftwaffe überhaupt existent und brauchbar zu

sein, hatten mir eine Distanz zu den Dingen gegeben, die mich frei und im gewissen Sinne sogar glücklich gemacht hatte.

Als ich dann in der Höhle, auf einem Koffer sitzend, eine Kiste schöner leichter holländischer Zigarren zutage förderte, war ich bald von Landsern umringt, die sich beinahe wie mit ihresgleichen mit dem seltsamen Vogel unterhielten, der ohne jeden Troß und Hofstaat durch die Gegend fuhr. Der Angriff blieb aus, und die Lokomotive pfiff etwas, was »Entwarnung« heißen sollte. Diesmal hatte ich für meine Koffer streckenweise Helfer – mit Zigarren im Mund.

Die zweite Unterbrechung war unangenehmer, und sie fand bei Erlangen statt. Ich hatte geschlafen, etwas vom Proviant verbraucht (den man damals tunlich mit sich führte) und dann wieder geschlafen. Als der Zug wieder mit »Vollbremse« und unglaublichem Ruck mitten auf der Strecke hielt – es war gegen vier Uhr nachmittags – hörte ich das singende Motorengeräusch von Jagdflugzeugen – »Mustangs«! Während ich aus dem Abteil schoß – diesmal ohne die Koffer – rannte ein Feldjäger den Gang entlang und rief mit lauter Stimme: »Keiner verläßt den Zug, keiner verläßt den Zug!« Aber ich hatte schon das Fenster heruntergerissen und schrie meinerseits: »Raus, raus, die schießen uns zusammen...« und hinter mir quoll eine Traube von Offizieren und Landsern aus Türen und Fenstern und suchte das Weite. Währenddessen stolperte der Transportoffizier mit Stahlhelm und Pistole den Bahndamm entlang und brüllte unentwegt: »Keiner verläßt den Zug!«

Es war welliges, offenes Gelände. Wir hatten zwischen Waldstücken mitten auf freiem Feld gehalten. Die grüne Wintersaat sprang aus dem Schnee, und die Ackererde war schwarz und feucht. Ich rannte in Richtung auf das nächste Gehölz, als das Feuer der Jäger über den Acker auf die Lokomotive heranstäubte. Wir lagen platt auf dem Bauch, sprangen auf, sobald die Luft für Augenblicke rein zu sein schien, und erreichten so das Waldstück. Die Jäger, Begleitjäger eines der großen Bomberpulks, waren auf dem Wege nach Hause, nach England. Die Bomber mochten Regensburg oder Nürnberg, oder irgendeine Stadt angegriffen haben. Die Alliierten hatten ein Ausmaß an Zerstörung des Reiches bewirkt, daß sie Mangel an Zielen hatten und zuweilen jede beliebige Stadt bombardierten – nun nahmen die Jäger die Beute mit, die sich ihnen auf dem Heimflug bot. Und Lokomotiven und Züge gehörten zunehmend zu ihren bevorzugten Zielen.

Wenn sie heruntertauchten, sah es aus wie eine Perlenschnur, es mochten fünf oder sechs Mustangs sein – und gleich nach dem ersten Angriff hüllte die Lokomotive sich in eine weiße Wolke und ließ zischend den Dampf ab. Dann bestrichen sie den Zug in seiner Länge mit Maschinengewehren, und wir sahen, wie die Landser rannten, sich hinwarfen und wieder rannten.

Nach zehn Minuten war der Spuk vorbei. Als ich beim Zug ankam, sah ich den Transportoffizier hilflos umherrennen und nach einem Arzt suchen. Er hatte sich zu spät entschlossen, den Zug zu räumen, und nun hatten wir Verletzte und Tote.

Es waren endlose Stunden, die wir dann in dem kalten Zug verbrachten. Spät am Abend holten sie eine Ersatz-Lok heran, und wir setzten die Fahrt fort, der Reichshauptstadt entgegen. Je näher die Stunde rückte, da wir im Anhalter-Bahnhof eintreffen würden, desto mehr plagte mich die Sorge, was nun geschehen würde.

Sicher waren sie jetzt im Personalamt alarmiert und sagten sich, ich könnte gemeinsam mit Lützow neue Ränke schmieden. Vielleicht erwarteten sie mich schon auf dem Bahnhof.

Als der Zug einlief, war der Bahnsteig leer und öde. Es regnete. Die Passagiere liefen mit bleichen Gesichtern den Zug entlang, der sich schnell leerte. Jeder schien froh zu sein, Berlin erreicht zu haben, und eilte davon. Ich fand eine Telefonzelle und wählte die Nummer des Hauptmann K. Er meldete sich sofort. »Ein Glück, daß Sie da sind, Herr Oberst. Kein Mensch wußte, wo Sie waren. Sie möchten sofort General Galland anrufen.« Er gab mir die Telefonnummer. Ich meldete mich. Galland: »Wo waren Sie, Mann?« »Ich habe versucht, Franzl zu besuchen – ohne Erfolg. Man hat mich in Verona abgefangen und postwendend nach Hause geschickt. Ich solle mich sofort beim Chef des Personalamtes melden.« »Was für eine Kateridee, Lützow besuchen zu wollen! Sie brauchen nicht zum Personalamt. Wenn Sie fliegen wollen, Macky, so können Sie das in der Düsenjäger-Staffel, die wir gemeinsam aufstellen – einverstanden?« Es verschlug mir den Atem. Statt der Aussicht auf das Kriegsgericht bot er mir an, in einer Staffel von Düsenjägern zu fliegen.

»Sie wundern sich?« fuhr Galland fort. »Die Lösung des Rätsels ist einfach. Speer hat Hitler vom Scheitern unseres Unternehmens berichtet. Der war sehr aufgebracht und hat gesagt, er durchschaue den ganzen Zauber. Er hat Göring vor ein paar Tagen gefragt, was denn Galland und die Meuterer täten. Göring hat wahrheitsgemäß geantwortet, daß ich ohne Aufgabe herumsäße.

Aber dann geben Sie ihm doch Gelegenheit, zu beweisen, daß dieses Düsenflugzeug ein überlegenes Jagdflugzeug ist, hat Hitler gesagt, geben Sie ihm einen Verband!

Gestern war ich in Karinhall. Göring war sehr ungnädig, er hat mich gefragt, ob ich einen Versuchsverband mit Düsenflugzeugen aufstellen und führen wolle. Er hat die billigste Lösung, nämlich eine Staffel, vorgeschlagen. Ich habe angenommen.«

»Herr General, ich bin ihr Mann. Wann und wo fangen wir an?«

»Morgen Vormittag – in Brandenburg.«

»Die Nacht vom 13. und 14. Februar war klar und still. Dresden war von Flüchtlingen überfüllt. Die Bevölkerung wurde aufgefordert, die Luftschutzkeller aufzusuchen. Im Zirkus Sarrasani wurde die Meldung von den Clowns verkündet, die sie mit ein paar Späßen begleiteten ... Der Brand wurde zu einem Feuerzyklon, der sich selbst durch den von ihm hervorgerufenen Druckfall schürte – bis zu dem Augenblick, da der Himmel, barmherziger als die Menschen, Regenströme sandte, die die Flammen löschten. Keine Gegenwehr, keine Flucht war möglich. Wer in den Luftschutzkellern blieb, erstickte. Wer die Keller verließ, verbrannte im Flammenmeer. Der Asphalt der Straßen brannte. Auf dem Altmarkt verbrannte eine Menschenmenge wie ein Wald. Hunderte von Menschen, die den Feuerqualen zu entgehen versuchten, ertranken in der Elbe ...«

Raymond Cartier,
Der Zweite Weltkrieg,
München 1967

Brandenburg,
Februar 1945

Nun war ich zum dritten Mal in den fünf Kriegsjahren in Brandenburg. Diesmal nicht als Führer eines Jagdverbandes, vielmehr als »Mädchen für alles«, dem es oblag, gemeinsam mit dem Staffelkapitän, einem Generalleutnant, eine Staffel aufzubauen.

Warum sie nur den Flugplatz verschonen, dachte ich immer wieder. Sie schlagen doch sonst alles kurz und klein, was ohne Zweifel von geringerer strategischer Bedeutung ist als ein Flugplatz, der zum Zweigbetrieb der Flugzeugindustrie geworden ist und wo man den Aufbau einer Waffe betreibt, die den Bombern zur tödlichen Gefahr werden kann.

Das Rätsel blieb ungelöst; sie müssen uns einfach übersehen haben.

Wir fingen da wieder an, wo wir in den Tagen des Aufbaues der Luftwaffe mit Schwung und Elan begonnen hatten. Jetzt besaßen wir den Auftrag – oder besser: die Genehmigung – eine Staffel aufzustellen. Eine solche Einheit wurde gewöhnlich von einem Oberleutnant oder Hauptmann geführt. Das galt als die erste Führungsaufgabe eines aufstrebenden jungen Offiziers, in der man sich »bewährte«. Ich aber war ein Oberst, erfahren in Führung und Einsatz von Geschwadern, und mein Staffelkapitän ein General, dessen Bild auf Postkarten in Massenauflage von tüchtigen Profitmachern mit Parteiabzeichen vertrieben wurde. Die Staffel, die wir aufstellen durften, war zwar eine »Düsenjägerstaffel«, ein Experiment, das uns Gelegenheit geben sollte, nachzuweisen, daß unsere Behauptung zutraf, die »Me 262« sei ein Jagdflugzeug und könne Bomber abschießen. Aber es war eben doch nur eine Staffel, nach Heeresmaßstäben nicht mehr als eine Kompanie. Am Ende war sie nur eine »Bewährungsstaffel«, eine Einheit für Soldaten, denen Frontbewährung verordnet worden war. Ein verlorener Haufen für Ausgestoßene, Verurteilte. Das war zwar in unserem Falle nicht formal geschehen, aber alles sah danach aus.

»Holen Sie sich, wen Sie wollen«, hatte Göring gesagt. Er meinte natürlich die »Meuterer«, denn er fügte hinzu: »Steinhoff und Lützow können Sie gleich haben.«

Eigentlich hatte uns niemand so recht geholfen, auf die Beine zu kommen. Mein ehemaliges Geschwader, das J.G. 7, lag auf dem gleichen Platz. Aber dessen Offiziere kümmerten sich nicht sonderlich um den seltsamen neuen Verband. Es war, als ob ihnen unsere Nähe irgendwie peinlich war.

Meine Wohnung war im Erdgeschoß eines der Offizierhäuser, die nicht weit von der Startbahn unter den hohen Bäumen lagen. Es war eine Leutnantswohnung – ein großes Zimmer mit Bad. Der Raum war »fiskalisch« möbliert. Die Möbel, drei Sessel, ein Tisch und ein Bücherregal, der Kleiderschrank auf dem Flur, waren aus hellgebeizter Buche. Der Teppich, Kammgarn blau mit ehemals weißen Tupfen, lag auf rotem Linoleum. Eine richtige, friedensmäßig ausgestattete Leutnantswohnung, die mich an die wenigen Friedensjahre erinnerte, die ich als Leutnant genießen durfte. An der Tür war das Inventarverzeichnis mit Reißnägeln befestigt.

Doch die meisten dieser Offizierswohnungen, dieser Luxusappartements im Vergleich zu den Unterkünften, die ich an den verschiedenen Fronten gewöhnt war, standen jetzt leer. In den fünf Jahren, die der Krieg nun andauerte, hatten die Bewohner beinahe wöchentlich gewechselt. In dem Maße, wie die Gefahr wuchs, daß der Flugplatz mit Bombenteppichen umgepflügt werden könnte, war man »nach draußen« gezogen. Die umliegenden Dörfer und Gehöfte wurden »belegt«, man quartierte sich bei den Bauern ein, und der Wohnbereich des Flugplatzes leerte sich und verödete.

Als ich gegen Abend meine Wohnung betrat, sah ich durch die Spalten des Verdunkelungspapiers, daß im Nachbarzimmer Licht brannte. Vor ein paar Tagen war dort Major Wille eingezogen, ein Jagdflieger, der aus dem Erholungsheim kam, nachdem er »am Kanal« über Frankreich abgeschossen worden war. Er stammte von einem der sogenannten »Seidenbetten-Geschwader« und blickte mit Verachtung auf die Rußland-Jäger, deren Erfolge man in diesen Verbänden als »keine Kunst« ansah. Bei denen galt der Satz: Im Osten ist Jagdfliegerei eine Sportart – am Kanal ist sie Krieg. Ich streckte mich auf dem Bett aus, griff im Liegen die Flasche aus dem Nachttisch und goß etwas Kognak in das Zahnputzglas. Dann schaltete ich den Volksempfänger ein und suchte Musik, aber schon nach wenigen Takten wurde das Programm durch die Ansage unterbrochen: »Wir setzen unsere Information über feindliche Einflüge in das Reichsgebiet fort. Starke Bomberverbände haben die Reichsgrenze bei Emden überflogen. Einzelne, hochfliegende Bomber nähern sich der Reichshauptstadt . . .«

Wie zur Bestätigung begannen die Sirenen des Fliegerhorstes »Voralarm« zu heulen.

Widerwillig erhob ich mich, schaltete das Licht aus und trat vor die Tür. Die Nacht war sehr dunkel, eine tiefliegende Wolkendecke fegte im kalten Ostwind über die Bäume. Ich wollte mich eigentlich durch den Alarm nicht stören lassen; die Gewöhnung hatte uns alle stur und bequem gemacht. Als ich ins Zimmer zurücktrat, verkündete die Sirene den Voll-Alarm. Ich hatte einen professionellen Haß auf diese Mosquitos, die einzelne Luftminen ungezielt und wahllos abwarfen. Sie waren eine ekelhafte Bedrohung, sie ließen einen nicht schlafen und zwangen die Menschen in die Keller. Immerhin wagte ich nicht, mich auszuziehen. Sie könnten ja ein paar Luftminen gerade hier fallen lassen, und es könnte sein, daß ich schnell aus dem Haus herausmußte.

Da hörte ich das sonore Brummen eines hochfliegenden

Flugzeugs. Wenn der Wind kurz aussetzte und es still wurde, war es deutlich wahrzunehmen.

Das Pfeifen der niedergehenden Bombe mußte vom Winde verschluckt worden sein, jedenfalls traf mich der dumpfe Knall der Detonation überraschend, gefolgt von der heftigen Druckwelle, die mich fast umwarf. Die niedrigen Wolken waren von einem orangeroten Feuerschein blitzartig erleuchtet gewesen – ich sah die kahlen Bäume hinter dem Haus sich schwarz gegen den Himmel abheben.

Der Einschlag konnte nur ein paar hundert Meter entfernt gewesen sein. Wir müssen schnell hier weg, war mein erster Gedanke. Sie meinten sicher diesmal den Flugplatz, und wenn die Mosquitos auch noch so ungenau warfen, so konnte es doch recht ungemütlich werden; also schnell aus dem Fliegerhorstgelände heraus! Mit ein paar Schritten sprang ich durch mein Zimmer und riß die Tür zu Willes Wohnung auf. Er balancierte vor seinem Bett auf einem Bein und suchte das linke Hosenbein mit dem Fuß zu erwischen. Wortlos drehte er sich um, starrte mich an und fuhr fort, sich in aller Hast anzuziehen. Da erst gewahrte ich den Lichtschein aus dem Badezimmer und hörte das muntere Plätschern von Wasser. Mit dem Fuß stieß ich die Tür auf und erstarrte auf der Schwelle, so entwaffnend war der Blick des Mädchens, das mich mit heiterem Lächeln herausfordernd ansah.

Die Szene war ganz anders, als sie gewöhnlich in den Filmen gezeigt wurde, vor allem war da kein Schaum, der die Schöne bis zum Hals reizvoll verhüllte. Sie lag ausgestreckt in der Badewanne, jedoch so, daß das Wasser den wohlgeformten Busen nicht bedeckte, und genoß offensichtlich sowohl das warme Bad als auch das Erstaunen des unerwarteten Besuchers. Das Haar hatte sie mit einem weißen Tuch turbanartig umwunden, und auf dem Stuhl lagen schön ordentlich Strümpfe, Büstenhalter und Dessous ausgebreitet.

Ich machte stumm eine Kehrtwendung und schloß die Badezimmertür hinter mir.

»Los, beeilen Sie sich, Wille. Sagen Sie der, sie solle sich schnell anziehen, wir müssen sofort verschwinden. Der Einschlag war ganz in unserer Nähe, und vielleicht greifen sie den Platz an.«

»Aber wo sollen wir denn hin – und womit? Wir haben doch gar kein Vehikel, Herr Oberst.«

Sicher fuhr man in Frankreich nur mit einem Vehikel in die Splittergräben. Aber tatsächlich, wir hatten gar keinen fahrbaren Untersatz. Die Verbände und Depots hatten sich nicht gerade überschlagen, um den kleinen Verband auszurüsten. Fahrzeuge, vor allem Pkw's, waren Mangelware, und außerdem gab es kaum Benzin. Der General besaß einen riesigen Mercedes, der einem berühmten Sänger und Filmstar gehörte. Dieses für Galland durchaus standesgemäße Fahrzeug hatte man mit einem Anbau, groß wie ein Badeofen, in einen Holzgaser umfunktioniert, und es war köstlich anzusehen, wie morgens Gallands Fahrer den Brennstoff in den Ofen schaufelte, damit der Generalleutnant in seinen Staffelbereich fahren konnte. Außerdem hatte man für die Staffel einen Volkswagen-Kübel geliefert, aber das war vorerst die ganze Herrlichkeit.

Mir war es gelungen, mein winziges Motorrad von meinem alten Geschwader in den Jagdverband 44 »überführen« zu lassen. Es war eine DKW mit ganzen 90 Kubikzentimetern, aber sie war für mich das ideale Transportmittel dieser Tage geworden. Wegen des geringen Benzinverbrauchs war das Tanken kein großes Problem, und außerdem war das Ding schnell wie ein Wiesel und erzeugte Lärm wie eine Rennmaschine.

»Wir nehmen mein Krad«, sagte ich zu Wille.

»Dann müssen Sie die Dame auf den Schoß nehmen«, grinste er.

»Ja, los, machen Sie ihr Beine!«

»Der Rummel ist ja doch bald vorüber«, maulte der feine Major aus Frankreich, »und hier war es gerade so schön gemütlich . . .« Draußen half ich dem Mädchen, ein Bein über den Tank des Motorrads zu schwingen. Sie redete und gluckste vor Lachen ununterbrochen und kuschelte sich animiert an mich. »Mann, ist das kalt an den Beinen!« und »Sitzen Sie auch bequem, Herr Oberst?« Sie hat einen Schwips, dachte ich. Aber sie ist ein lustiger Vogel. Ob sie ein Blitzmädchen ist? Dann müßte sie eigentlich Uniform tragen.

»Auf geht's!« rief Wille, der sich auf dem Soziussitz niedergelassen hatte. »Hoffentlich schafft es ihr Renner!«

Zwischen dem Kichern des Mädchens horchte ich immer wieder in die Luft, ob etwa weitere Flugzeuge anflogen.

Der Renner schaffte es. Wir holperten auf dunklen Wegen durch den Fliegerhorst, der wie ausgestorben schien, passierten den Wachposten, der mürrisch aus dem Einmannbunker neben dem Tor kroch, und waren auf der Landstraße.

Wo sollte ich eigentlich hinfahren, fragte ich mich. Es zog mich nicht zum Gefechtsstand meines alten Geschwaders, der in einem Gutshaus untergebracht war. Immer noch schmerzte es mich, daß ich Hals-über-Kopf abgelöst worden war und mich nun auf dem gleichen Flugplatz, vor den Augen meiner ehemaligen Untergebenen, »bewähren« sollte.

»Ich fahre einfach in den Wald, und dort warten wir auf die Entwarnung.«

Als ich die Fuhre zwischen hohen Bäumen zum Halten brachte, sagte das Mädchen: »Ich will Ihnen was sagen, Herr Oberst, ich möchte lieber in einer Badewanne sterben, mit einer Buddel Sekt dabei, versteht sich, als hier im kalten Walde.«

Sie kletterte stöhnend von ihrem unbequemen Sitz, und gemeinsam setzte sich das Pärchen auf einen Baumstamm, auf dem ich fürsorglich meinen Ledermantel ausgebreitet hatte. Es war sehr kalt. Wille legte dem Mädchen seinen Mantel um die Schultern und holte eine flache Kognak-Flasche aus der Jackentasche. Während wir die Flasche herumgehen ließen, ertönte vom Flugplatz her der hohe, gleichmäßig schwingende Ton der Entwarnung. »Ihr mit eurem Scheißkrieg«, sagte das Mädchen.

Die ersten Tage waren für den kleinen Verband schon ein Hungerleben. Mein altes Geschwader hatte Anweisung von Gallands Nachfolger, uns keinesfalls behilflich zu sein. Sie ließen uns einfach links liegen, ignorierten uns, wenn sie nicht gelegentlich mit mitleidigem Lächeln auf die »Meuterer« herabsahen. Manchen Kameraden sah man an, daß sie uns insgeheim bewunderten, aber wahrscheinlich durften sie es nicht zeigen.

Aber der General hatte einflußreiche Freunde, und so floß immer mehr Gerät zu, kamen Flugzeuge, Ersatzteile und Waffen und sogar ein zweiter Kübelwagen. Das Geschwader forderte mein Motorrad zurück, auf dem ich stolz zum Rollfeld brummte und ihnen erklärte, sie könnten mich mal . . .

Die Flugzeugführer, die man uns widerwillig abgab, waren jung und unerfahren, mit Ausnahme des Majors »Bubi« Schnell, den wir uns ohne Versetzungsverfügung holten, als er nach einer Verwundung aus dem Lazarett entlassen wurde. Die einst vielgerühmte Organisation der Luftwaffe war aus den Fugen geraten und hatte viele Löcher, durch die man schlüpfen konnte. Ich glaube, die meisten, die uns hier werkeln und üben sahen, hielten uns einfach für verrückt.

Ich wurde »Chef der Ausbildung«. Mein alter, treuer »Kaczmarek« Fährmann machte den technischen Offizier, eine Tätigkeit, die er noch nie in seinem Leben ausgeübt hatte.

Oberleutnant Blomert kam von den Bombern, war spezialisiert auf die »Ju 88« und hatte seinen letzten Looping auf der Fliegerschule geflogen.

Auf dem Weg zum Abstellplatz der Flugzeuge sprach ich kurz mit Blomert. Ich erklärte ihm, daß ich zur »Ostfront« fliegen wollte, zur Ostfront, die nur einige Kilometer entfernt war; daß er neben mir fliegen solle, immer, bei jeder Bewegung wie »festgenagelt«.

Wieder rätselte ich, warum sie unseren Flugplatz noch nicht bombardiert hatten. Sie wußten sicher, daß wir die Düsenjäger hier zusammenbauten. Wenn sie die Hallen und die Startbahnen zerstörten, waren wir erledigt. Man war ver-

195

sucht, auch hier wieder einen unglaublichen Leichtsinn der Luftwaffenführung zu vermuten. Aber wie anders sollte man einen Jagdverband aufstellen und einsatzbereit machen? Wenn man die Luftherrschaft so vollkommen verloren hatte wie die deutsche Luftwaffe, dann waren alle Maßnahmen, sie wiederzugewinnen, mit einem unerträglichen Risiko behaftet.

Die neuen Flugzeuge standen auf der Plattform am Ende der Startbahn. Dahinter, zum Flugplatz, war ein Gelände mit flachen Kiesgruben, Gesträuch, Unkraut und Abfällen. Als wir aus dem Wagen stiegen, erschreckte uns ein martialisches Pfeifen, gefolgt von einer heftigen Detonation. In der Grube gleich hinter den Flugzeugen übte der »Volkssturm« mit Panzerfäusten. Sie schossen auf große Scheiben, die schwarze Konturen von Panzern zeigten. Es waren etwa zehn Soldaten in blauen Overalls, unförmige Gestalten, die Koppel um den Leib trugen. Dadurch traten bei manchen – sie gehörten alle älteren Jahrgängen an – die starken Hinterteile besonders hervor. Auf dem Kopf trugen sie Wehrmachts-Skimützen. Dann sah ich die Frau. Sie war eine Matrone von imposantem Umfang. Die blonden Haare waren in einem Knoten zusammengefaßt. Deshalb hatte sie den Schirm der Skimütze tief ins Gesicht gezogen. Sie gestikulierte lebhaft mit den Händen und ihre kehlige Stimme drang bis zu mir herüber. Zum ersten Mal sah ich den Volkssturm (»das letzte Aufgebot«). Wie hatte doch Hitler im August des letzten Jahres zu uns gesagt, als wir bei der Ordensverleihung die deprimierende Diskussion über die »Me 262« beendeten: »Ich werde das deutsche Volk in einer Weise mobilisieren, wie es die Welt noch nicht gesehen hat.«

Während ich mich anschickte, das modernste und schnellste Kriegsflugzeug der Welt zu besteigen, übten wenige Meter entfernt ältliche Bürger, die sicher nie Soldat gewesen waren, wie man mit einer Panzerfaust umgeht, um Panzer im Nahkampf zu vernichten. Sie sahen blaß aus und boten in ihren Schlosseranzügen einen deprimierenden Anblick. Als wenn

196

sie um das Makabre der Situation wüßten, warfen sie kaum einen Blick zu uns herüber. Wir mußten ihnen wie Exponenten einer besonderen Klasse Privilegierter erscheinen, was wir ja auch waren. Wir trugen die neuen grauen Lederanzüge mit dem Samtkragen, die gelben Seidenschals mit elegantem Knoten gebunden. Handschuhe, Pelzstiefel, Koppel mit Pistole, alles war elegant und neu. Die Volksstürmer in den blauen Schlosseranzügen wußten sicher nicht, was sie von uns halten sollten. Die Reichs-Propagandamaschinerie hatte uns zu Rittern und Helden stilisiert, vielleicht verziehen sie uns unseren Snobismus, weil sie glaubten, wir könnten Wunder vollbringen.

Unsere Mechaniker waren mit den Flugzeugen beschäftigt und ignorierten die Leute in der Kiesgrube. Blomert stand blaß und nervös neben mir. Er war offensichtlich begierig, das Jagdfliegen zu erlernen. Noch aber war dies für ihn eine rätselhafte Kunst.

»Sie lassen die Bremsen los, sobald ich meine Maschine abhebe und sie sehen, daß ich das Fahrwerk einziehe ...« »Wir werden in Gefechtsformation fliegen. Bleiben Sie rechts oder links von mir und halten Sie genügend Abstand. Aber verlieren Sie mich keinesfalls aus den Augen!«
»Jawohl, Herr Oberst.«
»Wir werden Berlin im Norden umfliegen. Wenn wir uns der Oder nähern, müssen wir mit russischen Jägern rechnen. Bleiben Sie also gut dran!«
»Jawohl, Herr Oberst.«

Als ich die Füße von den Bremsen nahm, begann das Flugzeug sich langsam, sehr langsam, zu bewegen. Der Schub, den die Turbinen entwickelten, war eben für das schwere Flugzeug beim Start zu gering. Dann begann die Geschwindigkeit zu wachsen, die Ruder gehorchten dem Steuerknüppel und den Fußpedalen und nach schier endlosem Lauf erhob sich die Maschine in die Luft. Deshalb schien die Zeitspanne, bis das Flugzeug eine Geschwindigkeit erreicht hatte, die Kampfmanöver erlaubte, stets lang. Gleich darauf lag Berlin vor uns.

Die Luft hatte eine Transparenz wie Glas, obgleich über den Dächern der riesigen Stadt ein Dunstschleier wie eine Milchglasscheibe die Farben der Straßenzüge, Dächer und Seen zart und blaß erscheinen ließ. Im Süden quollen graue Haufenwolken aus diesem milchblauen See - Mosquitos hatten während der Nacht Luftminen geworfen. Da lag die Reichshauptstadt, die nur noch während der Tagesstunden zum Leben erwachte, – und im Osten, ein paar Flugminuten entfernt, tobte die Schlacht an der Oder.

Als ich vor ein paar Tagen in der Stadt war, erfaßte mich die bedrückende Stimmung in dem Augenblick, als ich dem S-Bahnzug entstieg. Sie starrten mich an, als ob ich an all dem mitschuldig sei. Meine elegante Uniform mit den lederbesetzten Breeches und den Reitstiefeln wirkte zwischen den Landsern mit Knobelbechern und Rucksack, deplaziert. Die Zivilisten mit den grauen Gesichtern und abgetragenen Wintermänteln nahmen kaum Notiz von dem Obersten mit dem Ritterkreuz mit Eichenlaub und Schwertern.

Im eisigen Wind, der die ›Linden‹ entlangfegte, machte ich vor einem großen, unbeschädigten Schaufenster halt, als mit quietschenden Bremsen der Wagen einer Offiziersstreife am Bürgersteig anhielt.

»Hallo, der Offizier da, – bitte ziehen Sie die Handschuhe an!« Sie hatten große Sorge wegen der nachlassenden Disziplin – die Zahl der Deserteure und Drückeberger wuchs, die Wehrmacht verlotterte zusehends.

Als ich mich umdrehte, erstarrten sie zur Salzsäule, stotterten etwa wie ». . . bitte um Entschuldigung«, und fuhren davon. Aber ich empfand weder Genugtuung noch Stolz oder Schadenfreude – die Rolle des Volkshelden war ausgespielt.

Am Fahrkartenschalter beugte sich die uniformierte Hilfsschaffnerin herab, um mich durch das kleine rechteckige Fenster besser ins Auge fassen zu können, und sagte: »Laß mich das mal angucken ... Ist doch das Ritterkreuz mit Schwertern?«

»Ja.«

Dann sah sie mich mit großen übernächtigten Augen an und fragte: »Fliegt ihr eigentlich noch? Wo ist denn Hermanns Luftwaffe?« Ich griff schnell nach der Fahrkarte, die auf dem Drehteller unter der Scheibe lag, und murmelte:

»... aber sicher, wir fliegen ..., es sind eben zu viele ...«

Dann wurde ich vom Schalter weggedrängt und hastete den verdunkelten Bahnsteig entlang zum Zug.

Wir flogen mit Ostkurs in Richtung der schnurgeraden Straße, die nach Frankfurt an der Oder führte. Die Landschaft mit den großen Wäldern – entlaubt und schwarz wie auf einer Kohlezeichnung –, die gelegentlich mit langer weißer Dampffahne fahrenden Züge und die Tupfen der Einzelhöfe und Dörfer vermittelten den Eindruck unschuldigen Friedens. Aber entlang der Oder markierten Brände, die schmutzigbraune Haufenwolken aufgesetzt hatten, die Front. Man konnte mit den Augen dem Band des Flusses unendlich weit nach Norden folgen. Und überall standen die Brände als Signale des Kampfes, von dem der Wehrmachtsbericht täglich sprach. Plötzlich erschienen gleich Wattebäuschchen Flakwölkchen in unserer Flugrichtung, als wollten sie den Weg sperren. (Gute Artilleristen, – die Höhe stimmte genau!) Wir hatten die Oder überflogen, und ich begann Höhe aufzugeben, um das Geschehen am Boden besser beobachten zu können.

Der russische Jäger hing recht unvermittelt vor mir, und die feingeschnittene schwarze Silhouette des Flugzeugs mit den spitzen Flächen wurde schnell größer. Ich war nicht vorbereitet, in Sekunden die Bewegung meiner »Me 262« zu koordinieren und das Visier auf das Ziel auszurichten. Nur Meter trennten mich von dem Jäger, als ich an ihm vorbeischoß, steil hinauf in den tiefblauen Himmel. Im Zurückschauen sah ich in die Rohre seiner Waffen. Er hatte das

199

Flugzeug senkrecht nach oben gezogen und feuerte ununterbrochen.

Du hast einen groben Fehler gemacht, dachte ich. Du hättest ihn aus einer Position anfliegen sollen, die tief unter ihm liegt. Dann ist er unfähig, dich auszumachen. Und dann mußt du im letzten Augenblick die Maschine hochziehen und ihm deine Kanonengarben von unten in den Rumpf jagen . . .

Unter mir kreiste ein ganzer Schwarm von Jägern, es mochten zehn oder zwölf sein. Sie flogen jene ungeordneten Manöver mit unvermittelten Kurven, mit Steigen und Stürzen, mit Loopings und Spiralen, die zu ihrer Taktik gehörten. Ein gewisser Übermut lag in diesem Gehabe (»Wir fliegen über dem Reich – wo sind die berühmten deutschen Jäger?«).

Die Versuchung, einen von ihnen vor meine Kanonen zu bekommen, war groß. Aber sobald sie mich bemerkten, würden sie noch wilder kurven, würden nur noch ein paar Meter geradeaus fliegen und mir die Annäherung ungemein erschweren. Ich mußte aus ihrem Gesichtskreis verschwinden, mich weit absetzen, mußte sie dann auf gleicher Höhe anfliegen, um so unvermittelt quer durch diesen Zirkus getragen zu werden. Ich würde sehr schnell reagieren müssen; einen, der geradeaus flog, beschießen und meine Augen offen halten, um keinen zu rammen.

Wo war Blomert? Ich sah ihn weit hinter mir, er hatte offensichtlich große Mühe, »dran« zu bleiben. Konnte ich es wagen, mit ihm in den Wespenschwarm hineinzustoßen? Aber der Nebengedanke der Vorsicht wurde von dem überstarken Wunsch verdrängt, das Handgemenge zu beginnen, die Gelegenheit zum Luftkampf wahrzunehmen, wie hunderte Mal in diesem Krieg. Gashebel vorsichtig zurücknehmen. In einer Linkskurve hinunterspiralen. Blomert war »dran«, rechts unter mir. Aus dem Augenwinkel sah ich die russischen Jäger, das Aufblitzen der Plexiglashauben in der Sonne. 870 Stundenkilometer – das war zu schnell. Vorsichtig in die Horizontale gehen – wo sind die Russen? Die Sonne stand hinter mir. Sie würden behindert sein, weil sie in die grelle Sonne

200

blicken mußten, um mich zu entdecken. Kopf nach vorn neigen, um das leuchtende Visier vor dem rechten Auge zu haben. Zeigefinger am Abschußhebel an der Vorderseite des Steuerknüppels.

Blomert war »dran«.

Jetzt sah ich sie vor mir, schwarze Punkte auf der Panzerscheibe vor meinem Gesicht. Dann fuhr ich mitten hinein in ihren Reigen aus Kurven und Kunstflugfiguren. Ich passierte einen, der in der Luft still zu stehen schien (»ich bin zu schnell!«). Der über mir ging in eine steile Rechtskurve, hellblau gemalte Unterseite gegen den violetten Himmel. Einer kurvte mir genau vor die Schnauze der »Me«. Heftiger Ruck, als ich durch seine Propellerböen flog. Zwei bis drei Meter Abstand. Der in der sanften Linkskurve! Herumschwenken des Flugzeuges. Ich kam von unten, Auge ans Visier gedrückt (noch enger ziehen!), Schütteln in den Flächen, – pop, pop, pop, – die Kanonen hämmerten kurz. Vorbeigeschossen, weit hinter dem Schwanzende. Das war zum Heulen, so konnte ich keinen abschießen. Sie waren wie ein Sack voller Flöhe. Zweifel: Ist das wirklich ein so gutes Jagdflugzeug? Wo war Blomert? Weit hinter mir, sicher zweitausend Meter tiefer, bemühte er sich, mir zu folgen. Was mache ich falsch? Konnte man überhaupt mit der »Me 262« einen solchen Pulk von wild kurvenden Jägern erfolgreich angreifen?

Noch 25 Minuten Flugzeit.

Ich mußte von unten in den Pulk hineinstoßen. Die Geschwindigkeit wäre dann auch nicht so groß, und wer erwartete schon einen Angriff von unten? Andererseits waren sie nun außer Rand und Band. Sie hatten dieses Flugzeug einem Haifisch gleich durch ihren Jägerschwarm stoßen sehen, und sie konnten nicht wissen, daß ich hilflos nach einer Taktik suchte, sie abzuschießen. Wenn es nur nicht so mühevoll gewesen wäre, Höhe aufzugeben ohne dabei zu schnell zu fliegen. Die Steuerdrucke wuchsen mit zunehmender Geschwindigkeit in einem Maße an, daß es großer physischer Kraft bedurfte, das Flugzeug im Kurvenflug in die für den erneuten Angriff notwendige Lage zu bringen. Eigentlich war es unwahrscheinlich, daß ich einen »erwischte«. Sie wußten nun, daß ein Flugzeug sie bedrohte, das phantastisch schnell war, und deswegen benahmen sie sich auch wie ein Schwarm wilder Bienen. Aber sie hatten auch sehr viel Selbstbewußtsein gewonnen. Sie waren tief in das Reich vorgestoßen und flogen in Sichtweite der Reichshauptstadt. Die deutschen Jäger ließen sich nur noch selten sehen, sie waren fast ausschließlich zur Abwehr der Bomberströme aus dem Westen eingesetzt.

Im weiten Ausholen war ich über die Oder nach Westen getragen worden und höchstens noch eintausend Meter hoch. Ich mußte jetzt steigen, um mitten in den russischen Jagdschwarm zu geraten. (Blomert ist »dran«.)

Als ich die Gashebel nach vorn schob und die »Me« auf die Fläche legte, um die Richtung zu ändern, sah ich die Schatten russischer Schlachtflugzeuge die große Chaussee nach Westen entlangeilen. Es mochten sechs oder acht sein. Man sah nun deutlich die Konturen der Flugzeuge, trotz des Tarnanstriches. Sie feuerten mit ihren Kanonen und warfen Bomben. Das war ein lohnendes Ziel, und unsere Bodentruppe mußte entlastet werden.

»Blomert, – links um, folgen . . .«

Dieser schien alles dranzusetzen, seine Position zu halten, als ich in enger Linkskurve zu stürzen begann. Es war seine erste Feindberührung; er dachte sicher, »um Gotteswillen, was tut er jetzt?« Die »Stormovichs« tänzelten mit hämmernden Kanonen die Straße entlang. Dort marschierten Wehrmachtsfahrzeuge, meist Lastwagen, die nun anhielten oder in Nebenwege abbogen. Landser rannten über das Feld oder warfen sich platt auf den Bauch. Ein paar schwarze Brandwolken markierten Treffer. Als ich den Kopf nach vorn neigte, um durch das Visier zu schauen, merkte ich, daß ich wieder viel zu schnell flog. Während im Tiefflug die Bäume und Felder unter mir hindurchjagten, wuchsen die Umrisse des letzten Schlachtfliegers unheimlich schnell ins Visier. (»Das

leuchtende Zentrum des Visierkreises auf die Mitte des Rumpfes richten, – jetzt den Schußhebel durchdrücken, indem die Hand sich um den Steuerknüppel krampft, – heftig am Steuerknüppel reißen, um eine Kollision zu vermeiden.«) Der Feuerstoß war sehr kurz. Die »Stormovich« »zeichnete« im Augenblick, in dem ich über sie hinwegzog und die Wipfel des hohen Fichtenwaldes beinahe die Fläche der »Me« streiften. Ich war sehr schnell geworden, die harten Böen, die der Ostwind in Bodennähe erzeugte, trafen wie Schläge. Ich versuchte über die linke Schulter die »Stormovich« im Auge zu behalten und hörte mich ächzen, als in der Kurve die Beschleunigung mit Zentnerlast auf meinen Schultern saß.
Das Schlachtflugzeug berührte das Schneefeld ein paar hundert Meter vor dem Waldrand, zuerst mit dem Propeller, dann jagte sie auf dem Bauch über den Acker, indem sie eine riesige Fontäne stäubenden Schnees in die Luft warf. Nun kam sie abrupt zum Stehen, der Schnee wurde vom Wind davongetragen, und ich sah die Umrisse des Flugzeuges auf dem weißen Untergrund und im gleichen Augenblick die schwarze Gestalt, die aus dem Flugzeugrumpf über die Fläche sprang und durch den tiefen Schnee auf den nahen Wald zustapfte. Als ich, im weiten Bogen ausholend, über das Wrack hinwegflog, beobachtete ich, wie der dunkle Wald den Fliehenden in Schutz nahm. So hatte ich Köhne bei Nowgorod weit hinter den Linien um sein Leben laufen gesehen. Das war im Sommer 1941, im Jahre des siegreichen Vormarsches.

Wir waren um die riesige Wolke über Nowgorod herumgeflogen. Ich ging auf Südkurs, indem ich meinen Schwarm durch ein paar Quellungen dieses gelben Gebirges aus Wasserdampf und Qualm hindurchführte. Der Gestank drang in die Kabine des Messerschmittjägers ein und reizte zum Husten, obgleich wir Sauerstoffmasken trugen.
Als wir unseren Patrouillenflug beendet hatten und im flachen Winkel in die Dunstschicht eintauchten, um den Heimflug zum Feldflugplatz am Ilmensee anzutreten, ragte die

Brandwolke wie ein riesiger, ekelhafter Blumenkohl über uns auf.

Die Stukas waren während des ganzen Vormittags wie die Geier auf die Stadt hinabgestoßen. Als sie im Morgengrauen den ersten Einsatz flogen, lag die alte Hansestadt Nowgorod wie das Sandkastenmodell einer mittelalterlichen Festung unter uns. Die weißen Häuser und die Mauern, die ringartig die Stadt umschlossen, leuchteten in der Sonne. Das war der Augenblick, in dem die Zerstörung begann.

Die Szenerie am Nordende des Ilmensees hatte sich innerhalb weniger Stunden zu furchterregender Großartigkeit gewandelt. Die unberührte Landschaft, die gleich einem Teppich aus endlosen Wäldern, dem spiegelglatten See und den Tupfen goldgelber Kornfelder unberührt den Tag erwartete, war mit einem Schlag in ein Furioso gestürzt, das einer Schlachtenszene Altdorfers in nichts nachstand.

Wir waren gewohnt, nach den Brandwolken Ausschau zu halten, wenn wir uns der Front näherten. Wir kannten diese Wolken, die mit eigenartig penetrantem Geruch den Vormarsch der deutschen Armee begleiteten und über den Panzerspitzen das Werk der Zerstörung markierten. Verbranntes Holz, Stoff, Filz und Hausrat, Zeltbahnen und brennendes Benzin, lodernde Kornfelder und Scheunen waren die Ingredienzen dieser Wolken des Leichengeruchs.

Als wir die ersten Schleier durchstießen, wurde die Erde tiefblau, und für Sekunden konnte man den Flammenrand sehen, der sich durch den Wald fraß und zeigte, wo »die Front« verlief. In diesem Augenblick verspürte Jochen Köhne einen Schlag gegen den Steuerknüppel, gefolgt von einem dumpfen »Ratsch« aus der Richtung der rechten Tragfläche. Als er erschrocken rückwärts blickte, sah er geradewegs in die Gesichter zweier russischer Doppeldecker, die, ohne Unterlaß feuernd, kleine rötliche Flammen aus den Motoren spien.

Seine Messerschmitt bäumte sich heftig auf, denn er hatte in dem Schreck, der ihn durchfuhr, den Gashebel ganz nach vorn geschoben. Die drei Flugzeuge der Formation, die ich

204

führte, wurden gerade vom Dunst verschluckt, als es ihm gelang, nach unten zu schauen, und dann war plötzlich nur der helle, blaugrüne Himmel in der Frontscheibe seiner Kabine. Die Beschleunigungskräfte drückten ihn heftig in den Fallschirm, und er hatte Mühe, die Hand am Knüppel zu halten. Er wußte, daß sein Flugzeug eine völlig unkontrollierte Figur flog, daß der Steuermechanismus zerschossen war, und daß er in dreitausend Meter Höhe vielleicht noch eine Chance hatte, die Messerschmitt wieder in seine Gewalt zu bekommen.

Ich hatte Köhnes Unglück erst bemerkt, als dieser, der Macht der Beschleunigung hilflos ausgeliefert, in steilem, senkrechten Flug kerzengerade in den Himmel schoß.

Erst dann sah ich die beiden russischen Jäger, und alles, was ich nun über Sprechfunk an Anweisungen und Ratschlägen gab, war im Grunde sinnlos, wenngleich es Köhne das Gefühl gab, »daß seine Staffel noch da war«, seinen Unfall beobachtete und Anteil nahm. So registrierte Köhne die wenig hilfreichen Ratschläge und Befehle in seiner Situation völligen Ausgeliefertseins lediglich als Geräusch, ohne in der Lage zu sein, mehr in diesen Sprachfetzen zu sehen als den dünnen Faden, der ihn noch mit seiner Staffel verband.

Nun war es auf einmal das riesige Wolkengebilde, das sich, über die Plexiglashaube wandernd, vor die Frontscheibe der Kabine schob, dort einen Atemzug lang still stand und dann ruckartig seiner Sicht entzogen wurde (»Sie hat zu trudeln begonnen, sie trudelt, du mußt etwas tun...«).

Was nun folgte, erlebte er im Zustand einer Hilflosigkeit, die ihn – unfähig zu handeln und durch eine gleichbleibende Beschleunigung auf den Sitz gepreßt – wie durch einen grauen Schleier das unkoordinierte Flugprogramm seines todkrank geschossenen Flugzeugs wahrnehmen ließ. Den Kopf fest gegen die Panzerplatte gepreßt, konnte er die Instrumente nicht erkennen; die Beschleunigung, erzeugt durch eine Folge von Loopings, engen Spiralen und Kurven, führte Himmel und Horizont und blauviolette Wälder und die gelben Dämpfe der Brände der Schlacht an seinem Auge vorüber, ohne daß er sich der Gefahr voll bewußt wurde.

Als der Motor stotterte und dann völlig stillstand – nur die Luftschraube drehte sich noch ein paar Mal im Fahrtwind –, ging es wie ein Zittern durch den Flugzeugrumpf. Die Flächen erzeugten eine schlagende Bewegung um die Längsachse des Flugzeugs, die schmalen Vorflügel an der Flächenvorderkante sprangen heraus, und dann lag die Maschine still, – sie glitt auf dem Rücken in flachem Winkel dem Boden entgegen.

Köhne saß noch Sekunden wie paralysiert, ehe er gewahr wurde, daß die Zentnergewichte der Beschleunigung von seinen Schultern genommen waren. Im Rückenflug nahm das Flugzeug ein paar Augenblicke lang den Zustand völliger Schwerelosigkeit ein. Wie selbständige Wesen schwammen die Gegenstände vor seinen Augen träge und haltlos in der Kabine herum – die Karte, die auf seinen Knien gelegen hatte, die Fliegermütze (das Schiffchen), die er neben den Fallschirm zu klemmen pflegte, und die kleinen Staub- und Schmutzteile, die von den Mechanikern nicht sorgfältig entfernt worden waren. Die Erkenntnis, daß seine Me »flog«, und nicht mehr steuerlos »mit ihm durchging«, fiel zusammen mit dem verzweifelten Versuch, sie nach seinem Willen bis zur Notlandung zu manövrieren.

Indem er mit aller Macht in die Seitenruder trat, bewirkte er, daß sein Flugzeug wieder wie das ihm untergeordnete Wesen dem Befehl gehorchte und bald aus der Rückenlage in den Normalflug überging. Jedoch konnte er es nur in einer großen Rechtskurve fliegen. Sobald er versuchte, es geradeaus zu halten, indem er kräftig in die Seitenruder trat und den Knüppel nach links drückte, bäumte sich die Maschine auf, und er mußte befürchten, daß sie wieder ins Trudeln geriet. So bewegte er sich in zwei großen Spiralen – nun schon beinahe in Bodennähe – um den fast kreisrunden Flecken, der gelb inmitten der dunklen Kiefernwälder unter ihm lag und die Möglichkeit einer Notlandung bot. Als er über die Baumwipfel auf das Maisfeld zuschwebte und aufatmend feststellte, daß die Notlandung mit eingefahrenem Fahrwerk gelingen würde, überfiel ihn schlagartig die Erkenntnis, daß er weit hinter den Linien in einem Gebiet, das der Gegner beherrschte, wenig Chancen hätte zu entkommen.

Alles geschah nun sehr schnell. Die Flächen der »Me« berührten die Maisstauden und wirbelten sie hoch in die Luft. Dann krachte der Rumpf auf den trockenen Lehmboden, der Propeller pflügte eine tiefe Furche, und die Geschwindigkeit wurde so scharf gebremst, daß er mit Wucht in die Anschnallgurte gepreßt wurde. Als die gelbe Staubwolke sich legte und alles mit einer dünnen Schicht roten Mehls bedeckte, hatte er schon die Kabine, deren Dach beim Aufprall des Flugzeugs auf den harten Boden davongeflogen war, verlassen, und schickte sich an, den schützenden Wald auf dem kürzesten Wege zu erreichen. Noch aber verdunkelte der Staub die Sicht.

Die paar niedrigen Bauernkaten in der Mitte der Lichtung, deren Dächer er kurz vor dem Aufsetzen einige hundert Meter voraus gesehen hatte, blieben hinter einem Gebüsch verborgen. Ohne zu zögern eilte er auf der Spur, die das Flugzeug hinterlassen hatte, zurück und hastete durch den hohen Mais auf den Waldrand zu. Bevor er diesen erreichte, verhielt er einen Augenblick und hielt den Atem an, obgleich seine Brust durch das Dahinstürmen in der Hitze zu bersten drohte. Es war still, kein Windhauch bewegte die Blätter. Er stieß die Luft keuchend aus den Lungen und stürzte sich ins schützende Dunkel des Waldes.

Obgleich er einen Fluchtkompaß – eigens für Flugzeugführer für den Notfall einer Landung hinter den Linien konstruiert – am Handgelenk trug –, hastete er ohne Pause durch das Unterholz, um erst einmal Abstand von der Ortschaft zu gewinnen. Er kümmerte sich nicht um die Himmelsrichtung, während ihm die Äste ins Gesicht schlugen und er nur darauf bedacht war, keine freie Fläche zu überqueren, sondern immer tiefer in den Wald einzudringen. Dann begann sein Gehirn zu arbeiten. »Du lebst, du hast eine Chance.« Zugleich sah er das Bild der Landkarte vor seinen Augen. Die Front mußte mehr als hundert Kilometer entfernt sein – und die Wälder dehnten sich endlos vom Ilmensee bis an den Stadtrand Leningrads. Der Vormarsch des deutschen Heeres war an die Straße gebunden, die am See entlang in nördlicher Richtung auf Nowgorod führte. Er mußte versuchen, auf diese Straße zu treffen, indem er nach Südosten wanderte.

Es mochte eine halbe Stunde vergangen sein, als er zum ersten Mal wagte, sich zwischen die hohen Farnkräuter auf den Boden zu werfen. Als sein Atem gleichmäßiger ging, der Wind die hohen Zweige der Kiefern bewegte, und der Wald ihn totenstill umfing, erhob er sich und wandte sich mit Hilfe des Kompasses nach Südosten.

Der Marsch war mühselig und zehrte sehr bald an seinen Kräften. Er hatte während der ersten Nacht versucht, möglichst viel Distanz im Schutze der Dunkelheit zwischen sich und den Ort der Landung zu legen. Gegen Mitternacht war er im Unterholz in einen flachen Schlaf gefallen. Das Erwachen des Waldes, die Stimmen der Tiere und die Bewegung der Zweige im Morgenwind hatten ihn aufgeweckt. Er hatte mit angehaltenem Atem gelauscht und dann die Flucht fortgesetzt, bis ihn die Müdigkeit und Durst zwangen, erneut zu rasten.

Zwar fand er Rinnsale und sumpfige Gräben, aus denen er seinen Durst löschen konnte, doch quälte ihn nun der Hunger. Die Schokolade aus der runden Blechdose hatte er bald gierig verschlungen. Die Suche nach Beeren war wenig erfolgreich. Als er gegen Abend des zweiten Tages das Gelb eines reifen Weizenfeldes durch die Zweige schimmern sah, kroch er auf allen Vieren durchs Gebüsch in die schützende Kulisse der Ähren. Er lag erst ein paar Minuten still und horchte. Dann begann er die dicken reifen Halme herabzubiegen und rieb die Ähren zwischen den Handflächen. Indem er die Grannen und Schalen wegblies und die reifen Körner in seinem Taschentuch sammelte, hatte er nach kurzer Zeit eine

Handvoll Weizen, den er nun gierig zu essen begann. Zwischendurch hielt er den Atem an, aber es war so still, daß er das Klopfen seines Herzens zu hören vermeinte. Dann war plötzlich das dumpfe Grollen des Artilleriefeuers da. Er wendete den Kopf nach links und rechts, um die Richtung zu erkennen, kroch auf allen Vieren zurück in den Wald und setzte seinen Marsch fort.

Er hätte nicht sagen können, ob er geschlafen hatte. Der Wald war voller Geräusche gewesen. Eigentlich hatte er keine Angst, solange es dunkel war. Der Mantel der Nacht umfing ihn schützend, und wenn er sich unter den Bäumen ins niedrige Gebüsch kuschelte, hatte er zuweilen das wohlige Gefühl der Geborgenheit – jedenfalls solange die Morgendämmerung noch fern war. Aber da es ihn immer wieder trieb, die Nacht zu nützen, um die Front zu erreichen, schreckte er aus dem Halbschlaf hoch und suchte seinen Weg durch den Wald, der endlos schien. Einmal war es das dumpfe Grollen auflebenden Artilleriefeuers, das ihm die Richtung wies, ein andermal der Kompaß, der am Handgelenk in der Dunkelheit des Waldes phosphoreszierend leuchtete.

Er wußte, daß er nicht fest geschlafen hatte. Das grelle Sonnenlicht tastete durch das Sieb der Blätter über sein Gesicht, und plötzlich starrte er wie im Wachtraum auf die stämmigen, schwarzen lehmbefleckten Stiefel, die vor seinen Augen (so, daß er sie mit der Hand hätte berühren können) im Farnkraut standen. Der Geruch schweißigen Leders fiel ihn unvermittelt an, und ihm war mit einem Male bewußt, daß dies nun das Ende sei. Während er nur den Fuß und die verschmierten Schäfte der Stiefel sah – das Farnkraut verwehrte ihm die Sicht – lag er wie erstarrt und hielt den Atem an. Und dann sah er die runden schönen Augen des Hundes auf sich gerichtet. Es war ein großer Spitz, oder eine Mischrasse mit dem Gesicht eines Spitzes und einem geringelten Schwanz, der buschig über dem Rücken stand. Das Fell war mehr rot als braun, die dünnen Läufe waren mit weißem Haar bedeckt.

Der Hund hatte den Kopf durch die Zweige des Farns geschoben, stand – nur wenige Zentimeter vor seinem Gesicht – und starrte ihn mit großen braunen Augen an. Dann ging plötzlich ein Zittern durch seine dünnen Beine, und sein Schwanz begann heftig zu wedeln.

Köhne war versucht, seine Rechte vorsichtig zur Hosentasche zu bewegen, in der er die Pistole trug. Aber da hatte der Hund sich schon vorgestreckt und begann sein Gesicht zu lecken, erst langsam und vorsichtig, dann heftig und liebevoll, wobei er winzige Laute ausstieß. Er hatte sich auf die Hinterläufe niedergelassen und schob nun langsam seinen Kopf und die Vorderpfoten durch die hohen Farnkräuter, bis seine sanften Augen in unmittelbarer Nähe von Köhnes Gesicht waren.

Erstarrt hielt dieser den Atem an und ertrug die Liebkosung des Hündchens, während ihm das Herz zum Halse schlug, weil er glaubte, daß nun Gefangenschaft oder Tod unausweichlich seien. Er wagte nicht, die Augen zu erheben aus Furcht, er könne sich dem Soldaten verraten. Er blickte nur auf die stämmigen Waden in den Stiefeln und wurde plötzlich wieder des penetranten Geruchs von Schweiß und Leder gewahr, so daß er fast Brechreiz verspürte.

Als die sanfte Stimme über ihm zu sprechen begann, war es beinahe wie eine Erlösung. Die russischen Laute, wohlklingend und liebevoll, schienen an den Vertrauten gerichtet und klangen wie »laß das«, oder »komm«. Und dann setzten sich die schweren Beine in Bewegung, der Schatten des Soldaten wanderte über Köhne hinweg, und das Geräusch von Stiefeln, die durchs hohe Gras streiften, entfernte sich. Das Hündchen hatte wie enttäuscht aufgehört, Köhnes Gesicht zu lecken, und blickte durch das Gesträuch seinem Herrn nach, ohne jedoch Anstalten zu machen, sich zu erheben. Als die Stimme des Soldaten, nun schon einen Steinwurf entfernt, erneut im Befehlston klang, erschrak das Tier, schnellte auf

alle vier Beine und trottete widerwillig hinter seinem Herrn
her, nicht ohne nochmals zu verhalten und sich schnell noch
einmal auf die Hinterhand niederzulassen. Dann riß ein Pfiff
aus der Richtung des davonstapfenden Soldaten den Hund
herum, und Köhne sah nur noch für Sekunden die buschige
Rute im Takte der Schritte davoneilen.

Von jetzt an bewegte er sich mit einem Höchstmaß an
Vorsicht. Er mied jede Lichtung, jede freie Fläche, die Gefahr
bedeutete, entdeckt zu werden. Meist schlief oder döste er
am Tage, verborgen im Farnkraut, um dann die Nacht zu
nützen, indem er den Marsch zur Front, dem Artilleriefeuer
entgegenmarschierend, ohne Pause fortsetzte.

Am vierten Tag begannen die Anstrengungen des Marsches,
ohne mehr als Beeren und Korn als Nahrung und ohne genügend Wasser, unerträglich zu werden. Seine Glieder
schmerzten bei jeder Bewegung, und er war todmüde. So
mußte er häufig rasten, schlief kurz in der Hockestellung, um
dann doch mit letzter Kraft dem Artillerie- und Gewehrfeuer
entgegenzugehen. Die Richtung, aus der nun der Kampflärm
zu ihm drang, hatte sich geändert, – der Vormarsch schien
im Gange zu sein.

Als in der Ferne plötzlich die Straße auftauchte, – sie erhob
sich, weil sie aufgeschüttet war, weit über die Spitzen der
niedrigen Fichten, und er sah Kolonnen von Lastwagen nach
Norden rollen – legte er sich ins schützende Gestrüpp,
stellte dann fest, daß diese Lastwagen der Wehrmacht ange-
hörten, und eilte in kleinen Sprüngen durch das tiefe Gras
atemlos den rettenden Landsleuten entgegen. Am Rande der
Straße hockte er sich nieder, weil ihn die Kräfte verließen,
aber die Landser nahmen lange Zeit keine Notiz von der jäm-
merlichen Gestalt.

Köhne erreichte unseren Feldflugplatz, der südlich vom
Ilmensee lag, noch am gleichen Tage. Als er aus dem Beiwagen eines Kradmelders stieg, staubig und abgerissen, war
er nicht zu erkennen. Seine Zähne waren schwarz vom Wei-
zen- und Gersteessen. Er fiel uns um den Hals und wankte zu

seinem Zelt, wo er widerwillig Auskunft gab, nur gierig trank und aß, um dann in einen langen Schlaf zu fallen.

Blomert hatte Mühe, Anschluß zu gewinnen und meldete mir auf dem Rückflug, daß er nur noch wenig Brennstoff habe. Wir erreichten Brandenburg mit der letzten Benzinreserve.

Wir beschäftigten uns mit den tausend unwesentlichen Dingen, die bei der Aufstellung einer Staffel getan werden mußten, sollte sie ein Instrument für den Kampf werden. Die Arbeit war zugleich Therapie gegen das Nachdenken und gegen das wachsende Bewußtsein, »Parias« zu sein. Der winzige Verband schloß sich vom Beginn seiner Existenz eng zusammen. Sie wußten alle, daß man uns »oben« nicht traute, daß wir uns zu bewähren hatten, aber auch, daß kein Hahn danach kräht, wenn wir – aufgebraucht, dezimiert, gefallen – nicht mehr existieren würden.

Gegen Ende März begann der General mit dem Gedanken zu spielen, die Staffel »zum Schutz der verbleibenden Flugzeug-Industrie« nach dem Süden des Reiches, nach Bayern zu verlegen. Die Gefahr, daß Sowjets und Angelsachsen durch den Stoß in Richtung auf Berlin den Kessel des Widerstands in zwei Teile schneiden würden, wuchs.

Und wir wollten nicht in der Nähe der Reichshauptstadt miterleben, wie das deutsche Schicksal besiegelt würde.

Seine Beziehungen müssen doch noch sehr gut gewesen sein, denn Anfang April begannen wir die Verlegung nach Süddeutschland vorzubereiten. Obgleich der Verband kaum begonnen hatte zu existieren, war es doch ein ausgewachsener Güterzug, der schließlich den Bahnhof verließ, beladen mit technischem Gerät, Ersatzturbinen, Waffen und Schleppern, Fahrzeugen und Kammergerät – kurzum allem, was wir in der Kürze der Zeit aus den Depots zusammengeholt hatten. Zwei Tage später folgte ich mit dem fliegenden Verband, der aus zwölf Düsenjägern bestand. Ich hatte auf günstiges Wetter gewartet, um sicher zu sein, daß wir München-Riem, unseren neuen Einsatzplatz, ohne Zwischenlandung erreichten – denn es gab wenige Plätze mit Kerosin zum Antrieb der Turbinen. Als wir am Morgen starteten, war das Wetter genau so, wie es mir der Meteorologe am Vorabend vorausgesagt hatte. Weil es noch früh war, rechneten wir nicht damit, auf amerikanische Jäger zu treffen. Wenn diese sehr zeitig gestartet waren, konnten sie etwa gleichzeitig mit uns über dem Flugplatz München-Riem eintreffen. Wir mußten also doch auf der Hut sein.

Dieser Flug, der uns in weniger als einer Stunde von Brandenburg nach München brachte, sollte mir unvergessen bleiben. Als ob ich noch einmal dem Schicksal entronnen sei, war ich in Hochstimmung, obgleich ich doch genau wußte, daß die Tage des Reiches gezählt waren.

Aber wir waren dabei, uns dem Zugriff der Führung zu entziehen und – als ob wir spürten, daß unser kleiner Verband die letzte verbliebene Kampfkraft der Luftwaffe, also »*die* Luftwaffe« war - flackerte noch einmal der Wille auf, zu kämpfen, den »Beweis zu führen«.

Die Wolken hingen tief über den Hügeln des Süd-Harzes, als wir meine Heimat, die »Goldene Aue« am Kyffhäuser überflogen. Nicht mehr als einhundert Meter blieben uns dann, um zwischen den Gipfeln des Thüringer Waldes und der dunklen, geschlossenen Wolkendecke hindurchzuschlüpfen.

Friedlich und unschuldig lag die Landschaft im ersten Frühlingsgrün. Die Wälder und Wiesen und Dörfer huschten unter uns dahin, als wir mit mehr als achthundert Stunden-Kilometern über die Südhänge des Waldgebirges nach Oberfranken hineinflogen. Lichtenfels, Schloß Banz und Vierzehnheiligen! Hier war ich mit meiner jungen Braut auf Scheffels Spuren gewandert. Erlangen, Nürnberg, Ingolstadt – München.

»Insgesamt wurden 1294 Düsenflugzeuge des Typs 262 gebaut. Es gab in der Royal Air Force und in der United States Air Force kein Jagdflugzeug, das diesem Düsenjäger gewachsen war. Wäre es gelungen, das Flugzeug in Mengen herzustellen, dann hätten sie zweifellos viele hunderte amerikanischer und britischer Bomberflugzeuge abgeschossen.«

Anthony Verrier,
Bomberoffensive 1939–1945
Frankfurt/M., 1970

München-Riem,
Anfang April 1945

Als der Wecker schrillte, widerstand ich nur mühsam der
Versuchung, liegen zu bleiben, denn erst gegen Morgen
war ich erschöpft in einen flachen Schlaf gefallen. Durch
das Fenster drang fahles Morgenlicht. Im Osten zeichneten
sich die Konturen der Bäume und Häuser klar wie ein
Scherenschnitt gegen den blaugrauen Morgenhimmel ab.
Es war wolkenlos. Wir würden fliegen, denn die Bomber
würden wie jeden Tag kommen, in zwei oder drei Stunden.

Ich schlüpfte in die Lederhose und zog den breiten Reiß-
verschluß zu, so daß die Hosenbeine über den Pelzstiefeln
fest um die Knöchel anlagen. Die Lederjacke mit dem
Plüschfutter war unförmig und schwer, aber sie schützte
gegen die Morgenkühle. Dann schlang ich das Koppel mit
der Pistole um die Hüfte (Wozu eigentlich?). Wir wollten
heute versuchsweise Raketen gegen die Bomber abfeuern,
Fährmann würde mit mir fliegen.

In Riem gab es – zum ersten Mal während des Krieges –
kein ›Offiziers-Kasino‹. Obgleich die bescheidenen Räume –
oder Zelte – selten noch mit der anspruchsvollen Bezeichnung
Schritt gehalten hatten. Sehr bald waren die ›Kasinos‹ zu Flug-
zeugführer-Kantinen geworden, in denen sich die Dienstgrad-
unterschiede zwischen den Piloten mehr und mehr verwischten.
Jedem war klar, daß dieser Flugplatz die Endstation unserer
Reise sein würde – aber die Gemeinschaft begann trotzdem
nicht auseinanderzufallen. Wir sprachen miteinander wie
stets in den vergangenen fünf Jahren und machten die alten
vordergründigen Scherze in der Sprache, die durch das
Metier des Fliegens geprägt war, und die der Krieg roh und
zynisch gemacht hatte. Wir schoben eine ernsthafte Aussprache über »die Zeit nach dem Kriege« immer wieder hin-

aus, und doch begann jeder in Gedanken Vorstellungen über Kapitulation, Gefangenenlager und Verhör zu entwickeln.

Als wir von Brandenburg kommend in München-Riem einfielen, hatte der Flughafen-Kommandant für die Piloten »Privat-Quartiere« vorbereitet, denn es gab keine Garnison in der Nähe (von der SS-Reitschule Riem abgesehen – von der noch die Rede sein wird).

Wir hatten die Quartiere bei Wirtsleuten bezogen, die meist zurückhaltend (höflich oder auch mürrisch) diese – wie sie ahnten, wohl letzte – »Einquartierung« begrüßten, indem sie eher »Grüß Gott« als »Heil Hitler« sagten und uns allein ließen. Da wir über die umliegenden Dörfer verstreut untergebracht worden waren, zwang uns die Entfernung am frühen Morgen, noch bevor die Sonne aufgegangen war, mit Fahrrädern, Motorrädern oder Automobilen mit Holzöfen auf dem Heck dem Flugplatz zuzustreben. Die ›Mustangs‹ und ›Lightnings‹ erschienen gewöhnlich sehr früh über dem Platz; deswegen begann die Bereitschaft im Morgengrauen. Nur der Nebel oder tiefliegende Wolken bewegten manchen, es zu riskieren, sich noch einmal im Bett umzudrehen, um dann doch noch rechtzeitig am Platze zu sein, falls das Wetter den Einsatz erlaubte.

Selten hatte es eine Gemeinschaft von jungen Männern gegeben, in der jeder so viel über den anderen wußte. Der General, der die kleine Staffel führte, war das Idol der Jagdflieger. Seine Konterfeis kaufte man auf Postkarten, man sah ihn im Kino, wenn die Wochenschau gezeigt wurde, und man konnte in den Groschenheften über den jungen Helden dieses Krieges lesen, wie er als kleiner Junge schon Begeisterung für das Waidwerk entwickelte. Wie er dann später im Wettbewerb mit dem gleichaltrigen Mölders Luftsieg nach Luftsieg errungen hatte. Man verzieh ihm seine Extravaganz: die unmöglich deformierte Mütze, den hoch am Hals geschlossenen Uniformrock, (er trug das Ritterkreuz mit den Brillanten unter dem Rockkragen, so daß es höchst dekorativ

218

auf dem Blau der Bluse hing) und die schwarze Zigarre, die er nur selten aus dem Mund nahm. Daß die Damenwelt ihn für unwiderstehlich hielt, und daß er die Zuneigung mancher Schönen von Film und Hautevolée ohne Zögern zu erwidern geneigt war, brachte ihm eher unsere Hochachtung ein als etwa prüde Entrüstung, eine Wertschätzung, die von den verlogenen Puritanern der höheren Luftwaffenführung nicht geteilt wurde.

Erich Hohagen gehörte zu denen, die wir aus dem Jagdfliegerheim am Tegernsee für die Staffel auswählten. Sie waren dort – gewissermaßen als letzte Reserve in dieser Ecke der Festung »Alpen« zusammengedrängt – in dem Zustand des »Après nous le déluge«, tranken unmäßig und liefen Gefahr, völlig zu verlottern.

Als ich im September 1944 auf dem Bahnhof in Augsburg ankam, um auf dem Flugplatz Lechfeld auf die »Me 262« umgeschult zu werden, stand Erich im trüben Licht einer Laterne, die notdürftig die kahle Vorhalle des Bahnhofs erhellte, vor mir. Wie ein Student nach einer schweren Mensur trug er eine schwarze Haube, die tief in die Augen gezogen war. Das blonde Haar drang unter dieser Haube hervor. Gegen jede Anzugordnung (an die sich die Jagdflieger schon lange nicht mehr hielten) umrahmte ein Fuchspelz den Kragen seiner gelben Lederweste (englisches Beutegut – wahrscheinlich Dünkirchen). Und er trug Pelzstiefel. So war eigentlich nur das Stück Hosenbein, das man sehen konnte (luftwaffenblau), vorschriftsmäßig und das Ritterkreuz, das auf dem Fuchspelz hing. Als er mit einer Focke-Wulf nach einem Luftkampf notlanden mußte – er landete auf dem Bauch des Flugzeugs auf einer kleinen, viel zu kurzen Wiese und bohrte Luftschraube und Motor in eine Böschung –, schlug er mit dem Schädel gegen das in die Kabine ragende Reflex-Visier, das ihm die Stirn zertrümmerte. Nun hatte der Chirurg Teile der Stirn durch Kunststoff ersetzt und die Haut über der Verunstaltung geschickt zusammengezogen. Dennoch hatte sein ehemals männlich-ausgeglichenes Gesicht

»die Balance verloren«. Die Gesichtshälften glichen einander nicht mehr. Erich kam aus der Zivilfliegerei. Fliegen war sein Metier, sein Beruf. Er gehörte zu der Gruppe der Zuverlässigen, erfahren im Kampf gegen die Angelsachsen und erprobt in den Abwehrkämpfen gegen die Ströme der viermotorigen Bomber.

Wir holten auch Major Krupinski, den »Grafen«, aus der Weltuntergangsatmosphäre des Jagdfliegerheims, einer Villa am Tegernsee. Dieses Haus, in dem sich die »abgeflogenen« frontmüden Piloten erholen sollten, war zu einem Zentrum dieser Jagdflieger geworden, die es vorzogen, mit Freunden die wenigen Tage der Entspannung zu genießen, statt zu Hause in der immer bedrückender werdenden Atmosphäre der Familie mit den alltäglichen Sorgen der »Heimatfront« belastet zu werden. So hatte sich im Verlauf der Kriegsjahre eine Scheinwelt geformt, in der man über »die Front« sprach und dem Deprimierenden auswich, das den Alltag im Reich bestimmte. Eine Welt, in der es »alles« gab, Kognak, Sekt, und manche kulinarischen Genüsse. Man feierte dort seine Verlobung oder Hochzeit und verabredete sich mit Freunden. Aber über die Jahre hatten sich die Reihen gelichtet. Neue Gesichter waren da, »neue Helden«. Die Namen der Gefallenen wurden an der Bar mit Ehrfurcht ausgesprochen. Nun lag die Angst vor dem unabwendbaren Ende in der Luft.

Als wir dort an einem der ersten April-Tage gegen Abend eintrafen – wir hatten noch einen Tag Zeit, bis wir technisch einsatzbereit den Kampf gegen die Viermotorigen aufnehmen mußten –, ahnten wir nicht, daß wir den erlesensten Restbestand der Jagdflieger-Piloten antreffen würden. Es war später Nachmittag, als unser Holzgaser vor dem Gartentor anhielt. Der General schritt voran zur Eingangstür, und als er sie öffnete, drang bereits das Stimmengewirr aus der Bar an unser Ohr. Wir drängten uns durch den halbdunklen Flur und hatten Mühe, die Tür zur Bar zu öffnen, so dicht beieinander standen sie um den Bartisch in diesem winzigen Raum.

»... wird das deutsche Volk wenige Minuten vor dem End-

sieg nicht vor den Imperialisten kapitulieren, sondern mit
Hilfe des größten Volksaufstandes aller Zeiten, durch eine
Mobilisation, wie sie die Geschichte noch nicht gesehen hat,
durch den Volkssturm . . .« Hier brach der Goebbels-Imitator,
der mit geöffneter Uniformbluse auf einem Tisch stand, seine
Rede ab, starrte den General ein paar Sekunden mit offenem
Mund an, und fuhr im gleichen Goebbelsschen Jargon und in
singender rheinischer Tonart fort: ». . . an seiner Spitze der
Jeneral der Jagdflieger . . .«
Wie von Geisterhand gezogen wurde der Redner vom
Tisch gewischt, und alle starrten uns wortlos an. Für-
wahr eine erstaunliche Runde der einst berühmten und
gefürchteten deutschen Jäger. In diesem Augenblick entdeckte ich Krupinski. Ich hatte ihn, seit ich im Frühjahr 1943
von Rußland nach Afrika versetzt worden war, nicht mehr
gesehen. Er erschien mir jetzt männlicher, reifer, nicht mehr
wie ein Pennäler mit Notabitur, weich und jungenhaft. Die
Kinnpartie hatte sich stark entwickelt und ließ den zum Mann
gewordenen »bullig« und beinahe rücksichtslos erscheinen.
»Laßt den Unsinn«, sagte der General laut. Und als ob dies
ein Signal gewesen wäre, das ihnen sagte: »ich bin ja einer
der Euren«, setzte das Stimmengewirr unvermittelt wieder
ein. Sie umringten uns, und ehe wir uns versahen, hatten wir
ein Glas in der Hand und wurden an die Bar gedrängt.
»Was tut Ihr eigentlich hier, Graf?«
»Wir warten, bis der Zauber zu Ende ist, Herr Oberst«, sagte
er und ließ seine Augen nicht von dem Tisch in der Ecke, von
dem Frauenlachen zu uns herüberklang.
Während der Luftschlacht um England war er zu meiner Staffel versetzt worden – als Oberfähnrich, ganze achtzehn
Jahre alt, naßforsch und keck, ein nicht sehr talentierter
Jagdflieger. So fiel es ihm schwer, mit seinen Jahrgangs-
kameraden Schritt zu halten und das fertigzubringen, was
man von einem Jagdflieger verlangte: Flugzeuge abzuschießen. Als wir dann nach dem Osten verlegten, war der »Graf«
noch immer das Mauerblümchen seiner Staffel, und ich trug

221

mich mit dem Gedanken, ihn an eine Aufklärungs- oder Bomberstaffel abzugeben, eben weil er als Jagdflieger so völlig unnütz war. Da fand er eines Tages plötzlich heraus, wie es gemacht wird.

Es war im August 1942. Wir lagen auf dem Flugplatz am Stadtrand von Maikop und stellten Jagdschutz für die Gebirgsjäger, die durch den Dschungelwald des Kaukasus ans Schwarze Meer vorzudringen versuchten. Eines Morgens flogen wir im Tiefflug die Schwarzmeerküste entlang, wo die bewaldeten Berge schroff aus dem Meer aufstiegen. Da entdeckte einer der Piloten in einem engen Tal eine Piste, auf der gerade »Ratas« zum Start rollten, jene kleinen Jagdflugzeuge mit dem großen Sternmotor und den Stummelflächen. »Achtung, links im Tal Ratas . . .« Schon zog ich die »Me« in eine hohe Steilkurve, und in dem Augenblick, als ich den Staub sah, den die Propeller der sowjetischen Jäger aufwirbelten, griff ein Spinnennetz roter und weißer Leuchtspurgeschosse nach uns. Der Platz, ein langes, sehr schmales »Handtuch«, war durch starke Flak geschützt. Die »Ratas« begannen zu starten, während wir hinabschwangen. Es war kein besonderes Vergnügen, durch heftiges Flakfeuer über die Baumwipfel auf die Startbahn zuzujagen. Zu allem Unheil meldete sich ein Pilot mit ». . . habe Flaktreffer . . . verliere Kühlwasser . . . fliege nach Hause« ab. Den Kopf weit zurückgelegt, beobachtete ich nun die Szene tief unten im Tal. Eine »Me« schoß am Ende des Platzes über die Wipfel der Bäume und flog tief die Piste entlang, – so niedrig, daß die Luftschraube den Boden zu berühren schien. Die Flak hatte kaum eine Chance, sie zu beschießen. Sie hätte die eigenen Jagdflugzeuge in den Splitterboxen gefährdet. Da zog die »Me« am Ende der Piste steil um einen Berggrat herum und saß hinter einer Rata, die sich anschickte, in den Flakschutz des Tales hinabzutauchen. Sie barst im Feuerstoß des Angreifers als roter Ball auseinander. Der »Graf« hatte den wagemutigen Angriff geflogen. Von diesem Tage an schien er »die Sache

222

herauszuhaben«. Bald befand er sich unter den Spitzen-
reitern der Jagd.

»Graf, Sie sollten Vernünftigeres tun, als hier zu saufen . . .«
»Ich kann mir im Augenblick nichts Vernünftigeres vorstellen,
Herr Oberst.«
»Wie wär's denn, wenn Sie sich unserem Zirkus anschlössen
und bei uns flögen?«
Er starrte mich an, bevor er die Sprache wiederfand.
»Doch nicht etwa die ›Me 262‹?«
»Sicher. Wir suchen noch ein paar Experten!« »Sofort, Herr
Oberst. Barkhorn ist auch hier, der wird bestimmt mitmachen.«
»Sie sollten sich möglichst morgen früh bei uns melden,
Barkhorn können Sie gleich mitbringen. Wir haben genügend
Flugzeuge. Man stellt sie uns auf den Platz in der Annahme,
daß wir damit etwas anfangen können. Ich meine die Bom-
ber, die man bevorzugt damit ausgerüstet hat. Sie brauchen
keine Versetzungsverfügung oder dergleichen. Ich werde Sie
umschulen, und dann sind Sie Flugzeugführer, nichts als Flugzeugführer, – aber Sie müssen sich beeilen.«

Der Graf kam, und auch Barkhorn. Wenig später traf Lützow,
aus der Verbannung in Italien kommend, bei uns ein. Ich nahm
es mit der Umschulung auf die »Me 262« nicht so genau, da ich
fühlte, daß die Zeit verrann, und ich wollte es den Veteranen
leicht machen. Wir besaßen kein »Lehr- und Anschauungsmate-
rial«, die Unterrichtsstunden über das »Triebwerk«, die »Flug-
eigenschaften« und die »Bewaffnung« fanden unter freiem
Himmel statt, indem wir auf den Erdwällen hockten, die um
die Düsenjäger aufgeschichtet waren. Oder wir saßen auf
Bänken aus rohem Holz in der Nähe des Telefons in »Bereitschaft«, und ich erklärte ihnen, wie man die »Me 262« flog.
Was man tun mußte, um sie korrekt zu fliegen, – und was
man auf keinen Fall tun dürfte. Ich sprach von der Schwäche
der »Me 262«, die sehr langsam in Schwung kam, die endlos
lange über den Rasen holperte, ehe man es wagen konnte,

den Knüppel zu ziehen, und das ganz, ganz vorsichtig, weil ein bis zwei Grad Anstellwinkel ausreichten, um genügend Auftrieb zu erzeugen, und weil ein zu hoher Anstellwinkel, verursacht durch rohes Reißen am Knüppel, die Geschwindigkeit ersterben lassen könnte, was tödlich war. Ich sprach von Phänomenen des Fluges in Bereichen der Geschwindigkeit, die keiner von ihnen bisher erflogen hatte. Daß man in großer Höhe die Gashebel möglichst nicht anrühren sollte. Daß abrupte Steuerbewegungen Explosionen im Triebwerk zur Folge haben konnten, die sich durch plötzlich anschwellendes Getöse ankündigten. Und ich warnte vor allzu steilen Gleit- oder Sturzflügen in großer Höhe, da dann die Ruder ohne jede Warnung ihre Wirksamkeit verlieren konnten oder gar entgegengesetzt wirkten.

Sie fragten tausend Fragen. So verbrachte ich Stunden mit diesen Flugschülern. Manche wollten nur genau wissen, wie Start und Landung vor sich gingen. Wieviel der Geschwindigkeitsmesser anzeigen müsse, wenn man abhebe, und mit welcher Geschwindigkeit man sicher anschwebe. Das waren die »geborenen Flieger« oder die Talentierten. Andere, wie Franzl, quälten mich mit denselben Fragen immer und immer wieder. Während ich auf dem Rand der Kabine saß, mußte ich ihm, der auf dem Fallschirm Platz genommen hatte, die gleichen Vorgänge immer und immer wieder erklären.

»Und was geschieht, wenn ich auf diesen Knopf drücke?«

»Und was muß ich tun, wenn die Temperatur eines Triebwerks über 800 Grad ansteigt?« oder: »Wann kann ich das Fahrgestell auffahren?«

Da seine Fragen kein Ende nahmen, beschloß ich, ihn starten zu lassen, damit er die Angst vor den schrecklichen Dingen, die geschehen könnten, überwände. Das Rezept hatte Erfolg. Er flog und kam begeistert zurück, nicht ohne wieder zahlreiche neue Fragen zu stellen, auf die ich meist keine Antwort parat hatte. Die anderen Veteranen bestiegen die »Me 262« ohne Zögern, flogen das Flugzeug meisterhaft und waren nach wenigen Flügen »einsatzbereit«.

Der Frühling kündigte sich durch eine Reihe von Föhntagen im Alpenvorland an. Ein dünner Wolkenschleier reichte von der Donau bis zu den oberbayerischen Seen. Die schneebedeckten Alpen lagen im hellen Sonnenschein. Messerscharf abgeschnitten endete die Wolkendecke unterhalb der Berggipfel. Dem Auge bot sich ein Panorama dar, das an Großartigkeit und Farbigkeit nicht zu übertreffen war. Während am Boden noch blaßblaue Schneefelder mit schwarzen Wäldern kontrastierten, zeigten die Berge eine Palette der schönsten Blautöne in zarten Aquarellfarben. Und darüber stand der grüne Föhnhimmel, in dem ein paar zerrissene Zirruswolken schwammen.

An einem dieser Tage war ich mit dem »Kleinen« gestartet. Wir planten einen Verband von Bombern zu treffen und zu bekämpfen, der der »großen Mahalla« vorausflog, die von England über Frankreich im Anflug war. Sie konnten München zum Ziel haben, Nürnberg oder Regensburg. Viel war da nicht mehr zu zerstören; die Amerikaner standen vor Augsburg und hatten im Norden Würzburg und Kitzingen genommen.

»Möbelwagen über Stuttgart, viele, Richtung München.« Die Reportage unserer Bodenstelle war klar und ohne störende Nebengeräusche.

Wenn ich gleichmäßig bis zum Alpenrand stieg, konnte ich wahrscheinlich gerade über die Wolkendecke gelangen. Sie war sehr hoch. Der »Kleine« hielt sich links von mir, »rückwärts gestaffelt«, wie es die Jagdvorschrift sagte, damit wir im Falle abrupter Manöver nicht kollidierten. Die Triebwerke summten gleichmäßig und ohne jede Vibration. Die Instrumente waren nur zu erkennen, wenn ich mich in der Kabine vorbeugte, denn die grelle Sonne traf die Augen schmerzhaft, als wir die Wolkendecke hinter uns ließen und in den glasklaren Föhnhimmel vorstießen. Sechstausend Meter. In großer Linkskurve, vorsichtig eingeleitet, damit das empfindliche Hochgeschwindigkeits-Flugzeug nicht seine Fahrt verlor, schickte ich mich an, die Wolkendecke zu übersteigen.

Die Alpenkette lag in ihrer ganzen Pracht vor mir. Soweit das Auge reichte, schneebedeckte Gipfel, und jenseits der Bergkämme in den Tälern weiße Nebeltücher, riesigen Seen gleich.

In diesem Augenblick schossen wie ein Schwarm schneller Haie die »Lightnings« unter uns durch. Ich habe immer gerätselt, ob es die aggressive Anlage des Menschen zum Jagen war, die die Reflexe so unmittelbar und schnell aktivierte, oder nur die Erfahrung der in hundert Luftkämpfen trainierten Jäger, die sie in Sekundenbruchteilen richtig reagieren ließ – in der Abwehr wie im Angriff. Sicher war auch der Zustand extrem erhöhter Anspannung für die automatische Reaktion verantwortlich, und die jahrelange Übung des Heranpirschens, Ausweichens, Sich-Verbergens in der Endlosigkeit des Luftraumes hatte bei den wenigen, die überlebten, nicht gekannte Instinkte entwickelt.

Es mochten zehn »Lightnings« sein, jene doppelrümpfigen amerikanischen Jäger, die unseren Kurs kreuzten. Mit dem Ausruf »Lightning, links unten!« befand ich mich in einer hochgezogenen Steilkurve; einmal, um zu vermeiden, daß andere uns, aus der Höhe kommend, überraschen konnten, und um angreifen zu können. Der »Kleine« hatte vergebens versucht, Anschluß zu halten, nun hing er, hoffnungslos »abgehängt«, tausend Meter unter mir und sah sich sicher die Augen aus dem Kopf. Ich durfte keine Zeit verlieren; die »Lightnings« hoben sich vom dunklen Untergrund wie Spielflugzeuge ab, und sie marschierten in geordneter Formation gen Norden (ob sie unseren Flugplatz angreifen wollten?). Sie flogen, als ob sie guten Mutes seien, indem hier und da einer sein Flugzeug graziös auf die Flügelspitze stellte und tänzelnd wieder Anschluß an seine Formation fand.

Es ging alles sehr schnell. Ich konnte auf den »Kleinen« keine Rücksicht nehmen, mein Geschwindigkeitsüberschuß war so gewaltig (zumal ich aus der Höhe herabstieß), daß ich alle Hände voll zu tun hatte. Die Waffen mußten entsichert werden. Das Reflex-Visier – hell leuchtend auf der Panzer-

226

scheibe vor meiner Stirn – wurde entriegelt, worauf es wie wild über die Frontscheibe zu wandern begann. Wir versuchten zum ersten Mal mit einem Kreisel-Visier zu schießen, das Vorhalte berechnete und den Piloten zwang, das Visier mit dem Ziel in Deckung zu bringen, – was auch prompt mißlang, da die Technik noch unvollkommen war. Dann wuchsen die »Lightnings« erschreckend schnell vor der Panzerscheibe, und ich konnte mich nur für Sekunden in Schußposition hinter eine der am äußeren Rande der Formation fliegenden Maschinen setzen. Und als ob sie schon gewarnt wären, schwangen sie heftig herum, nachdem ich das Feuer eröffnete. Pop, pop, pop, machten die Kanonen, pop, pop, pop, in rasender Folge. Da ich versuchte, in enger Kurve der »Lightning« zu folgen, drückte mich die Schwerkraft mit solcher Gewalt auf den Fallschirm, daß ich Mühe hatte, den Kopf nach vorn gebeugt zu halten, um Visier und »Lightning« in Deckung zu bringen. Das Visier schwamm wild über die Scheibe, – ich schoß zu kurz, – ich glaubte, die Geschosse zu sehen, wie sie von der Beschleunigung gefaßt tief unter dem Rumpf der »Lightning« ins Leere griffen. Dann schüttelte das Herausspringen der Vorflügel mein Flugzeug – ich hatte die zulässige Schwerkraftbelastung überschritten.

Die »Lightnings« strebten in engen Spiralen dem Boden zu. Nutzlos, sie zu verfolgen: die »Me 262« besaß keine Sturzflugbremsen. Es war jedesmal qualvoll, die Höhe aufzugeben, ohne dabei wegen der überhöhten Geschwindigkeit in einen unkontrollierten Flugzustand zu geraten.

»Donau eins, haben Sie Luftkampf? Donau eins, bitte kommen . . .« Sie hatten natürlich gehört, daß ich die »Lightnings« gesichtet hatte, und außerdem verfolgten sie wohl meinen Kurs auf den Radarschirmen.

»Hatte Luftkampf mit ›Lightnings‹, – erfolglos.«

»Victor«, antwortete die Bodenstelle, »Victor, – Möbelwagen in Anflug Richtung Regensburg. Haben Sie noch genügend Saft?«

»Noch etwa dreißig Minuten«, antwortete ich.

»Fliegen Sie Kurs 100 Grad.«

»Victor.«

Wo nur der Kleine geblieben war? Ich hatte ein paar tausend
Meter Höhe verloren. Wenn ich jetzt durch die dünne Wolkendecke stieg, könnte ich vielleicht die Bomber noch angreifen.
Die graue Stratusschicht zeigte winzige Flecken blauen Himmels, genügend Raum, um nach oben hindurchzuschlüpfen.
Ich wagte nicht, längere Zeit mit der »Me 262« in den Wolken
nach Instrumenten zu fliegen. Die Erfahrungen im Instrumen-
tenflug mit diesem Flugzeug waren noch mager und nicht
vielversprechend.

Als ich über der Wolkendecke in 8000 Meter Höhe in den
Horizontalflug überging, hing der »Kleine« plötzlich wieder
neben mir. Er wackelte mit den Flächen, offensichtlich hatte
er Schwierigkeiten mit dem Funkgerät. Wenn wir in den nächsten 15 Minuten die Bomber nicht antrafen, würden wir kehrt-
machen müssen. Die grellweiße, sonnenbeschiene Wolkendecke dehnte sich endlos, so weit das Auge reichte.

»Bitte Standort der ›Möbelwagen‹ von Donau eins.«

»Fliegen Sie 60.«

Ich müßte sie jetzt eigentlich sehen. Die Wolkendecke war
ein idealer Untergrund, auf dem sich die Formation klar um-
rissen abheben mußte.

»Donau eins, Sie müssen jetzt auf ›Möbelwagen‹ treffen.«
Als ob sie eine Luftparade flögen, marschierte der Verband
der Viermotorigen heran. Sie zogen lange Kondensstreifen
hinter sich her, und die Schatten dieser Kristallwolken
waren wie die Linien eines Schulheftes auf die grellweiße
Wolkendecke darunter gezeichnet.

»Donau hat Kontakt.«

Der Geschwindigkeitsüberschuß unserer schnellen Jäger
trug uns über die Spitze der Bomberformation. Ich drehte
auf Gegenkurs, um mir einen Überblick von der Größe des
Verbandes zu verschaffen, und schoß, ohne zu irgendeiner
Reaktion fähig zu sein, durch einen ganzen Pulk amerikanischer Jäger, die völlig überrascht und in Panik durchein-

ander gerieten, indem sie in der Flucht, im Sturzflug ihr Heil suchten oder die Flugzeuge herumrissen und wild durcheinanderkurvten.

(»Du mußt versuchen, einen klassischen Angriff zu fliegen, indem du dich in einen Zwischenraum zwischen die Pulks setzt, du mußt dich von unten heranziehen – wegen des großen Fahrtüberschusses ist das kein Problem – und du mußt genau auf tausend Meter herangehen, bevor du die Raketen auslöst! Sonst schießt du zu kurz, und der ganze Anflug war vergeblich!«)

Mir verblieben im Höchstfall noch zehn Minuten, doch ich hatte keine Vorstellung von der Entfernung bis zum Flugplatz Riem. Aber sie flogen Regensburg an, und die Distanz bis Riem mußte aus 8000 Metern in wenigen Minuten zu durchfliegen sein. Doch die »Lightnings« durften nicht gerade den Flugplatz überwachen, denn im Landevorgang war ich mit diesem Flugzeug jedem Angreifer wehrlos ausgeliefert.

Es waren »Liberators«, die vom ersten und zweiten Pulk. Dann folgten in weitem Abstand zwei weitere, aber ich konnte den Typ nicht ausmachen. Wenn ich jetzt herumschwänge und dann die tausend Meter Überhöhung aufgäbe, würde mich dies in die günstigste Angriffsposition bringen.

»Ich greife rechts außen an.«

Keine Antwort vom »Kleinen«, der nun in enger Gefechtsformation folgte, als ich die »Me« hinabstieß und die Geschwindigkeit anwuchs. Zwischen den wolkigen Kondensstreifen hindurch tauchte ich wenige hundert Meter, um dann, als die Bomber steil über mir standen, die Maschine hochzuziehen, so daß ich im »Kielwasser« der »Viermots« ankam. Die amerikanischen Jäger hielt ich für harmlos und ignorierte sie – ich flog ja beinahe doppelt so schnell!

Wie mager unsere Erfahrungen des Luftkampfes in großen Höhen waren, wurde mir bewußt, als die Steuerdrücke der

229

»Me 262« anwuchsen. Eingedenk der Warnungen, »nicht schneller als 870 km/h fliegen«, »Vorsicht, nicht die Gashebel bewegen«, »nicht die Tourenzahl verändern, das Triebwerk kann explodieren«, versuchte ich die Formation der Bomber im Auge zu behalten. Wie Spinnen im Altweibersommer zogen sie die Fäden der Kondensstreifen durch den graublauen Himmel. Die Vorflügel der Fläche sprangen heraus, als ich heftig abfing und zu steigen begann. (»Du mußt die Gashebel zurückreißen«, – was in dieser Höhe gefährlich sein kann!) Die enorme Beschleunigung trug mich mitten hinein in die Nebelstreifen – (»nachdrücken«, »Vorsicht bei negativer Beschleunigung«) – und jetzt standen plötzlich die hohen Heckteile der Festungen, eine ganze breite Front von Haifischflossen, vor meiner Frontscheibe. Wenn der Viermotorige den Kreis des leuchtenden Reflex-Visiers ausfüllte, wenn seine Flächenspannweite gerade den äußeren Rand des Visierkreises berührte, mußte ich die Raketen auslösen. Die Entfernung zum Ziel betrug dann genau eintausend Meter. Die paar Sekunden höchster Konzentration erschienen endlos. Während die Propeller-Böen mein Flugzeug schüttelten, aktivierte ich die Raketen: »Schalter auf Rot, die mittlere der Dreierformation von ›Liberators‹ anvisieren, die ›Me‹ möglichst ruhig halten!« Während sich der Viermotorige im Visier auf und ab bewegte, sah ich aus den Augenwinkeln die Perlenschnüre roter Leuchtspur gleich langen Fingern nach mir greifen. Als ich die Rechte fest um den Knüppel krampfte und den Auslöseknopf drückte, geschah – nichts! Die Raketen zündeten nicht! »Schnell auf Kanonen umschalten.« Der Blick in die Kabine hatte mich mindestens hundert Meter Höhe gekostet. Nun hing ich tiefer als die Bomberformation. Mein Fahrtüberschuß war enorm. Im leichten Hochziehen wanderte die ›Liberator‹ durchs Visier, und die Kanonen polterten für zwei, drei Sekunden: pop, pop, pop.
Im weiten Schwung trug mich der Fahrtüberschuß zwei-dreitausend Meter über die Bomberformation, und ich sah, daß

die angegriffene »Liberator« einen dunklen Schweif hinter sich herzog. Treffer!

Die Formation der Bomber zog unbeirrt ihre Straße. Im Abstand von etwa tausend Metern folgte der nächste Pulk.

»Donau eins, mein Pferd lahmt.«* Undeutlich hörte ich die Stimme des »Kleinen«.

»Haben Sie Anschluß? Sehen Sie mich?« Ich mußte versuchen, ihn heimzugeleiten. Wir hatten nicht mehr als zehn Minuten Flugzeit. Da er nicht antwortete, rief ich noch einmal und flog ein paar Kurven, um den Luftraum hinter mir absuchen zu können.

»Donau, ich werde von Jägern angegriffen...«

Nun hat er nicht viel Chancen, dachte ich. Ich konnte ihm nicht einmal einen Rat geben. Er würde sich wehren, so gut es ginge. Vielleicht tauchte er hinab in die Wolken, oder er stieg aus.

»Donau zwei, hören Sie mich noch, Donau zwei...?«

Keine Antwort. Dafür kam die Bodenstelle:

»Donau eins, steuern Sie 235 Grad. Flugplatz ist frei.«

Ich landete mit der letzten Treibstoffreserve. Man rüstete sich gerade zum Start gegen den Kern des Bomberstromes. Maschinen rollten mit heulenden Triebwerken. Mechaniker rannten geschäftig umher, und Fahrzeuge mit Raketen und Munition holperten über den Rasen.

»Wo ist der Leutnant Fährmann?« fragten die Mechaniker, als ich die Kabine öffnete. Es war die alte, besorgte Frage, wenn von einer Rotte einer allein landete. »... hatte Triebwerkausfall und wurde von Jägern angegriffen...«

Sie fragten nicht weiter, sondern begannen die Bleche von der Haube abzunehmen und die Tankdeckel zu lösen, wie immer nach jedem Einsatz. Das war Routine, und die meisten taten dies schon fünf Jahre lang. Sie hatten die Rundreise bis an die Peripherie des Großdeutschen Reiches mitge-

---

* »Mein Pferd lahmt, – mein Pferd lahmt...«
Code-Wort für: »Habe Triebwerkausfall.«

macht und waren nun gleich mir an der Endstation angekommen. Wie ich mußten sie die Sinnlosigkeit unseres Tuns erkannt haben, denn sie tuschelten miteinander, schüttelten die Köpfe und trotteten zu ihrem Erdbunker.

Fährmann sandte den Notruf ohne Unterbrechung in den Äther, bis er begriff, daß dies ein nutzloses Unterfangen war. Wer sollte ihm schon helfen können? Als er auf die Fläche schaute, sah er das faustgroße Loch und das zerrissene, aufgestülpte Aluminiumblech am Rande des Einschusses. Es war die rechte Turbine, die offensichtlich stand, denn sie erzeugte keinen Schub mehr.

Die Geschwindigkeit hatte sich sehr verlangsamt, und, der Gefahr wohl bewußt, begann er den Luftraum nach Jägern abzusuchen. (»Ich komme nicht mehr bis Riem! Aber sie fliegt noch ... Vielleicht finde ich ein großes Feld, oder ich muß aussteigen...«)

Es gab nur ein oder zwei Piloten, die bisher aus der »Me 262« ausgestiegen waren. Und Fährmann wußte, daß dies eine risikoreiche, kritische Sache war. »Man wird einfach herausgezogen«, sagten die Einen. »Man legt das Flugzeug auf den Rücken und drückt den Knüppel nach vorn«, meinten die anderen. Aber eines wußte er mit Bestimmtheit, daß das Heraussteigen aus diesem schnellen Flugzeug in niedrigen Höhen, wo die Luft dichter ist, dem Anprall gegen eine Mauer gleichkam. Die schwarzen Punkte in dem erbarmungslos grellen Himmel über ihm waren »Thunderbolts«. Es durchfuhr ihn wie ein elektrischer Stromstoß, und während der Mund trockener wurde und sein Herz wie wild zu schlagen begann, rann der salzige Schweiß unter der Kopfhaube herab und brannte in den Augen. Die »Thunderbolts«, amerikanische Jäger, die wir wegen ihrer enormen Fähigkeit, im Sturzflug anzugreifen, fürchteten, hatten die leichte Beute entdeckt. Und während sie ohne Zögern herabstürzten, versuchte Fährmann mit dem waidwunden Flugzeug die schützende Wolkendecke zu erreichen, die sich unter ihm ausbreitete. Er durchflog mit großer Geschwindigkeit die dünnen, gelblichen Schleier und wußte sofort, daß seine Hoffnung, der Meute zu entkommen, vergebens war. Er fand sich in wenigen hundert Metern Höhe, als die Leuchtspurgeschosse von hinten nach ihm griffen.

Alles ereignete sich sehr schnell. Seine Kabine wurde blitzartig erhellt, als ein Brandgeschoß neben seinem Kopf detonierte. Er registrierte den heißen Schmerz im Nacken, sah die Felder unter sich in rasender Fahrt dahingleiten, und dann kam die riesige Pappelreihe auf ihn zu.

Er wußte später nicht mehr, ob es ihm gelang, das Flugzeug noch einmal hochzuziehen, aber seine Hände arbeiteten blitzschnell. »Gurte los, Kabinendach weg!« Was er dann erinnerte, war der gewaltige Aufprall auf die Mauer von Luft, die Kollision mit einer Masse, die seinen Mund weit aufriß, Arme und Beine wild verrenkte und in einem Wirbel Erde und Himmel rasend um ihn kreisen ließ.

Dann folgte die brutale Korrektur dieses Zustandes durch den Ruck der Gurte, die die Innenseite seiner Oberschenkel auseinanderzureißen drohten – der Fallschirm hatte sich geöffnet. Die Pappeln kamen haushoch auf ihn zu, und als der Schirm sich in den Zweigen verfing, pendelte der Körper heftig an den Leinen und Gurten, schwang hin und her, und kam neben dem mächtigen Stamm – nur etwa einen Meter über dem Boden – zum Stillstand. In diesem Augenblick lag die Biegung des Flusses vor seinen Augen. Er sah, wie eine Fontäne schlammigen Wassers sich gen Himmel erhob, und unmittelbar darauf drang der Schall einer dumpfen Detonation an sein Ohr – seine »Me« war in die Donau gestürzt.

Als er Männerstimmen hörte, öffnete er die Augen. In den Fallschirmgurten hängend und nach dem Schock völlig empfindungslos, hatte er sich dem unwirklichen Zustand der Stille mit geschlossenen Augen überlassen. Noch nicht wieder im Besitz des Gefühls für das Gleichgewicht, glaubte er sich mit abnehmender Geschwindigkeit um sich selbst zu drehen, und erst nach Augenblicken überflutete ihn eine

233

Welle des Schmerzes. Es war, als seien Arme und Beine aus den Gelenken gerissen.

Die Männer eilten über die Wiese auf ihn zu und gestikulierten. Er hörte Wortfetzen im bayrischen Dialekt und glaubte »Amis« oder »Engländer« zu verstehen. Als sie nur wenige Schritte entfernt waren, rief er: »Ich bin Deutscher«. Sie hielten sofort an, stellten die törichtesten Fragen, wie »Bist abgeschossen worden?« und »Hats di derwischt?«, und wollten ihn aus seiner Lage befreien, indem sie die Hände nach ihm ausstreckten und zu ziehen begannen.

»Halt, faßt mich nicht an, mir tun alle Knochen weh«, schrie er. Dann konnte er sie überreden, ihn sehr vorsichtig mit Armen und Schultern zu unterstützen, derweil einer das Fallschirmschloß löste. Die Gurte sprangen von den Schultern und Oberschenkeln, und sie ließen ihn langsam zu Boden gleiten.

Es kostete ihn große Mühe, gestützt auf zwei Männer, zum nächsten Einödhof zu gehen. Die Bäuerin steckte ihn sofort ins große Ehebett, und während der Geruch von Spiegeleiern die Stube füllte, schlief er ein. Er wachte auf, weil man ihn vorsichtig an der Schulter berührte: »Ich bin der Bürgermeister von Lohhausen, – ich bin auch Hilfspolizist!«

Fährmann fühlte sich erholt und hatte zum ersten Mal nach dem Absprung einen Anflug von Glücksgefühl (»Ich lebe!«). Sofort kehrte auch seine Aktivität zurück, und er richtete sich im Bett auf. »Rufen Sie bitte München-Riem an; die Telefonnummer meines Verbandes ist so und so. Ich bin Leutnant Fährmann. Sie möchten einen Wagen schicken.«

Der Bürgermeister nickte und notierte.

»Wie lange wird denn das dauern, bis ein Wagen hier sein kann?« fragte Fährmann.

»Ja mei, auf der Straßen sind das scho vier Stunden ...«

Aus der Küche hörte er das Klappern von Kaffeetassen. Sie unterhielten sich leise (»Ist der jung!«). Es gelang ihm aufzustehen und bis zum Sofa zu gehen. Sie erzählten ihm, daß er sicher Umwege fahren müsse, die Brücken seien gesprengt. Außerdem war die SS unterwegs, um Deserteure zu fangen. (»Die machen kurzen Prozeß!«) Der Bürgermeister war davongefahren, um zu telefonieren und hatte versprochen, eine Bescheinigung auszustellen, »daß es sich um den Leutnant Fährmann handele, der abgeschossen sei . . .«

Die Stunden gingen dahin. Fährmann döste auf dem Bett und begann, mit Hilfe mehrerer selbstgebrannter Schnäpse seine Schmerzen zu vergessen, als gegen Mitternacht ein martialisch vermummter Soldat (Stahlhelm, Schal vor dem Gesicht, Kraftfahrermantel, Gasmaske, Pistole) zur Tür hereinstolperte.

»Gefreiter Müller meldet sich mit Beiwagen-Krad zur Stelle – soll Leutnant Fährmann abholen.«

»Nein«, sagte dieser, »das ist doch unmöglich. Wie soll ich die Reise im Beiwagen überstehen . . .?«

»Wir hatten kein andres Fahrzeug, Herr Leutnant.«

Als sie den Beiwagen besichtigten, stellten sie fest, daß er anstelle eines Sitzpolsters eine Werkzeugkiste hatte. Die Bäuerin eilte mit einem Armvoll leerer Säcke herbei, auf denen sich Fährmann, unterstützt von zwei Helfern, ächzend niederließ. Um seine Schultern legten sie eine Decke, und weil er keine Mütze besaß, schlang ihm die Bäuerin ein buntes Tuch um den Kopf, und verknotete es unter dem Kinn.

Der Abschied war rührend (»Fahrts vorsichtig.«). Aber die Fahrt auf holperigen Wegen bedeutete für Fährmann eine furchtbare Qual.

Als sie im Morgengrauen vor einer Brücke einen Sperrposten passierten, stellte sich dieser dem Krad in den Weg und schrie: »Absteigen, sofort absteigen. Bist du wahnsinnig, hier mit einem Weibstück im Beiwagen eines Wehrmachts-Krads durch die Gegend zu fahren? Raus!«

Fährmann war zu müde, zu zerschlagen und gerädert, um richtig zornig zu werden. Er riß das Tuch vom Kopf, holte die Bescheinigung des Bürgermeisters aus der Brusttasche und konnte nur mit letzter Stimme sagen:

»Hier, lesen Sie das, – machen Sie den Weg frei, – ich kann nicht mehr . . .«

235

Als er nach Sonnenaufgang bei uns eintraf, rüsteten wir uns zum Start gegen die ersten Bomber. Zwei Tage später startete er wieder neben mir. Es sollte mein letzter Flug sein ...

Die Alliierten schienen gewillt, den Widerstand rücksichtslos zu brechen, indem sie ohne Pause die Städte im Restgebiet des Reichs bombardierten, während die Russen zur Endoffensive gegen Berlin antraten. In aller Frühe starteten wir zum nächsten Einsatz.

Als der Strom der Bomber das Stadtgebiet Münchens erreichte, war unser Verband nach schier endlosem Steigen auf der Kampfhöhe angelangt. Es war uns gelungen, die stolze Zahl von neun Düsenjägern an den Start zu bringen, und alle hatten die tödliche Last der Raketen unter den Flächen hängen.

Obgleich diese Raketen in der nördlichen Enklave des Reiches, jenem Restbestand mit dem Zentrum Hamburg, gefertigt wurden, hatten wir sie im Lufttransport nach Riem schaffen können. Endlich besaßen wir die Waffe, mit der wir den Abschuß mindestens eines Bombers garantieren konnten, und wir sollten heute zum ersten Mal mit einem ganzen Verband die Bomber angreifen.

Als wir den ersten »Pulk« der Festungen entdeckten, war dieser umrahmt von den Sprengwolken der schweren Flak. Schmutzigbraun standen die zahllosen Tupfen zerfließender Wölkchen wie ein überdimensionales Schneetreiben entlang der Straße, die der Bomberstrom nahm.

Die Bomber glichen Vogelschwärmen, und man konnte sie unendlich weit, schwarz wie Schattenrisse, gegen das intensive Blau der Luft ausmachen. Die Jäger marschierten mit den Bombern und da sie schneller als die Bomber flogen, waren sie hin- und herpendelnd über dem Bomberstrom, wie Stecknadelköpfe zuweilen dem Auge sichtbar und verschwanden schnell wieder. Der General wollte offensichtlich mit dem Angriff warten, bis die Bomber die Flakzone durchflogen hatten. Wir holten im weiten Bogen aus, um die günstigste Angriffsposition zu erreichen, sahen, wie sich am Rande der Stadt der Teppich der Bomben über die Häuserreihen, Gassen und über die Fabriken hinwegwälzte und wie Erdfontänen und Brände die breite Straße der Vernichtung markierten.

Der General soll angreifen, dachte ich. Wir müssen das Flak-Feuer in Kauf nehmen, unsere Flugzeit ist begrenzt und die Spitzenformation der Bomber liegt wie auf dem Präsentierteller vorne unter uns. Die Jäger, die darüber Schutz fliegen, können wir ignorieren.

Galland schien die gleiche Überlegung angestellt zu haben und ging mit »Pauke, Pauke«* im steilen Winkel zum Angriff über. Die Flak schoß wild, und sie schoß gut. Einer der riesigen Vögel der Bomberformation begann die rechte Fläche anzuheben, bis er den Flugzustand einnahm, den wir mit Messerflug bezeichneten, sich schnell von seiner Formation zu entfernen und dem Boden entgegenzustürzen. Mehrere Boeings zogen lange weiße Fahnen, die an der Wurzel der Fläche entstanden, hinter sich her, und plötzlich stand eine riesige rote Detonation da, wo die Führungsmaschine der Spitzen-Formation eben noch geflogen war.

Ich kannte aus zahlreichen Luftgefechten die Schockwirkung derartigen Spektakels auf die Fähigkeit der Bomberpiloten, in geschlossener Formation zu fliegen. Sie begannen nervös und unruhig zu werden, schwankten auf und ab, die Abstände und Zwischenräume wurden ungleichmäßig – die Formation zerfiel. Die zweite Kette unserer »Me's« war in Angriffs-Position und ließ die Raketen laufen. Man sah die lange spiralige Spur des Antriebs der Raketen und das Auftreffen der Sprengköpfe auf den metallischen Körper der Bomber – unmittelbar gefolgt von zwei gewaltigen Explosionen.

Die dritte »Me« schien Schwierigkeiten zu haben, die Raketen loszuwerden, aber sie folgte nicht den ersten beiden, die sich mit ihrem großen Fahrtüberschuß hoch über die Bomber-For-

---

* Schlüsselwort im Funksprechverkehr für: »Ich greife an.«

mation schwangen, sondern sauste geradlinig auf eine einzeln fliegende Boeing zu. Der Zwischenraum schrumpfte in Sekundenschnelle, dann säbelte die »Me« mit der Fläche die riesige senkrechte Heckflosse der Boeing wie mit dem Messer ab. Das Ungetüm aus Metall – bestückt mit mehr als 20 Maschinengewehren und mit einer Besatzung von neun Mann – begann sich schwerfällig in die Rückenlage zu drehen, um dann plötzlich in einen rasenden Sturzflug überzugehen, bis es sich meinen Augen entzog.

Was mit der »Me« nach der Kollision geschah, sah ich nicht mehr, – ich gab Flugzeug und Pilot keine Chance.

Mit angehaltenem Atem hatte ich das Geschehen beobachtet, das sich in Sekunden abspielte. Als dem Führer der Kette hinter dem General fiel es mir zu, das günstigste Ziel auszuwählen, ohne dabei die mir folgende Kette zu behindern.

Riesigen Fackeln gleich standen die Rauchfahnen der abgestürzten Festungen in der ruhigen Luft. Ich konnte in einer leichten Rechtskurve den Rest eines Bomberpulks in die Frontscheibe der Kabine plazieren – sie flogen jeder für sich allein und waren bemüht, mit Höchstgeschwindigkeit auf Westkurs zu entkommen.

Da fiel mein Blick auf die gewaltige Wolke aus Staub und brennendem Benzin, die sich am Rande der Großstadt träge ausbreitete. Durch den schmutzigen Schleier erkannte ich die Hallen, das Rollfeld und die helle Ringstraße, die den Flugplatz umschloß – sie hatten Riem angegriffen!

In diesem Augenblick befand sich der Major Roell auf dem Wege zwischen Feldkirchen und dem Flugplatz Riem. Als »Kommissar« – eine Bezeichnung, die man, entlehnt aus dem Russischen, immer häufiger anwendete, um besondere Vollmachten, die mit einer Dienststellung verknüpft waren, auszudrücken, – war er für das Funktionieren aller Einrichtungen des Flugplatzes verantwortlich. Er suchte mit seinem Fahrer im Graben neben der Straße Schutz vor den Bombern und da es etwa eine halbe Stunde dauerte, bis die Flak das

Feuer einstellte und der letzte Bomberpulk den Rückflug antrat, war er am Straßenrand sitzend dem Schauspiel gefolgt.

Er hatte die Abschüsse gezählt und sah die Fallschirme wie Perlenschnüre hinter den abstürzenden Bombern aufgereiht langsam zur Erde sinken. Als er in Richtung zum Flugplatz schaute, gewahrte er nur eine riesige Wolke, die das Flugfeld, die Hallen und die Abstellplätze der Flugzeuge einhüllte. Es war plötzlich sehr still geworden, das Motorengebrumm der Bomber verklang im Westen.

Roell stand auf und wandte sich – noch unentschlossen, ob er jetzt sofort zum Flugplatz fahren sollte, denn die Sirenen hatten noch nicht Entwarnung verkündet – seinem Wagen zu, als er wenige tausend Meter entfernt die weißen Tupfen von mehreren Fallschirmen bemerkte, die zur Erde glitten. Deutlich sah er die Körper der Abgesprungenen hin und her pendeln, dann entzogen Dächer und Bäume den Augenblick des Auftreffens auf dem Boden seinem Blick.

»Los«, sagte er zu seinem Fahrer, »die holen wir uns, das sind Amis. Am besten fahren wir durch das Gelände der SS-Reitschule.«

Diese Reitschule lag in der Tat in unmittelbarer Nähe des Flugplatzes, und da sie von der SS betrieben wurde, als sei tiefer Friede und als sei Kavallerie eine Wunderwaffe, deren Einsatz man sich noch vorbehalten habe, war sie uns längst ein Dorn im Auge.

Roell war den schmalen Feldweg entlang gefahren, der zur Einfriedung des Rennplatzes und einer Wiese führte, auf der ein Sprung-Parcours aufgebaut war. Als er durch das enge Tor fuhr, hinter dem die Gasse der Ställe, die in fast endloser Folge aneinandergereiht waren, sich hinzog, hörte er Lärm und Schüsse. Er ließ den Kübelwagen zwischen den Ställen halten und eilte auf die Gruppe zu, die sich um eine Stalltür drängte. Dann hörte er wieder die Schüsse.

Die Pferdepflegerinnen und »Bereiterinnen« standen nervös gestikulierend vor dem dunklen Eingang eines Stalles, aus dem Geschrei, Pferdewiehern und Schnauben drang.

Die Türen und Fenster waren geborsten. Die Bombe mußte in unmittelbarer Nähe detoniert sein. Der Erdboden war mit zahllosen Fragmenten von Dachziegeln bedeckt. Trotz dieses verwirrenden Eindrucks wurde Roell vom Anblick der »Bereiterinnen« gefangen genommen. Im Reitdreß, mit engen Pullovern und eleganten Reithosen stellten diese einen der seltsamsten Kontraste zu der eher brutalen Umgebung dar: SS-Leute, gestiefelt und gespornt; ein riesiger Mann mit Schmissen im Gesicht, in Reitstiefeln und in einem blutbedeckten weißen Mantel, offensichtlich der Tierarzt. Der SS-Kommandeur der Reitschule erschien in der Tür, die Pistole in der Hand.

»Er hat die Remonten erschossen«, schrien die Mädchen. »Herrliche Pferde – Gott haben diese Tiere gelitten . . .«

In diesem Augenblick bog ein Opel-Lastwagen um die Ecke am Tor und fuhr den Weg zwischen den Ställen herauf auf sie zu. Es war ein leichter Lastwagen mit einem offenen Ladeteil hinter dem Führerhaus. Ein Infanterist mit einer Feldmütze, die wegen des Fahrtwindes tief über die Ohren gezogen war, stand auf der Pritsche, sein Oberkörper überragte das Führerhaus. Als das Fahrzeug mit einem Ruck anhielt, schwang sich der Landser über die seitliche Planke und landete mit einer tiefen Kniebeuge neben der Stalltür auf dem Boden. Während er sich aufrichtete und die Handflächen, mit denen er sich auf dem schmutzigen Boden abgestützt hatte, an den Oberschenkeln abwischte, redete er laut auf die Umstehenden ein: »Wir haben zwei Amis, – zwei Flieger . . . sie sind abgeschossen und am Fallschirm gelandet, – sie sind verwundet . . .«

Sofort drängten sich die Männer und Mädchen um den Lastwagen und schauten über die Seitenwände.

Einer der Amerikaner saß mit ausgestreckten Beinen, den Rücken gegen das Führerhaus gelehnt, auf der Pritsche; der andere lag gekrümmt in der Ecke und hatte das Gesicht mit den Händen bedeckt. Sie schienen beide verwundet zu sein, ihre olivfarbenen Fliegeranzüge waren mit dunklen Bluts-

240

tropfen gesprenkelt. Der Sitzende war offensichtlich ein starker, großer Mann. Er trug keine Kopfbedeckung, beim Fallschirmabsprung mußte ihm der Luftzug die Fliegerhaube vom Kopf gerissen haben. Sein Gesicht war flächig und grob, die Haare waren kurz geschnitten. Mit großen blauen Augen schaute er sie furchtlos und freundlich lächelnd an, so, als ob Gefangenschaft und alles, was sich nun noch ereignen könne, bedeutungslos sei, nachdem das Leben ihm wiedergeschenkt war.

Der am Boden Liegende nahm keine Notiz von seiner Umgebung. Er stöhnte leise und behielt die Hände vor dem Gesicht. Die Finger waren blutverschmiert.

Unter den Umstehenden herrschte Verlegenheit und Ratlosigkeit. Die SS-Leute flüsterten mit Roell und suchten von ihm Rat.

»Was sollen wir mit den Vögeln denn anfangen? Gibt's denn hier in der Nähe keine Ortskommandantur oder ein Gefangenenlager?«

Während sie noch um den Lastwagen herumstanden und das Getöse aus den Ställen wieder anwuchs, hörte Roell hinter sich Stimmengewirr. Als er sich umwandte, sah er sich einer Gruppe von Frauen gegenüber, die den schmalen Weg gestikulierend heraufgeeilt waren und jetzt außer Atem den Wagen umringten. Sie waren einfache Frauen in geblümten Überkleidern, wie man sie während der Hausarbeit trägt. Ihre Gesichter, erhitzt vom eiligen Lauf, waren gerötet, manchen hingen die Haarsträhnen im Gesicht.

Roell erschrak über den kalten Haß ihrer Augen. Sie schwiegen jetzt, aber eine von ihnen trat vor und sagte: »Wir wollen die Schweine haben. Wir wollen sie fertigmachen, so wie sie unsere ganze Straße in der Siedlung kaputtgemacht haben!« Sofort redeten sie mit hysterischer Aggressivität wieder durcheinander und drängten an den Wagen heran.

Der SS-Kommandeur stand immer noch mit blutbeflecktem Kittel vor der Stalltür und hielt seine Pistole in der Hand. Es wurde plötzlich still und aller Blicke richteten sich wie faszinert auf die Pistole.

»Machen Sie doch keine langen Geschichten«, kreischte eine hohe Stimme.

»Los, einfach umlegen ... Goebbels hat doch gesagt, wie wir mit diesem Gesindel umspringen sollen. Einfach umlegen!«

In der Tat hatte der Propaganda-Minister vor kurzem in zynischer Weise die Deutschen gefragt, ob es denn nicht an der Zeit sei, mit der Humanitätsduselei gegenüber den »Mordbrennern« aufzuhören, die in brutaler Form Frauen und Kinder töteten.

Der SS-Offizier wurde verlegen und suchte sich der Aufforderung zu entziehen, indem er, rückwärts gehend, sich auf die Stalltür zubewegte. Das schien die Frauen vollends von Sinnen zu bringen – sie begannen durcheinander zu schreien: »Los, machen Sie kurzen Prozeß. Die Schweine verdienen nichts anderes!« Plötzlich hatten ein paar von ihnen Zaunlatten in der Hand und hoben Steine auf.

Roell hatte mit wachsender Sorge die Szene beobachtet. Die Augen des amerikanischen Piloten, in denen jetzt der Schrecken stand, waren hilfesuchend auf ihn gerichtet.

Ohne zu zögern sprang er auf das Trittbrett des Lasters und befahl dem Fahrer, der noch hinter dem Steuerrad saß, in barschem Befehlston: »Fahren Sie los, schnell, fahren Sie los.« Der Motor sprang an, ruckartig riß er den Wagen nach vorn, als Steine polternd auf die Pritsche und gegen die Kotflügel flogen.

Sie erreichten unbeschadet die Hauptstraße, wo Roell anhalten ließ, in seinen eigenen Wagen umstieg, der gefolgt war, und dem Fahrer des Lastwagens befahl, ihm zu folgen.

Nachdem das erste Lazarett, vor dem sie anhielten, die Annahme der Gefangenen verweigerte, gelang es Roell dann doch, diese in der Irrenanstalt Eglfing-Haar unterzubringen. Sie waren in Sicherheit.

Die Bomber waren in heillose Verwirrung geraten. Obgleich ich – nun zum zweiten Mal – meine Raketen nicht feuern konnte, hatten die anderen Jäger Treffer erzielt. Die Begleitjäger, »Mustangs« und »Lightnings«, stürzten aus Überhöhung, auf Gegenkurs und wild kurvend auf die »Me's« herab, ohne sie jedoch ernsthaft behindern zu können.

Unser kleiner Verband war »geplatzt«. Wir bewegten uns, mit überlegener Geschwindigkeit zwischen den Bombern und Jägern auf- und abschwingend, durch das Kampfgewühl. Die Dimensionen des Kurvens, Steigens und Stürzens mit den schnellen Düsenjägern waren so weit ausholend, daß Bomber und Begleitjäger zuweilen in der Luft still zu stehen schienen.

Ich konnte mich nicht entschließen, einen zweiten Angriff zu fliegen, weil ich mit einer ausreichenden Kraftstoffreserve zum Flugplatz zurückkehren wollte. Die amerikanischen Jäger würden sicher unsere Schwäche während des Landevorganges nutzen und den Flugplatz überwachen mit dem Ziele, uns vor der Landung abzuschießen.

Ich umflog den Platz mit hoher Geschwindigkeit, um mir ein Bild der Situation zu verschaffen. Das Flugfeld, pockenartig gezeichnet durch die Explosion zahlloser kleiner Sprengbomben, schien nur einen Teil der zerstörenden Ladung abbekommen zu haben. Die angrenzende Siedlung unweit der Reitschule und des Rennplatzes war schwerer heimgesucht. Ich sah eine »Me« über die Platzgrenze einschweben und auf einem Rasenstreifen zwischen den Kratern ausrollen. Minuten später war ich am Boden, und die Mechaniker winkten mich zu einer Splitterbox weit außerhalb des Platzes ein, indem sie mit einem Kübelwagen vorausfuhren.

Sechs der Fliegenden Festungen waren brennend abgestürzt. Zwei weitere hatten den Rückflug schwer beschädigt angetreten. Wir hatten überzeugend nachgewiesen, daß ein konzentrischer Einsatz der Düsenjäger dem Bombenterror Halt gebieten würde.

Gallands Theorie, daß schon achtzig an den Feind gebrachte

»Me's« die Einflüge am Tage stoppen würden, war schlüssig. Hatten doch die Amerikaner nach dem verlustreichen Angriff auf Schweinfurt im Oktober 1943 ihre Luftoffensive für Wochen unterbrochen. Der Verlust von fünfundsechzig Flugzeugen mit je zehn Mann Besatzung, – also sechshundertfünfzig Männer, deren Ausbildung Jahre gedauert hatte, – veranlaßte den amerikanischen Kongreß, die Frage zu diskutieren, ob man derartige Angriffe überhaupt noch fliegen könne.

Alle Flugzeuge, mit Ausnahme der Maschine des Unteroffiziers Schallmoser, kamen vom Einsatz zurück.
Dieser war es, der, unerfahren im Luftkampf, eine Boeing gerammt hatte. Er war dann herausgesprungen und am Fallschirm sicher gelandet.

»Der ›Jagdverband 44‹, (auch Jagdverband Galland genannt,) stellte ein besonderes Unternehmen dar. Nachdem der General der Jagdflieger, Galland, in Ungnade aus seinem Amt entlassen war, wurde ihm gestattet, eine eigene Jagdstaffel aufzustellen. In ihr fanden alle nicht mehr in der Verbandsführung eingesetzten älteren – durchwegs hochdekorierte Jagdflieger-Kommandeure – Gelegenheit zum persönlichen Einsatz gegen die feindliche Luftwaffe.
Dazu gehörte vor allem diejenige Gruppe ehemaliger Kommodore, die es im Januar 1945 unternommen hatten, über den Generaloberst von Greim und den General Koller zu versuchen, dem Oberbefehlshaber der Wehrmacht (Hitler! Zusatz des Verfassers) die Erbitterung der Truppe über die ungerechten Vorwürfe Görings wegen mangelnden Einsatzwillens und Vorschläge für zweckmäßigeren Einsatz der Jagdwaffe vortragen zu dürfen. Dieser Versuch hatte jedoch darin geendet, daß Göring selbst eine Abordnung der Jagdfliegerkommodore unter Führung von Oberst Lützow empfing, sich dessen Vortrag anhörte und die Aussprache damit beendete, daß er dieses Vorhaben als »Meuterei« bezeichnete und Oberst Lützow androhte, ihn erschießen zu lassen . . .
Galland stellte diesen Verband in Brandenburg auf, verlegte dann nach München-Riem und führte mit ihm eine Reihe sehr erfolgreicher Einsätze durch.«

Studiengruppe »Geschichte des Luftkrieges«
Generalmajor a. D. Grabmann
Historical Division of U.S.Army

München-Riem,
18. April 1945

Anfang April hatten die Alliierten die uneingeschränkte Luftherrschaft über dem Reich errungen, ihre Angriffe nahmen ein
vorher nicht gekanntes Ausmaß an. Die Schlußphase des
Krieges begann.
Unser Flugplatz wurde von den »Lightnings« und »Mustangs«
überwacht, sobald Flugwetter war. Wir »schoben Bereitschaft« wie in den ersten Tagen des Krieges. Unser kleiner
Verband war *die* Luftwaffe. Das Stückchen Geographie, das
wir verteidigten, war winzig, nur noch ein Teil Bayerns, und
es schrumpfte täglich. Wie durch ein Wunder hatten wir genügend Munition, Ersatzteile – und Flugzeuge im Überfluß.
Am frühen Morgen ging ich zum Gefechtsstand in Feldkirchen. Die Sonne war gerade als rote Scheibe über den Horizont gekrochen und mühte sich, den Frühnebel, der in dünnen weißen Schleiern über den Feldern und Wiesen um das
Dorf herum lag, zu durchdringen. In spätestens einer Stunde
würden die Jäger da sein. Danach würden die ersten Meldun-
gen des Funkhorchdienstes über den Start der Bomber in
Italien und England eintreffen. Und gegen Mittag würden wir
starten, – wie an jedem Tag.
Wir hatten die Gefechtsaufklärung und -führung zur Perfek-
tion entwickelt, so daß sie im Mißverhältnis zu der Handvoll
Flugzeuge stand, die wir »an den Feind bringen konnten«.
Der Funkhorchdienst lieferte die Warnung vor einem Einflug,
sobald die Bomber Frequenzen abstimmten und beim Start
miteinander zu sprechen begannen. Sie hatten längst die
mustergültige Funk-Disziplin aufgegeben, die sie bis vor kurzem noch gewahrt hatten. Wozu auch, mochten sie denken,
die Luftwaffe ist tot. Munter unterhielten sie sich von Flugzeug zu Flugzeug, als ob sie an der Bar stünden. Sobald die
Radargeräte in unserer »Insel« den Gegner erfaßt hatten,
gaben sie Standort und Höhe durch und die Zahl der zu er-

247

wartenden Bomber. Der gesamte Flugmeldedienst dieser Enklave arbeitete für uns.

Das große Schulgebäude lag am Dorfrand, man konnte bei guter Sicht im Westen den Flugplatz Riem sehen. An der Wand des Klassenzimmers hing die große schwarze Wandtafel mit dem Kasten für Schwamm und Kreide. Die »Lagekarte«, an der langen fensterlosen Wand, eine mehrere Meter hohe Milchglasscheibe, war in Quadrate unterteilt, die mit großen roten Lettern gekennzeichnet waren. Die Städte München, Augsburg, Regensburg und Nürnberg waren faustgroße, rote Flecken.

Die Helferinnen in den weißen Apothekerkitteln wurden stets nervös geschäftig, wenn Lützow und ich eintraten. Sie sahen netter aus, als Blitzmädchen sonst gewöhnlich waren. Die Große mit den sehr strammen Waden und dem »Scholtz-Klink-Zopf«* schob sofort die Brüste aggressiv gegen den gestärkten Kittel, wenn man in ihre Nähe kam. Die sehr schlanke Blonde auf hohen Stöckelschuhen sah übernächtigt und wächsern-blaß aus. Sie schaute mich mit vorwurfsvollen Rehaugen an und machte sich dann ostentativ an der Lagekarte zu schaffen, wobei sie schlanke, schöngeschwungene Waden zeigte, wenn sie sich auf die Zehenspitzen reckte, um mit dem Fettstift den Bomberkurs einzuzeichnen.

Die Gespräche am Abend – meist mit Lützow, manchmal mit dem General – waren entsetzlich fruchtlos. Wir flohen vor uns selbst und vor der Wirklichkeit. Noch fünf Tage, noch eine Woche, noch zwei? – Und dann? Je näher das Unausbleibliche rückte, desto mehr wichen wir diesen Gesprächen aus. Auch wuchs die Scham, das Ende zu kennen und den Mut nicht mehr zu besitzen, die Wahrheit auszusprechen.

Obgleich sich zahlreiche Potentaten des Reiches in die »Festung Alpen« abgesetzt hatten und wir nominell einem Fliegerkorps unterstellt waren, nahm kaum noch jemand Notiz von unserer Existenz. Sie waren inzwischen alle viel zu

---

* Haartracht der Reichsfrauenführerin Frau Scholtz-Klink.

sehr damit beschäftigt, ihren Abgang von der Bühne vorzubereiten, und fanden auch keine Befriedigung mehr am Spiel mit dem Einsatz dieses letzten Kampfverbandes der Luftwaffe. Göring hatte Berlin verlassen und sich auf dem Wege über Böhmen zum Obersalzberg begeben, mit ihm der Chef des Generalstabes der Luftwaffe. Aber sein Interesse an dem Verband der »Meuterer« war erloschen.

Vor den Fenstern auf der Wiese begann die leichte Flak zu feuern. Die Nebelschwaden behinderten noch immer die Sicht, aber man hörte die Motoren der »Lightnings« singen und im Sturz aufheulen.

»Das fängt ja gut an, Sie wollen auf die Schnelle noch ein paar Luftsiege«, sagte Lützow. »Bei Start und Landung sind wir hilflose Vögel. Aber ab Morgen wird Sachsenberg Jagdschutz fliegen – mit Focke-Wulf-Jägern.« Tatsächlich war der Leutnant Sachsenberg, Sohn des Pour-le-mérite Trägers aus dem ersten Weltkrieg, darauf erpicht, für uns mit dem neuen Focke-Wulf-Jäger den Jagdschutz zu fliegen: »Eure schnellen Vögel mag ich nicht«, sagte er, »ich möchte auf altmodische Art »Lightnings« jagen.«

Wir gingen die Treppe hinunter, stiegen zu dem General in den Kübelwagen und fuhren die Landstraße entlang zum Flugplatz. »Anflug aus beiden Richtungen, wie gehabt«, sagte ich. »Start gegen 11 Uhr.«

»Seht Euch diesen verbrecherischen Unsinn an«, rief plötzlich der General, als wir durch das Tor im Stacheldrahtzaun auf den Rasen des Flugplatzes rollten.

Eine Batterie leichter Flak war im Begriff, in Stellung zu gehen. Kreisrunde Erdwälle waren aufgeworfen, Geschützstellungen für 20-Millimeter-Geschütze.

»Mann, Macky, das sind ja nur Mädchen – laß uns anhalten.« Tatsächlich, es waren Mädchen. Sie hatten sich die blaugrauen Luftwaffen Kammer-Uniform schick zurechtgeschneidert. Die Hosen stramm um die Hinterteile, die Uniformblusen »auf Taille« gearbeitet. Sie sprangen emsig beschäftigt um-

her, ihr Gehabe war nicht ohne Stolz; sie waren im »Einsatz«.
»Was soll denn das«, sagte der General, als wir an eine der
Vertiefungen herantraten, in der ein 20-Millimeter-Geschütz
mit zwei Läufen auf die Lafette montiert wurde.
Aus dem Gewimmel der blaugrauen Soldateska, die mit wah-
rer Verbissenheit werkelte, richtete sich der einzige Mann
auf – ein Obergefreiter von außerordentlich beeindruckender Statur – und erstarrte zur Salzsäule.
»Herr General«, quälte er mühsam hervor, »Herr General, wir
richten hier eine Stellung ein.«
»Seh' ich auch«, knurrte der General. »Ist Euch denn nicht
klar . . .« Aber dann schien er einzusehen, daß der Obergefreite nicht der geeignete Adressat seiner Kritik sein
konnte, und fragte: »Wo ist Ihr Batterie-Chef?«
»Herr Oberleutnant, Herr Oberleutnant«, brüllte der Obergefreite zur nächsten Geschützstellung hinüber. Währenddessen standen die Flak-Helferinnen in ungeschulter Habt-
Acht-Stellung. Der Oberleutnant kam angestürzt und baute
sich vor dem General auf. Er mochte an die Fünfzig sein, war
baumlang und dürr, und trug eine Brille mit dicken Gläsern,
die den lehrerhaften Blick der tiefliegenden Augen noch
verstärkte. Seine lange, gepflegte Hand zum »deutschen
Gruß« erhoben, stand er vor dem General und rührte sich
nicht. »Mann Gottes«, sagte der General, »Mann Gottes, was
soll denn das, hier eine leichte Batterie aufbauen zu wollen,
– noch dazu mit Mädchen!«
»Herr General . . .«
»Herrgott, lassen Sie das jetzt, rühren Sie und erzählen Sie
mir, was das soll!«
Der Oberleutnant rührte schulmäßig, indem er den linken Fuß
nach vorn setzte und die rechte Hand viel zu zackig und
unbeholfen an die Hosennaht führte.
Die Mädchen hatten die Arbeit eingestellt und beobachteten
aufmerksam die drei Offiziere, wobei sie den General mit
Blicken verschlangen. Dieser war heute in der Tat die Inkarnation des schlachterprobten Helden. Die graue Lederkombi-

nation mit dem Pelzkragen, – Hosen mit dicken, aufgesetzten Taschen, die über die Pelzstiefel gezogen waren, – gab ihm etwas von der Unbeholfenheit eines Marsmenschen. Die in geradezu unmöglicher Weise deformierte Offiziersmütze (als ob er damit unter die Brause ginge) war tief in die Augen gezogen, so daß der Schirm auf die überdimensionalen, elliptisch geformten Gläser der Sonnenbrille stieß, die wiederum auf der breiten, verunstalteten Nase mühsam Halt fand. Schnauzbart und schwarze Brasilzigarre, im Mundwinkel hängend, vervollständigten das martialische Portrait.

»Melde Herrn General, ich habe den Auftrag, hier am Platzrand meine leichte Batterie in Stellung zu bringen und den Start der Düsenjäger gegen feindliche Jäger zu schützen.« Das kam nicht ohne Stolz heraus.

»Habt ihr wenigstens Splittergräben?«

»Wir sind dabei, Schutzgräben auszuheben«, entgegnete der Oberleutnant.

»Tun Sie das um Gotteswillen sofort«, sagte der General eindringlich. »Was die ›Festungen‹ gestern mit den kleinen Splitterbomben anrichteten, sollte Ihnen eine Lehre sein. Machen Sie schnell, decken Sie die Gräben ab! Wenn die uns das nächste Mal aufs Korn nehmen, bleibt kein Auge trocken . . .«

»Jawohl, Herr General.« Der nette Oberlehrer salutierte wieder. Die Mädchen hatten zu tuscheln begonnen, jetzt wandten sie sich wieder ihrer Arbeit zu.

»Das ist eine himmelschreiende Fahrlässigkeit. Stell Dir vor, was es für ein Gemetzel geben wird, wenn die ›Viermots‹ werfen. Diese armen Mädchen . . .«

Wir fuhren am Flugplatzrand entlang und konstatierten, daß unser Verband zu einer ganz beachtlichen Streitmacht angewachsen war. Das Bodenpersonal hatte ohne Pause die Flugzeuge repariert, getankt, munitioniert und sie mit Hilfe von Motorrädern, die wie ein Traktor Kettenantrieb hatten, weit ins Gelände verstreut abgestellt.

251

Der Liegeplatz der Staffel ließ an Improvisation nichts zu wünschen übrig. Ein Tisch und ein paar wackelige Stühle standen unter freiem Himmel, mitten im Gestrüpp. Auf dem Tisch ein Feldtelefon. Die Flugzeugführer saßen in Liegestühlen und schlürften Kaffee aus dicken Wehrmachtstassen. Untertassen voll wässriger roter Marmelade und ein Stapel von feuchten Kommißbrotscheiben zwischen den Ringen und Flecken, die die Tassen auf der braunen Tischplatte hinterlassen hatten, waren die Verpflegung. Es war sehr kühl, mehrere dünne Wolkenschichten behinderten die Sicht nach den Alpen hin.

Wir durchlebten zum tausendsten Male die quälende Wartezeit vor dem Einsatz. Keiner verspürte Lust zu einem Gespräch. Die Landstraße am Flugplatzrand war leer, und nach Westen zu waren blaugrau die Konturen der Dächer und Kirchen von München zu sehen, unwirklich und schemenhaft, als sei die Stadt gestorben und verlassen.

Sie sehen eigentlich alle blaß und vergammelt aus, dachte ich. Sie sind alle, gleich mir, wie Eintagsfliegen am Ende des Lebens angekommen, wo sich der Spuk in Nichts auflösen wird. Warum flogen wir noch? Für wen eigentlich? Was der General dachte, wenn er nicht flog oder auf dem Gefechtsstand in seinem Sessel mit der Zigarre im Mundwinkel vor sich hinstarrte, wußte ich nicht. Abends wurde sehr viel getrunken. Der »Kleine« war nach seinem Absprung noch blasser als sonst. Die Mütze mit den verwegenen Kniffen sah unmöglich aus. Er trug sie immer, außer im Bett. Das Gesicht war feingeschnitten, sehr schmal, und von der Nase zum Kinn herab zogen sich, wie mit einem Messer geschnitten, scharfe Falten.

Jetzt legte er den Hörer auf das Feldtelefon.

»Sie haben Stuttgart überflogen – ziemlich langsam, es muß ein größerer Verband sein.«

»Wir wollen nicht zu früh starten«, sagte der General.

»Macky, Sie führen die zweite Kette . . .«

»Jawohl«, sagte ich.

Es war windstill. Wir würden eine lange Rollstrecke haben, bis die Flugzeuge abhoben. Meine Maschine war mit vierundzwanzig Raketen unter den Flächen bestückt und die Kanonen mit vollen Magazinen – ein enormes Gewicht für das leichte Flugzeug.

»Verbinden Sie mich mit dem Gefechtsstand«, sagte Galland. Ich hörte, wie er »Mainz – Richtung Darmstadt« und »viele, mit Jagdschutz« wiederholte, und meine Phantasie begann zu arbeiten. Wir würden sicher irgendwo zwischen Stuttgart und München mit ihnen zusammentreffen. Ich würde Galland mit seiner Kette erst einen Angriff fliegen lassen, bevor ich nachstieß. Wir mußten versuchen, in Sicherheit zu bleiben, solange das irgend möglich war. Sollte es Galland gelingen, den Verband zu sprengen, hätten wir leichteste Arbeit. Es war nicht Angst, die plötzlich in mir hochstieg, eher die kalte Feststellung, daß ich mich wieder der Gefahr aussetzte, in das konzentrierte Abwehrfeuer aus hunderten von Maschinenwaffen hineinzufliegen. Wenn auch die Chancen, einen oder mehrere Bomber zu vernichten, mit meinem schnellen Flugzeug und seiner Bewaffnung enorm gewachsen waren – der Angriff war ein Sturmangriff geblieben. Wie steigt man aus einem Düsenjäger in achttausend Meter Höhe aus? Würde sich der Fallschirm öffnen, würde er nicht zerrissen werden, weil er dem Druck der Luft nicht standhielt? Und – wenn er sich öffnete, würde ich nicht erfrieren, weil in dieser Höhe die unmenschliche Temperatur von minus 40-50 Grad herrscht? Und sollte man sich nicht lieber bis zu einer Höhe mit erträglichen Temperaturen frei fallen lassen? Aber wie machte man das, ich hatte es noch nie versucht.

»In etwa zehn Minuten . . .«, sagte Galland.

Der »Kleine« rief, indem er die Hände wie einen Trichter vor den Mund hielt, übers Feld zu den Mechanikern hinüber:

»Start in zehn Minuten, zwei Ketten – der General und Oberst Steinhoff führen . . .«

Die Männer waren damit beschäftigt, Splittergräben auszuheben. Sie stellten die Arbeit ein, legten die Spaten beiseite und trotteten zu »ihrer« Maschine. Sie gehorchten noch immer stumpf und willig jedem Befehl. »Du mußt die Bremsen festhalten, bis die Turbinen auf vollen Touren laufen«, ging es mir durch den Kopf. »Wenn du sie bis dicht vor den Rand des Flugplatzes laufen läßt und erst dann die Klappen herausfährst, wirst du schneller sein und leichter abheben.« Aber das Manöver war gefährlich; wenn die Klappen nicht funktionieren sollten, würde das Flugzeug nicht abheben – und das wäre das Ende.

»Ob sie München angreifen – oder Regensburg oder Nürnberg – oder unseren Flugplatz? Wir dürfen nicht zu spät starten. Es würde verheerende Folgen haben, wenn sie einen Bombenteppich abwürfen, während wir starten . . .«

»Fliegen Sie ganz dicht bei mir, Graf«, sagte ich zu Krupinski. »Sobald ich die Raketen gefeuert habe, greifen Sie an.« Natürlich war das selbstverständlich, und Krupinski sagte auch nur »jawohl« und akzeptierte die Weisung als einen Versuch, mit der Zeit bis zum Start fertig zu werden. Der »Kleine« sah mich von der Seite an und zog die Handschuhe über – (es müßte eigentlich so weit sein). Hein Wübke fuhr sich mit dem Handrücken über den Mund, als wische er etwas fort: »Ich weiß, warum Ihr mich nicht mitnehmt. Hier fährt ja keine Bahn mehr.« Sie wußten alle, was er meinte, und lachten laut. Wübke hatte auf den Rumpf einer »Me« mit großen weißen Lettern »Im Auftrage der Reichsbahn« malen lassen. »Ich komme immer mit der Eisenbahn zurück«, war seine Antwort, wenn man ihn nach der Bedeutung der Beschriftung fragte. In der Tat kam er von den letzten drei Feindflügen mit der Bahn zurück. Er wurde viermal hintereinander abgeschossen und sprang heraus. »Suchen Sie sich den schönsten unter den Vögeln aus, Wübke«, sagte der General. »Wir haben doch jede Menge – es scheint sich herumgesprochen zu haben, daß wir herrenlose ›Me's‹ sammeln. Bald werden wir nicht mehr wissen, wohin mit den Dingern.«

»Sie fliegen Richtung Regensburg, viele Bomber. Wenn Sie

jetzt starten, kommen wir gerade zurecht«, meldete der
»Kleine«, indem er den Telefonhörer auflegte.

»Los«, sagte der General, drückte die Zigarre auf der Unter-
tasse aus und erhob sich.

Während wir zu den Flugzeugen eilten, begannen die Sirenen
zu heulen. Meine »Me 262« stand direkt vor der tribünenarti-
gen Mauer, die den Flugplatz Riem im Westen begrenzte. Ich
ging schnell noch einmal um das Flugzeug herum, beugte
mich unter die Fläche und berührte die Raketen mit der Hand.
Dann zog ich den Spaltflügel an der Vorderkante der Fläche
heraus, der mit einem lauten »flap« zurücksprang. Als ich den
Fuß in die Einstiegöffnung setzte und mich an der Kabinen-
wand hochzog, strich ich mit der anderen Hand über den glatten Rumpf, so wie man einem Pferd über den Hals streicht. Es
war ein sehr gutes Flugzeug, das ich flog, seit wir in Brandenburg begonnen hatten, diesen Verband der »Ausgesetzten«
zu bilden. Natürlich hatte auch sie zuweilen »Krankheiten«
und mußte am Boden in der Hand der Mechaniker bleiben,
während ich eine Ersatzmaschine flog. Aber sie lag mir einfach. Ich brauchte sie nicht zu trimmen, wenn sie mit höchster
Geschwindigkeit dahinschoß, ich konnte die Hände vom
Knüppel nehmen, und sie allein »ohne Hilfen« fliegen lassen.
Ich habe Flugzeugführer erlebt, die nicht fliegen wollten,
wenn »ihre« Maschine nicht klar war. Sie sprachen nach dem
Einsatz über die Flugzeuge, wie man über Rennpferde
spricht:

»Ach, die gelbe Sieben hast Du geflogen, – kein Wunder,
daß Du Ärger hattest. Sie taugt nichts, sie ist langsam . . .«
oder »Die Vier, das ist ein Vogel!«

Nach dem Einsteigen rutschte und rückte ich mich auf dem
Fallschirm zurecht, indem ich mit beiden Händen am Kabi-
nenvorderteil Halt suchte. Es dauerte fast immer eine Minute,
ehe ich die richtige Stellung gefunden hatte. Der Sitz wurde
auf und ab bewegt, damit die Augen genau in der Höhe des
Visiers waren, Schultergurte, Bauchgurte – ganz fest ziehen!
Kopfhaube unter dem Kinn festschnallen, Atemmaske – die

Lippen des Anzeigegeräts müssen sich auf und zu bewegen, wenn der Sauerstoff fließt. Meine Augen hatten inzwischen die Instrumente überflogen. Höhenmesser auf barometrischen Druck einstellen, Ruder mit den Füßen bewegen, Querruder mit dem Steuerknüppel überprüfen, Funkgerät einschalten. Anlassen!

Der General streckte die Rechte aus der Kabine und ließ die Hand kreisen. Der erste Flugzeugwart riß die kleinen Motoren am Kopf der Turbinen an, diese begannen zu laufen – Zündung. Temperatur normal, Öldruck normal, Kabine schließen, anrollen!

Ich brauchte das Flugzeug nur in den Wind zu richten, dann lag die mit Wimpeln markierte Startbahn vor mir. Die Kette des Generals startete mit heulenden Turbinen – meine »Me« wurde von den Abgasen heftig geschüttelt. Der penetrante Geruch von Kerosin füllte die Kabine.

Als die Konturen der Flugzeuge in der haushohen Staub- und Qualmwolke verschwanden, schob ich langsam die Gashebel nach vorn und nahm die Zehenspitzen von den Bremspedalen. Mit sanfter Erschütterung begann das Flugzeug sich zu bewegen.

Plötzlich summte ich vor mich hin, die Spannung fiel mit einem Atemzug von mir ab. Aus den Augenwinkeln sah ich, wie mir die beiden anderen zur Rechten und Linken folgten. Das Flugzeug holperte unbeholfen über den Rasen, die Felderbeine erzeugten dumpfe Geräusche, wenn das schwere Gewicht auf und ab schwang. Wie plump so ein Ding am Boden war!

Da war plötzlich wieder jenes seltsame Gefühl von Macht und Überlegenheit. Bei jedem Start mit der »Me 262« ergriff es von mir Besitz. Die Frage, »warum« ich flog und »jagte«, trat davor einfach in den Hintergrund. Die Amerikaner hatten Crailsheim erreicht, die Russen waren im Vormarsch auf Berlin, die Luftwaffe war nicht mehr existent. Was ich also betrieb, war eine gefährliche Therapie! Mehr noch, es war eine wahnsinnige Selbsttäuschung.

Die Maschine ist zu schwer beladen, dachte ich, halb im Unterbewußtsein. Der Platz war sehr uneben und holperig. Der Bombenteppich des Vortages hatte zahllose flache Trichter gerissen, die nur notdürftig zugeschüttet waren.

Ich sah, wie sich das Flugzeug des Generals aus der Staubwolke vor meiner Frontscheibe erhob und das Fahrwerk eingezogen wurde. In diesem Augenblick begann die Kontur seiner »Me« nach rechts abzuwandern, – meine Maschine änderte die Richtung, obgleich ich, automatisch reagierend, mit dem Seitenruder dagegen hielt.

Die Gefahr hatte sich mir in diesen fünf Jahren des Krieges in der unterschiedlichsten Gestalt genähert. Und die Reaktion reichte von der schleichenden Angst vor dem hoffnungslos gefährlichen Einsatz bis zum lauten Erschrecken, das den Atem verschlug und das Nervensystem paralysierte. Als die »Spitfires« mich über die Dächer von Rotterdam jagten, als die »Lightnings« über dem Balkan mein Flugzeug krank schossen und mir den Rest geben wollten, da wurde der Wille, nicht sterben zu wollen, in Aktivität umgesetzt. Als ich, zur Untätigkeit verdammt, passiv registrierend, daß die Möglichkeiten des Handelns ausgeschöpft waren, ohne Fahrwerk und mit rauchendem Motor im Kessel von Stalingrad landete, oder als die russische Infanterie meine »Me 109« beim Tiefflug über den Linien mit einem Bleihagel zusammenschoß, bis sie einem kranken Vogel gleich in die Schneewächten am Don fiel - immer reagierte mein Verstand mit dem Automatismus einer Maschine und lieferte mir ohne Verzug die Berechnung der Überlebenschancen, von der die Hoffnung lebte. Aber jetzt, in den wenigen Sekunden nach dem Augenblick, da ich erkannte, daß das Flugzeug zu schieben begann und ausbrach, als ich aus den Augenwinkeln die meterlange Flamme gewahrte, die wie aus einer Lötlampe aus der Turbine schoß - jetzt signalisierte der rechnende Verstand Endgültigkeit! Das Gehirn kapitulierte, es wußte nichts mehr. »Das ist es«, hörte ich mich sagen. »Nun geschieht es. Du kannst den Start nicht mehr abbrechen, die Geschwindigkeit ist schon viel zu hoch.« Die Böschung, auf der sich die Straße rings um den Flugplatz schlingt, war nur noch zweihundert Meter entfernt. »Zieh doch heftig am Knüppel!« aber die Maschine war schwer, sie wollte nicht fliegen.

Als das Fahrwerk gegen die Böschung der Ringstraße stieß, bäumte sich die »Me« auf, als würde sie von einer harten Böe an einem heißen Sommertag gepackt. Der Anprall vollzog sich nicht etwa hart und endgültig wie die tödliche Kollision dieses eleganten, äußerst empfindlichen technischen Kunstwerkes mit einem blockierenden Hindernis. Es war vielmehr, als ob das Flugzeug versuchte, sich doch noch in sein Element zu erheben – obgleich der letzte, dumpfe Schlag der Beginn endgültiger Zerstörung war. Absturz, Aufschlagbrand, Explosion!

Ein paar Meter in die Luft katapultiert, schleppte sich der todkranke Vogel noch für einige Sekunden dahin. Kurz vor dem erwarteten Aufprall fuhren meine Hände wie im Reflex zu den Schultergurten. Ich zog die Laschen so heftig, daß mein Oberkörper ruckartig gegen die Sitzwanne im Cockpit gepreßt wurde, dann schien es plötzlich ganz still zu sein, nur das Fauchen der riesigen Flamme war zu hören. Wie im Zeitlupentempo sah ich ein Rad durch die Luft springen, Blechstücke und Fahrwerkstreben ganz langsam rotierend davonfliegen. Alles war rot, tiefrot gefärbt.

In diesem Augenblick erkannte ich das graue, völlig verunstaltete Gesicht des Verbrannten ganz dicht vor mir. Wir waren in Tegernsee aus dem Zug gestiegen, meine Frau und ich. Es war 1943. Einen kurzen Urlaub von der Front hatte ich mit der Reise nach Bayern verbunden, um Barkhorns Hochzeit zu feiern. Eigentlich war es keine Zeit zum Feiern und Fröhlich-sein, aber wir genossen die wenigen Tage wie geschenktes Leben. Die Luft war kalt und trocken, als wir aus dem Zug stiegen und den Bahnsteig entlanggingen. Unter dem weit vorragenden Dach konnte man die Gipfel der Alpen sehen. Ich ergriff den Arm meiner Frau, hakte mich ein, und begann

258

auf dem kurzen Weg zur Straße gelöst und fröhlich über die Aussicht auf ein paar Tage mit Freunden in diesem beinahe friedlichen Teil unseres Landes zu schwatzen.

Als wir vom Bahnsteig hinaustraten ins helle Licht des Tages, stand plötzlich der Mann mit dem verbrannten Gesicht vor mir. Er war überschlank und trug den eleganten, auf Taille geschnittenen Mantel eines Heeresoffiziers. Unter der Offiziersmütze das verbrannte Gesicht. Wir prallten beinahe frontal zusammen. Er hing am Arme einer jungen Frau, die ihm den Weg wies, denn er war offensichtlich blind. Da wenig Raum war und wir uns so unvermittelt von Angesicht zu Angesicht gegenüberstanden, machte ich ein paar jener ungeschickten Ausweichbewegungen, die aber die peinliche Situation nicht lösten, bis es meiner Frau gelang, mich zur Seite zu ziehen.

Dieses völlig zerstörte Gesicht erfüllte mich mit Entsetzen. Eigentlich war es kein Gesicht, vielmehr bestand das, was einmal Gesicht gewesen war, aus einer grauen, porigen Fläche. Lediglich die blutroten, wulstig aufgeworfenen Lippen hoben sich aus der scheußlichen, abstoßenden Verwüstung ab. Eine übergroße, sehr dunkle Brille milderte das schreckliche Bild. Die Frau, die seinen Arm hielt, war jung und sehr schön. Sie hielt seinen Arm fest an sich gepreßt und sprach auf ihn ein, ohne Pause und als ob sie von uns gar nicht Notiz nähme.

Während der Luftschlacht über England und später beim Kampf um Sizilien und während der »Reichsverteidigung« gegen die Viermotorigen hatte ich in den Nächten immer wieder die zahllosen Varianten der Verwundung und des Todes von mir gewiesen, die im Halbschlaf neue Schreckensgespenster entstehen ließen. Aber seitdem ich dem »Gesichtslosen« begegnet war, wuchs die Angst in mir, mein Flugzeug könnte einmal in Brand geraten, und ich könnte das gleiche Schicksal erleiden.

Wie auf den roten Flammenmantel projiziert stand jetzt dieses zerstörte Gesicht vor mir, und es war mir, als ob ich lange still in den Trümmern des Cockpits saß und auf das Phantom starrte. Wieder registrierte der Verstand: »Es ist geschehen.« Dann begannen meine Hände in fieberhafter Eile zu arbeiten, schnell, präzise, als seien sie mechanische Werkzeuge: »Bauchgurte lösen, Fallschirmschloß mit der Rechten erfassen, dann rechts drehen und draufschlagen.« Da war auf einmal vor der dicken Panzerscheibe der Acker und die Turbine, die sich beim Aufschlag von der Fläche gelöst hatte und über den weichen Boden torkelte, der Treibstoff, der sich über die grüne Fläche fächerförmig ausbreitete und neue, haushohe Flammen von leuchtendstem Rot aufsteigen ließ.

All dies währte nur zwei, drei Atemzüge. Als ich das Feuer einzuatmen begann, war es, als ob eine eiserne Zange den Oberkörper umschlösse.

»Du mußt hier raus«, sagte der Verstand. Und um mich anzufeuern schrie ich ununterbrochen »raus, raus . . .« Meine Hände stützten sich auf den Rand des Cockpits, bis ich auf dem Fallschirm stand. »Raus, raus . . .« Als die Füße über dem Rand des Cockpits waren, begannen die Raketen unter der Fläche zu explodieren; sie fauchten irr und ziellos über den Acker und detonierten mit mörderischem Knall. Da sprang ich mit mächtigen Sätzen über die Fläche, um dem Flammenkreis zu entkommen, und rang nach Luft. Wie von einem heftigen Schlag getroffen, sank ich auf die Knie, als die Lungen sich außerhalb der Lohe mit frischer Luft füllten.

»Du mußt weiter, Du mußt schnell weiter . . .« Es gelang mir, mich aufzurichten, und als ich ein paar Schritte weiterstolperte, wurde es Nacht – die Augen waren zugequollen. Die Handgelenke begannen auf einmal schneidend zu schmerzen, weil die Flammen, die aus dem Boden des Cockpits herausgeschossen waren, die Haut zwischen den Ärmeln der Lederjacke und den Handschuhen verbrannt hatten.

Als ich in eine Ackerfurche stolperte und lang hinstürzte,

hörte ich eine Männerstimme: »Komm, ich helfe dir, dort drüben steht mein Wagen, – leg' deinen Arm um meine Schultern, ich bringe dich zum Lazarett.«

Die korrumpierende Traumwelt, in der ich viele Wochen leben sollte, begann in dem Augenblick, in dem der Arzt die Nadel mit einem starken schmerzstillenden Opiat einführte. Von da an erlebte ich meine Umgebung nur noch akustisch – durch die bunten Schleier der Phantasie. Meine Augen waren geschlossen, das ganze Gesicht mit dicken, weißem Mull bedeckt und verbunden. Die Geräusche drangen gedämpft, wie aus weiter Ferne an mein Ohr, um dann wieder laut, überlaut, zu werden. In der Stille der Nächte glitt ich im Rausch durch dichten Dschungel, und wenn der erlittene Schock an die Oberfläche des Bewußtseins trat, krampfte der Schreck meine Brust zusammen.

Sie fuhren mich auf harter Krankenliege durch dumpf widerhallende Gänge zum Operationssaal. Der Arzt berührte mich mit den Händen und sprach mit mir, aber nur Satzfetzen erreichten mein Ohr. Sie wuschen die Hände, endlos rauschte das Wasser, sie bürsteten die Hände, sprachen belangloses Zeug miteinander und lachten. Warum fangen sie nicht endlich an? Ich artikulierte nicht. »Schon gut, schon gut«, sagte der Arzt. Plötzlich war es ganz still. Ich spürte keine Schmerzen, während ich in einem köstlichen Zustand schwerelosen Schwebens beinahe Glück empfand. »Ruhig, ganz ruhig«, sagte die Schwester. Ich war wohl wieder in meinem Bett. Vielleicht war alles gar nicht so schlimm. Vielleicht nur ein paar Narben?

Die Tage, deren Beginn ich an den Geräuschen des erwachenden Lazaretts erkannte, oder weil die Schwester das Fieber maß und mir das Röhrchen zum Ansaugen der flüssigen Kost zwischen die wunden Lippen zu führen suchte, waren endlos. Sie waren pausenlos um mich bemüht – aber ich wollte schlafen, und sie spritzten Opiate, Dolantin, schmerzstillende Rauschmittel, »solange er noch bei Kräften ist!« Die Front schien nahe zu sein; sie karrten mich die Gänge entlang in den Luftschutzkeller, brachten mich wieder herauf in mein Zimmer, und dieses wiederholte sich in immer kürzeren Abständen.

Galland besuchte mich und sprach von der Staffel. Es könne nicht mehr lange dauern, meinte er, die Amerikaner bei Augsburg, die Alliierten im Besitz der Po-Ebene und im Vormarsch auf den Brenner.

Ich registrierte dies alles, als ob er zu mir durch eine dünne Wand spräche. Und da ich nicht in der Lage war, zu reagieren, gab er es auf. Er schien noch eine Weile neben meinem Bett zu sitzen, dann berührte er mich mit der Hand und flüsterte »Auf Wiedersehen, Macky«, und am Zuschlagen der Tür merkte ich, daß er das Zimmer verlassen hatte.

Dann saß plötzlich der dicke Rieber an meinem Bett. Ein qualvoller Tag war zu Ende gegangen. Sie hatten mich wieder die Flure entlanggerollt, Operationssaal, Luftschutzkeller, Verbinden – mit übermächtigen Schmerzen – (»er wird immer schwächer und empfindlicher!«) und Betteln um schmerzstillende Mittel. Unter dem Verband begann eine ekelhafte Zersetzung, indem sich die Haut in zahllose Eiterpartikel auflöste. Es war, als ob Myriaden von Ameisen über mein Gesicht liefen.

Ich spürte die wachsende Nervosität meiner Umgebung. Sie hatten offensichtlich Angst. Wenn die Bomben fielen, wurden sie still, um dann eifrig zu tuscheln und zu diskutieren.

»Wir bringen Sie hier fort, Herr Oberst«, sagte der dicke Rieber. »Sie können hier nicht bleiben. Die Amis werden bald in München sein – außerdem drehen die hier alle durch.«

Ich versuchte ihm klar zu machen, daß ich das gut fände, indem ich vorsichtig Zustimmung nickte.

»Wir bringen Sie zum Tegernsee, nach Bad Wiessee, – dort ist ein prima Lazarett.«

Sie brachten mich nachts in einem Krankenwagen nach Bad Wiessee und halfen mir durch Spritzen, bis in den späten Morgen hinein zu schlafen. Dann kam der neue Arzt mit

Gefolge. »Machen Sie sich keine Sorgen, Herr Oberst. Das kriegen wir schon wieder hin.« Seine Stimme klang sympathisch. Die neuen Schwestern stellten sich vor; Schwester Maria, die mich in ihre besondere Obhut nahm, war dann wochenlang um mich besorgt und sah, als man mir im Mai die Binde zum erstenmal von den Augen nahm, völlig anders aus, als ich sie mir vorgestellt hatte.

Plötzlich war auch wieder der dicke Rieber an meinem Bett. »Ich bleibe jetzt bei Ihnen, wer soll Sie denn sonst füttern?« und: »Ich habe eine Menge Eier organisiert, damit Sie wieder auf die Beine kommen!« Er saß dann geduldig neben meinem Bett, fütterte mich, verjagte die Fliegen und beschrieb mir das, was ich nicht sehen konnte.

»Das Lazarett ist in einer alten Villa, nicht weit vom Tegernsee. Die Ärzte sind großartig und das Essen ist gut.« Aber da er wußte, daß ich von Kräften war, schwieg er bald wieder, ohne seinen Posten am Bett zu verlassen.

Einmal, als ich nach einem oberflächlichen Schlaf voller wilder Träume aufwachte, hörte ich Gallands Stimme:

»Macky, können Sie mich hören?« fragte er leise.

Es vergingen ein paar Minuten, ehe ich mich zurechtfand, und mein Herz begann zu jagen, weil alles auf mich hereinstürzte, was ich im Dämmerzustand des Drogenrausches verdrängt hatte – Flugplatz und Kerosin-Geruch und Start und Feuer.

»Sie brauchen nicht zu antworten. Wenn Sie mich verstehen, heben Sie die Hand.«

»Ich verstehe Sie schon, Herr General«, sagte ich. »Es kann sein, daß ich etwas kariert rede, aber die jagen so viele Spritzen in mich hinein, – entschuldigen Sie bitte ...«

»Macky, ich bin gestern hier eingeliefert worden, – beim Angriff auf die Viermots habe ich ein paar Geschoßsplitter abbekommen, – am Knie, es ist nicht schlimm.«

Wieder meine Lebensäußerung und Kopfnicken.

»Ich höre, es geht Ihnen gut, – das kommt ja alles hin, machen Sie sich keine Sorgen!«

263

Dann eine lange Pause. Ich wollte ihn fragen, wie es den anderen geht, wie lange der Krieg noch dauern kann, ob sie Verluste hatten. Er räusperte sich.

»Macky, – wir vermissen seit gestern Franzl. Er ist von einem Einsatz gegen die ›Viermots‹ über der schwäbischen Alb nicht zurückgekehrt...« Mein Herz schlug auf einmal bis zum Halse. Eine Erregung, derer ich nicht Herr werden konnte, bemächtigte sich meiner. Überdeutlich erfaßte ich die Bedeutung der Nachricht. Nun, da eine Zeitspanne engster Gemeinsamkeit mit einem Freund beendet war, empfing ich den Schmerz als ein Gefühl, zu dem ausschließlich ich berechtigt sei. Die Auseinandersetzungen über Fragen unserer Loyalität und den Wahnsinn der Kriegführung waren intensiv, manchmal leidenschaftlich gewesen. Aber immer fanden wir ein Maß der Übereinstimmung, das mir den notwendigen Gleichmut für die letzten Monate der Katastrophe gegeben hatte. In den schweren Tagen der Abwehrschlacht in Sizilien kamen wir uns nahe. Beide von ähnlichem Naturell, beide kritisch und oft zu schnell mit der Meinung bei der Hand, plagten wir uns mit Zweifeln und fanden doch keine Alternative zum Fliegen, Kämpfen und Schießen. Wir fanden uns in der Verschwörung, als es längst zu spät war – und wir wußten das.

Er hatte seine Rolle als Sprecher der kleinen Gruppe Aufbegehrender mutig gespielt, und es hatte ihm offensichtlich Genugtuung bereitet. Ich werde es nie vergessen, wie er vor Göring stand und mit Stentorstimme rief: »Wenn Sie mich unterbrechen, Herr Reichsmarschall, wenn Sie mich nicht ausreden lassen, hat diese ganze Unterredung keinen Sinn...« Als er dann aus der Verbannung wieder zu uns kam, war er nur noch Pessimist. Er fand auch keine Freude mehr am Fliegen mit dem neuen Düsenjäger, er sah nur das Ende, das in wenigen Tagen da sein würde, und war traurig und verzweifelt.

Ich weiß nicht mehr, was Galland noch sagte, – zu sehr war ich mit mir selbst beschäftigt und mit den Gedanken an den toten Freund. Vielleicht wurde auch gar nichts mehr gesagt; Galland wußte, was Lützow mir bedeutet hatte.

Dann war er gegangen, und in der Stille, die um mich war, erfaßte mich eine übermächtige Depression. Ich mußte nach Luft ringen und versuchte vergeblich, mich aufzurichten.

Als ich ermattet in die Kissen zurücksank, kam die Schwester, um mich zu füttern. Ich drehte mich zur Seite und deutete an, mir die Spritze zum Einschlafen zu geben. Ich wollte nichts essen, sie sollten mich allein lassen. Nun war alles aus, alles zu Ende, alles zu Scherben zerbrochen. Franzl Lützow gefallen!

Wie hatten wir als junge Leutnants der Luftwaffe gesungen: »Wir werden weitermarschieren, wenn alles in Scherben fällt...«

Lazarett Oberföhring bei München,
September 1945

Die Tage im Lazarett sind eintönig, einer geht dahin wie der
andere. Der Sommer war heiß, nun färbt sich das Laub, und
der Altweibersommer ist in der Luft. Als wolle die Natur zeigen, daß sie doch über soviel Unvernunft, Zerstörungswut
und Grausamkeit dominiere, sind die Rabatten mit den üppig
blühenden Rosen und Herbstblumen vor der Baracke ein Auf-
schrei von Farbe.
Die Monotonie des Tagesablaufs beginnt uns auf die Nerven
zu gehen. Die alten, uns vertrauten Ärzte sind längst entlassen, die jungen Herren kommen gelegentlich zur Visite,
sagen ein paar unverbindliche Worte und lassen uns sonst
mit unseren Problemen allein. Es sind nur noch »schwere
Fälle« im Lazarett. Wir, die Gesichtsverletzten, zählen zu
ihnen, und wir fühlen, daß man noch nicht weiß, was man mit
uns anfangen soll. Denn noch arbeiten die Kliniken nicht, in
denen man plastische Operationen durchführen kann. Die
Erfahrungen auf diesem Gebiet scheinen überhaupt mager
zu sein.
Wir halten uns an die tägliche Routine wie an einen militärischen Dienstplan. Nach dem Frühstück, sobald die Betten
gemacht sind – Holzamer und ich sind dabei auf die Hilfe der
anderen angewiesen, denn unsere Hände sind immer noch
dick verbunden –, beginne ich zu diktieren. Holzamer hat
eine beachtliche Fertigkeit entwickelt, mit seinen verkrüppelten Händen zu schreiben. Er sitzt dabei gebeugt vor der großen Remington, die auf einem Schemel steht, und während
er den Speichel in gleichmäßigen Abständen aus den Mundwinkeln schlürft, stellt er Fragen über Fragen.
Der »Wetterfrosch« kann dem Drang, auszubrechen und frei
zu sein, kaum noch wiederstehen. (»Ich muß rüber, bevor der
Winter kommt – ich kenne den Weg durch den Thüringer
Wald wie meine Westentasche ...«) Wenn wir gegen Abend

zum Hügel hinaufsteigen, um den Sonnenuntergang zu betrachten, (vornübergebeugt, natürlich, und durch die Beine,) schwärmt er von seiner Heimat, von den tiefen Wäldern und den Menschen und von seiner Mutter.

Das Lazarett ist längst keine Festung mehr gegen die Umwelt. Nicht nur, daß wir Radio hören, wir lesen auch Zeitungen. Sie sind auf billigem, ungeleimtem Papier gedruckt, aber sie geben uns ein Bild vom Ausmaß der Katastrophe, von der Grausamkeit in den Konzentrationslagern und von der Vorbereitung des Nürnberger Prozesses.

Als wir vor Monaten einzogen, war die Welt jenseits des Zaunes ohne Leben; nun beobachten wir, wie die Geschäftigkeit wächst. Sie gehen wieder zur Arbeit, sie radeln oder sie gehen zu Fuß zur nahen Straßenbahnhaltestelle. Die Zahl der Autos nimmt zu, – es sind natürlich keine neuen Modelle, viele sind Veteranen, die noch die Spuren des Tarnanstriches tragen, ausrangierte Kübelwagen, Holzgaser und solche, die »eingezogen« waren.

Der Tauschhandel über den Zaun blüht. Zigaretten, Eier, aber auch Arznei, Verbandsstoff, Scheren und Alkohol (nicht vergällt, wohlgemerkt) sind die neue Währung. Die Versuchung, die Uhr, oder sogar die Leica (falls diese beim »Filzen« durch die Amerikaner nicht den Besitzer wechselte) in Nahrhaftes umzusetzen, wächst in dem Maße, in dem die Lazarettkost kraftloser und magerer wird.

Im Juli werde ich noch einmal zum Kloster Beuerberg gefahren. Die Universitätsklinik für Augenheilkunde ist dort untergebracht, weil das durch Bomben zerstörte Gebäude in München noch nicht wieder beziehbar ist. Man will versuchen, mir Augenlider zu transplantieren, denn ich leide unter großen Schmerzen. Die Hornhaut der Augen droht zu trocknen, weil die verbrannten Lider das Auge nicht bedecken.

Jedenfalls meint Dr. Stumpf, der sich rührend um mich bemüht, wir sollten es versuchen.

Es ist beinahe vier Monate her, daß ich schon einmal in Beuerberg lag. »Lag«, denn ich hatte damals noch nicht die Kraft, zu gehen. Wir waren mit einer Kolonne schwerer amerikanischer Lastwagen vom Tegernsee gekommen, wo man unser Lazarett aufgelöst hatte. Die G.I.s hatten uns in atemberaubendem Tempo durch die Parklandschaft Oberbayerns gefahren. In Beuerberg hielten sie kurzerhand vor dem Kloster und übergaben die ganze Ladung menschlichen Elends, Amputierte, Blinde, Schußverletzte und Verbrannte, der Augenklinik. Sollten die sehen, wie sie damit fertig wurden. Es waren wundervoll erholsame Tage. Eine Atmosphäre des Friedens und der Stille umfing uns sofort in den Zellen des Klosters. Die Nonnen, die zum Pflegepersonal der Klinik gehörten, überboten einander mit Beweisen wohltuender Nächstenliebe. Die kräftige Klosterkost lag sicher viele Kalorien über dem Soll, das man dem Verlierer des Krieges zubilligte.

Eines Morgens nahmen sie mich unter die Arme und führten mich in den Innenhof, den ein herrlicher alter Kreuzgang umschloß. Dort setzten sie mich auf eine Bank, wo schon ein paar Landser in der häßlichen Lazarettkleidung saßen und die warme Maiensonne genossen. Diese begrüßten mich als Ihresgleichen, vertraulich und mit dem freundschaftlichen »Du«, wie das Leidensgenossen tun.

»Grüß di . . .« sagten sie, und: »Siehst Du, es geht doch, Mann, noch ein paar Tage, und du läufst herum wie ein Wiesel.« Auf den Beeten in der Mitte des kleinen Hofes blühten Stiefmütterchen und Priemeln. Die Nonnen mit den riesigen weißen, gestärkten Hauben huschten geräuschlos durch den Kreuzgang. Wir genossen das alles nach Landserart in vollen Zügen, beinahe, als ob wir ahnten, daß die Idylle nur von kurzer Dauer sein würde. Und plötzlich, ehe wir uns versahen, hatte jeder ein Glas kühlen, schäumenden Bieres vor sich stehen.

»Magst a Zigarren?« fragte mein Nachbar zur Linken. Ich bejahte freudig erschrocken; er gab mir Feuer, und ich be-

269

mühte mich, mit verbundenen Händen das kostbare Ding zum Munde zu führen.

Ihre Unterhaltung erschien mir auf einmal weit entfernt und leise. Das Glücksgefühl, am Leben zu sein, ergriff so unmittelbar von mir Besitz, daß es mich Mühe kostete, höflich Zustimmung zu nicken, wenn sie mit mir sprachen. Ich atmete die köstliche Frühlingsluft. Es waren Menschen um mich, die gleich mir gekämpft und gelitten hatten. Sie sprachen über das, was sie tun würden, von der Heimat, der Familie, den Frauen, Kindern und Mädchen, und der Krieg schien fern wie ein schrecklicher Traum.

Die Ruhe wurde jäh unterbrochen. Wie erschreckte Vögel flatterten auf einmal die Hauben der Nonnen durch die Flure, während die Landser empört ihrem Unmut Luft machten: »Nein, das kann nicht wahr sein, wir wollen hier bleiben, wir wollen hier bleiben . . .«

»Alle sofort auf die Zimmer!« – »Packen, wir verlegen sofort!« dröhnte die Stimme eines Sanitäters.

Dann sah ich auch schon die G.I.s, die mit »Come on, boys!«, »los, los, snell, snell . . .« uns ermunterten, unsere Habseligkeiten zu packen. Als sie mich auf mein Zimmer führen wollten, wurde ich störrisch. »Nein«, schrie ich, »ich werde nicht mitgehen. Ich kann nicht mehr, und ich will nicht mehr!«

»Komm«, sagten die Landser, »mach keine Sachen, sie werden dich mitnehmen, ob du willst oder nicht.«

Ich sträubte mich wie ein Kind, das sich aus Protest hinsetzt und sich wehrt, aber sie trugen mich den Flur entlang und legten mich auf mein Bett, während die Schwester meine Sachen packte.

Die Lastwagen-Kolonne wartete auf dem staubigen Weg vor dem Kloster. Es waren offene Laster, und mir grauste vor der Fahrt über die Feldwege. So protestierte ich weiter von meinem Bett aus, indem ich monoton wiederholte: »Mich kriegt hier keiner weg!« Sie kriegten mich weg! Zu zweit legten sie mich ohne viel Federlesen auf eine Trage, schleppten mich die Treppe hinunter und schoben mich vorsichtig auf den

offenen Laster. Die Schwester war neben mir hergetrippelt und hatte auf mich eingeredet. Aber als sie den offenen Lastwagen sah, verschlug es auch ihr den Atem. Sie suchte nach einem Amerikaner mit Autorität, sah sich hilfesuchend um und rief: »Das geht doch nicht, sein Gesicht ist eine einzige offene Wunde!« Ein Sergeant, offensichtlich der Transportführer, stellte sich ihr in den Weg, und indem er sie beiseite schob, rief er laut: »Snell, snell . . . we are in a hurry . . .«
In dem Augenblick, als sie die Rückwand des Lasters schließen wollten, trat die Schwester schnell heran, riß sich die riesige Schmetterlingshaube vom Kopf und stülpte sie über mein Gesicht. Ich gewahrte noch den kurzgeschorenen Schädel, als sie sich über mich beugte und sagte: »Gegen den Staub.« Ehe ich das alles verstand, hatte sich die Rückwand des Lasters mit Getöse geschlossen. Der Transport rollte nach Niederbayern, wo sie uns nach Stunden quälender Fahrt im Kloster Allgasing ausluden.

Sie können meine Augenlider noch nicht operieren, es scheint dazu noch zu früh zu sein; noch arbeitet das Narbengewebe, das Gesicht ist noch nicht »zur Ruhe gekommen«. So kehre ich nach ein paar Tagen von Beuerberg nach Oberföhring zurück, wo meine Stubengenossen sehnsüchtig auf mich gewartet haben. »Sie haben uns gefehlt«, sagen sie. Als wir am Abend zusammensitzen, wird mir klar, daß wir alle nach draußen drängen und trotzdem Angst vor der Welt jenseits des Zaunes haben. Wir sprechen immer häufiger über unsere Verwandten, von denen wir nicht wissen, ob sie am Leben sind. Seit die Russen in Thüringen einmarschiert sind, bin ich um eine Hoffnung ärmer. Ich hatte gehofft, in meine Heimat zurückkehren zu können. Und da die Russen auch in Pommern und Mecklenburg sind, kreisen meine Gedanken immer häufiger um das Schicksal Ursels und der Kinder. Ob es ihnen gelungen ist, vom Gut in Vor-Pommern zu fliehen, bevor die russische Armee über sie hinwegflutete?
Was wir so lange vor uns hergeschoben haben, ist nun all-

abendlich Gesprächsgegenstand: Was werden wir tun, sobald wir aus der Gefangenschaft entlassen sind? Der »Wetterfrosch«, Physiker, Doktor »summa cum laude«, sieht sich bereits als Lehrer einer Schule, Hochschule, wenn möglich. Holzamer schwärmt von der Arbeit im Finanzamt. »Finanzämter wirds immer geben, und ich habe die Gehilfen-Prüfung als Kaufmann.« Für den Grafen und für mich sehen die Dinge weniger rosig aus. Was soll ein Abiturient ohne »erlernten Beruf« tun? Für mich, den Philologie-Studenten ohne Abschluß-Examen, stellt sich die gleiche Frage. Und da sind immer wieder die Gerüchte über die drohende Deportation der höheren Offiziere.

Während der »Wetterfrosch« zum Abmarsch rüstet, kommt Hilfe für mich über den Zaun. Sie kommt in Gestalt von zwei Damen in sommerlichen Dirndl-Kostümen. Sie bringen uns in prall gefüllten Handtaschen Obst, Brot und Wurst – und vor allem Bücher.

Frau von Coester ist die Mutter meines gefallenen Adjutanten. Sie hat gehört, daß ich hier im Lazarett bin, und ist mit ihrer Freundin gekommen, mich herauszuholen. Ihre Hilfsbereitschaft ist überwältigend, ihr Optimismus ansteckend. Ich solle so schnell wie möglich um meine Entlassung ersuchen. Selbstverständlich müsse ich bei ihnen wohnen und von dort die Nachforschung nach meiner Frau aufnehmen, und ich könne ihnen helfen, eine Buchhandlung aufzubauen.

Als ich am nächsten Morgen die Binde von den Augen ziehe, ist der »Wetterfrosch« bereits abmarschbereit. Er befestigt gerade seine eiserne Ration auf dem Rucksack. »Ich muß mich durch die Wälder schlagen, das kann Tage dauern.«

Als er bemerkt, daß ich wach bin, sagte er: »Ich marschiere heute los, aber ich lasse bestimmt von mir hören.«

Holzamer beobachtet den Aufbruch des »Wetterfrosches« nicht ohne Neid. Den ganzen Tag über redet er kaum, sinniert und beschäftigt sich mit einer Landkarte Deutschlands oder tuschelt mit dem Grafen.

Schon am nächsten Morgen soll ich entlassen werden. Als

ich in der Tür stehe und »Machts gut« sage, sehen sie mir
nach, als sei ich ein Verräter.

Die Entlassung ist dann nur noch eine Formalität. Mein Zustand, die Unfähigkeit mit der Rechten, den Federhalter zur
(so wichtigen) Unterschrift zu halten, beeindruckt offensichtlich den amerikanischen Offizier. »Alles Gute«, sagt er, und
schon bin ich wieder auf dem Flur, »entlassen«.

Wenig später stehe ich an der Straßenbahn-Haltestelle und
warte, der gefüllte Fliegerrucksack neben mir am Boden.
Gleich mir warten viele Menschen. Ich werde hin- und her-
gestoßen, als die Bahn ankommt und sich entleert. Keiner
beachtet mich, keiner hilft mir beim Einsteigen. Die Straßen-
bahn ist überfüllt. Ich stehe zwischen den Bänken und halte
den Rucksack zwischen den Knien fest, während wir durch
das verwüstete München zum Bahnhof fahren. Ich sehe die
Menschen in den Straßen ihren Geschäften nachgehen. Sie
sind einfach gekleidet, aber die Frauen in Sommerkleidern
mit heiteren Farben beleben das triste Bild der Trümmerland-
schaft. Ich fahre durch Straßen, die schon vom Schutt der
Ruinen befreit sind, in denen es Läden gibt mit bescheidenen
Auslagen und Blumen.

Als ich den Bahnsteig entlanggehe, erfüllt mich Schwung und
Lebensfreude. Ich bin zweiunddreißig Jahre alt, einer von
Millionen, die das gleiche Schicksal haben. Ich will meine
Chance nutzen!

Warum ich dieses Buch schreiben mußte . . .

wird man mich fragen, und das mit einigem Recht, denn ein Buch sollte man – sofern man nicht Berufsschriftsteller ist – nur dann schreiben, wenn man einen unwiderstehlichen Zwang dazu fühlt. Bei mir ging der Zwang, das Buch zu schreiben, von *meinem* Beruf aus, dem des Soldaten und Fliegers. Was uns damals, am schon abzusehenden Ende des zweiten Weltkrieges veranlaßte, gegen unseren Oberbefehlshaber zu konspirieren und schließlich rundheraus seinen Rücktritt zu fordern, war in erster Linie ein soldatischer Gewissenskonflikt. Wir wußten schon lange, daß wir unsachgemäß und unverantwortlich geführt wurden. Wir mußten zusehen, wie wir mit ungeeignetem Material ausgerüstet wurden, und wir mußten uns anhören, wie wir dafür beschimpft und der Feigheit bezichtigt wurden, daß wir mit dieser ungeeigneten Ausrüstung keine Erfolge mehr erzielen konnten. Als wir schließlich begriffen, daß man unsere Generation in einen ganz und gar unverantwortlichen und verbrecherischen Krieg geführt hatte – als wir das infolge unserer Erziehung viel zu spät begriffen, stellte sich auch uns das Problem des soldatischen Ungehorsams. Die Rebellion des Zwanzigsten Juli 1944 war gescheitert. Mancher von uns, damals noch an der Front kämpfend, war zunächst empört über das, was die Männer um den Grafen Stauffenberg unternommen hatten. Wir hatten nicht die Einsicht, die allein einen solchen Entschluß reifen lassen kann. Wir konnten sie auch nicht haben, denn wir waren mit unserem Feuerwehrdasein viel zu beschäftigt, um über den kommenden Tag hinauszudenken. Es wurde von uns verlangt, den nächsten Einsatz erfolgreich zu überstehen und Abschüsse nachhause zu bringen; wir selbst verlangten das von uns. Denn wir waren nicht nur Soldaten, wir waren auch begeisterte Flieger, deren Begeisterung man systematisch aufgebaut und gefördert, deren Leistungen man ständig mit Auszeichnungen und Privilegien belohnt hatte. Wir waren einerseits aus eigenem

Antrieb leistungsbereit, weil wir jung und nicht anders erzogen waren, und andererseits korrumpiert, ohne es zu bemerken. Erst als wir von den weit vom Zentrum entfernten Fronten auf das Reichsgebiet zurückgeworfen waren und die Zerstörung unserer Städte mit ansehen mußten, ohne – falsch ausgerüstet und eingesetzt – etwas Wirksames dagegen tun zu können, wuchs auch bei uns jungen Luftwaffenoffizieren die Einsicht, daß wir Verführte waren.

Aber es war zu spät; der Zwanzigste Juli ließ sich nicht wiederholen. Wir wußten das; es war eine Verschwörung ohne Hoffnung. Der Schritt zum soldatischen Ungehorsam war für die meisten von uns eine Ungeheuerlichkeit, aber wir mußten ihn gehen, weil der Gehorsam uns unerträglich geworden war. Es ist wahr: über unserem ganzen Vorhaben stand der Unstern der »Zu wenig und zu spät«, aber wir mußten das zu Wenige und zu Späte tun, um vor uns selber bestehen zu können. Das mag heute wie eine Phrase klingen, und es ist sehr schwer, begreiflich zu machen, in welchem inneren Zustande wir Flieger damals waren. Es ist aber deshalb nicht weniger wahr.

Das Buch ist ein Beitrag zur Geschichte meiner Generation, die durch den Krieg über die Grenzen ihrer physischen und psychischen Kraft gebracht wurde, soweit sie überlebte. Und uns Überlebende, die wir nicht lange nach dem Kriege daran gingen, einen völlig anderen Staat mit den gleichen Menschen aufzubauen, muß man verstehen. Dieses Verstehen ist notwendig, denn der Wert dessen, was wir geschaffen haben, nachdem wir in Führungspositionen hineingewachsen waren, ist heute keineswegs unbestritten. Wenn es möglich ist, daß in einem der freiesten Länder der Welt sich eine Art Frustration und geradezu ein Ekel gegenüber dieser Freiheit aufbaut – wenn es möglich ist, daß breite Schichten unerfahrener junger Menschen diesen Staat nicht für verteidigungswert halten, dann muß man für die Dokumentation dessen, was war, sorgen.

So ist die Gestalt des Soldaten in allen ihren Erscheinungsformen ein symptomatisches Bild in der Geschichte dieses
zuendegehenden Jahrhunderts. Ich gehöre nicht zu denen,
die glauben, mit einem Patentrezept die Weltprobleme und
Welträtsel lösen zu können. Auch ich habe in verantwort-
licher Stellung in der Hierarchie eines Verteidigungsbünd-
nisses nichts anderes bewirken können als zur Erhaltung des
Friedens durch Rüstung, Abschreckung und atomares Patt
beizutragen.

Zu dieser Geschichte des Soldaten im zwanzigsten Jahr-
hundert glaubte ich einen Beitrag leisten zu müssen, indem
ich erzählte, was ich erlebt habe. Ich wollte zeigen, was man
aus Menschen machen kann, wie perfide man sie durch Erziehung manipulieren kann, wie man sie zu »Helden« hoch-
stilisieren kann, wie man sie so bestechen kann, daß sie das
auch noch genießen, und wie man sie fallen lassen und zu
Meuterern abstempeln kann, wenn sie ihr Gewissen entdecken.

Die Gewissenlosigkeit, die dazu gehört, besitzen nur Macht-
haber, die der Überzeugung sind, man könne die Probleme
des eigenen Volkes und anderer Völker dadurch lösen, daß
man durch Anwendung militärischer Gewalt einen Frieden
nach dem eigenen Geschmack erzwingt – in unserem Falle
eine pax germanica, aber es ist leicht möglich, ein anderes
lateinisches Wort an die zweite Stelle zu setzen.

Ich will aber auch auf die Metamorphosen hinweisen, die in
der Geschichte eines Volkes möglich sind. Das Wirtschafts-
wunder in der Bundesrepublik Deutschland nach ihrer Grün-
dung ist leicht erklärbar. Schwieriger schon ist das »Wunder«
der deutschen Wiederbewaffnung auf beiden Seiten zu verstehen, das auf diesen beiden Seiten völlig unterschiedliche
Erscheinungsformen hervorgebracht hat. Die Deutsche Bundeswehr ist eine Verteidigungsarmee im Gefüge eines Ver-
teidigungsbündnisses – zwei Qualitäten, an die ich aus voller
Überzeugung glaube und die ich bejahe. Und nur diese Über-

zeugung konnte mich veranlassen, den Weg zu gehen, den ich gegangen bin.

Für die aber, die geneigt sind, mir diese Überzeugung von der Rechtlichkeit und Notwendigkeit meines Handelns zu glauben, will ich auf die tiefe Wandlung hinweisen, die im Selbstverständnis von Soldaten möglich ist, wenn – ja, wenn nur das Wertsystem der Gesellschaft danach ist. Natürlich wird uns auch die Rechtlichkeit und Berechtigung unseres Wertsystems von unseren ideologischen Gegnern bestritten, und es bietet wegen der immanenten, allzu menschlichen Schwächen bis hin zur Korruption sicherlich genügend Angriffspunkte, aber Winston Churchill hat gesagt, die Demokratie sei noch immer die menschlichste Form regiert zu werden. Man kann angesichts der heutigen Zivilisationsprobleme Zweifel daran bekommen, ob die klassische parlamentarische Demokratie mit Willensbildung durch das Stimmenverhältnis 50,1 zu 49,9 %, mit ihrem ständigen Ablösungs-Prozeß der Regierenden und der hierdurch bedingten Handlungsunfähigkeit überstaatlicher Systeme, noch der Weisheit letzter Schluß ist. Aber solange die Politologen aller Schattierungen oder ein einzelnes Genie vom Range Montesquieus nichts Besseres und Menschlicheres gefunden haben, wird man mit ihr leben müssen, falls man nicht die Diktatur des Proletariats (die in Wirklichkeit eine Diktatur der Funktionäre ist) für eine Alternative ansieht.

Um diesen Kontrast deutlich zu machen, diese hoffnungsfroh stimmende Möglichkeit völlig anderer soldatischer Reaktionsweisen in einem veränderten politischen Wertsystem, um auch eine Art deutschen Reifungsprozeß in beginnender Angleichung an nachstrebenswerte angelsächsische Tugenden aufzuzeigen, will ich auch dies noch erzählen:

Als ich im Herbst 1966 als Chef des Stabes unter einem Englischen Air Chief Marshal (Luftmarschall), dem Befehlshaber der Luftstreitkräfte Mittel-Europa in Frankreich, tätig war, erreichte mich die Order, binnen zwei Stunden beim Verteidigungsminister der Bundesrepublik vorzusprechen. Ich war zu diesem Zeitpunkt ein »integrierter Offizier« mit übernationalem Status, und ich hatte durch jahrelangen Aufenthalt in den Vereinigten Staaten und Frankreich die Stellung des Soldaten in den westlichen Demokratien kennengelernt.

Den Anlaß zu diesem Rapport beim Verteidigungsminister konnte ich unschwer ahnen, denn die Bundesluftwaffe war im Verlaufe der Einführung eines neuen Kampfflugzeuges, des »Starfighter« in eine Krise hineingestolpert, die drohte, der Regierung irreparablen Schaden zuzufügen.

Die Ursachen dieser Krise waren vielfältig, jedoch glaubte ich sie zu kennen und war sicher, daß man ihrer Herr werden konnte, vorausgesetzt, man gab dem, der den Kampf gegen das Abstürzen des »Starfighter«, gegen das fahrlässige Töten junger Piloten aufnahm, entsprechende Vollmachten. Daß ein Inspekteur der Luftwaffe Vollmachten beanspruchte, die weit über das hinausgingen, was in der Geschäftsordnung eines Ministeriums - wohlüberlegt, und nach den Erfahrungen des letzten Krieges auch begründet - festgelegt war, kam in den Augen der Führung und Administration dieses Ministeriums einem Sakrileg gleich.

Während der zehn Tage »Bedenkzeit«, die ich mir vom damaligen Minister ausgebeten hatte, fühlte ich mich plötzlich an die Verschwörung der Jagdflieger erinnert. Unversehens sah ich mich erneut der Notwendigkeit ausgesetzt, mich mit der Führung auseinanderzusetzen, und wieder ging es um das Schicksal von Menschen. Freilich bestand ein erheblicher gradueller Unterschied zwischen dem Geschehen von 1944/45 und dem, was 1966 notwendig war.

Hatte damals die Rücksichtslosigkeit und Kaltschnäuzigkeit der Führung des Dritten Reiches gegenüber dem eigenen Volk und dem »Menschen-Material« der Piloten den Gewissens-Konflikt der Jagdflieger bis zur Konspiration verursacht, so war es diesmal das Unvermögen der Luftwaffenführung die außerordentlich komplizierte technische Materie zu beherrschen und die unbewegliche Ministerialbürokratie mit ihren eifersüchtig gehüteten Kompetenzen, die zur Ursache einer Vertrauenskrise wurde. Der Apparat, den man sorgfältig und nicht ohne Grund so konstruiert hatte, daß ein Übergewicht von Soldaten bei der Entscheidungsfindung ausgeschlossen war, erwies sich als unfähig, einer technischen Krise Herr zu werden. Und wieder waren es junge, idealistische Männer, die – diesmal im tiefsten Frieden – die Fehlentscheidung der Führung mit ihrem Leben zu bezahlen hatten. Das ist zwar das Gesetz des Fliegens, denn was am Boden eine technische Panne ist, kann in der Luft das Leben kosten, dennoch wurde es für verantwortungsbewußte Soldaten sehr bald unerträglich. Dazu kam, daß die Öffentlichkeit, von der Presse im Sinne eines warnenden Gewissens unterrichtet, als Demokratie zu wirken begann.

Der Druck, der auf die Verantwortlichen ausgeübt wurde, wuchs schnell und – da bekanntlich die Niederlage eine Waise ist, begann das makabre Spiel, die Schuld beim anderen zu suchen. Inzwischen riß die unheilvolle Kette der Abstürze nicht ab. In der Luftwaffe entstand Unruhe; einzelne Piloten verweigerten den Gehorsam. Damit drohte auch eine Krise in der Inneren Führung der Luftwaffe. Es mußte gehandelt werden, und zwar schnell und durchgreifend.

Daß ich, falls ich die Aufgabe übernahm, mit unorthodoxen Methoden und ohne mich behindernde Rücksichtnahme auf Persönlichkeiten und Organisationen vorgehen mußte, war mir klar. Zugleich aber wußte ich, daß die Aufgabe kein größeres Risiko bedeutete, als etwa das, meiner eigenen Karriere zu schaden, und daß die Verantwortlichen weder rücksichtslos, noch gemein, noch bewußt fahrlässig handelnd an dem Dilemma Schuld trugen. Es war einfach die Krise eines wohlmeinend konzipierten, aber technisch ungeeigneten Systems. Gleichwohl sind von Beginn der Ausrüstung der Luftwaffe mit Hochleistungsflugzeugen wie dem »Starfighter« – und die Notwendigkeit des »Managements« so komplexer Waffen-Systeme bestand bereits Jahre vor der eigentlichen Krise – die Lehren aus jener Zeit der letzten Kriegsjahre für mich immer Maßstab bei der Beurteilung der Planung der Luftwaffe gewesen. Fehler, die Geschichte geworden sind, sollte man nicht wiederholen, auch nicht im kleineren Maßstab. Wie eng die »Starfighter-Krise« mit dem Kampf- und Abschrekkungswert der Luftwaffe verflochten war, mußte jedem klar werden, der die hämischen Kommentare der Kommunistischen Propaganda zu jedem neuen Absturz verfolgte. Alle unsere zehnjährigen Bemühungen um den Aufbau der neuen Luftwaffe waren in Frage gestellt. Deshalb fühlte ich mich berechtigt, gegenüber der politischen Führung eine ungewohnt deutliche Sprache zu gebrauchen.

Schreiben Generalleutnant Steinhoff an Bundesminister der Verteidigung vom 1. September 1966. (Auszug)

»Ich darf Ihnen heute Gedanken zur Situation der Luftwaffe und Voraussetzungen, die ich für die wirksame Arbeit eines Inspekteurs für notwendig halte, zur Prüfung überreichen. Zur Krise, die ihren Ursprung in der untragbar hohen Unfallquote der ›F-104 Starfighter‹ hat, möchte ich eingangs eine grundsätzliche Erklärung abgeben:
Es ist mir durch meine Verwendung im Ausland vergönnt gewesen, Einblick in die Organisation und Operation der Luftwaffen der meisten NATO-Partner zu erhalten. Ich konnte dabei die Einführung des Waffensystems ›F-104 Starfighter‹ in das Waffen-Arsenal von sechs NATO-Luftwaffen beobachten. Deshalb komme ich zu dem Schluß, daß es eine Illusion ist, zu glauben, die ›Starfighter-Situation‹ in der deutschen Luftwaffe sei nunmehr stabil.

Die *Organisation* der Luftwaffe ist nicht nur zu aufwendig, sie ist auch unzweckmäßig ... Die Aufwendigkeit dieser Organisation hat einen so hohen Offiziers-Personalbedarf zur Folge, daß permanente Stellenbesetzungssorgen bestehen. Dies führt zwangsläufig zur Besetzung von Stellen mit Offizieren fragwürdiger Qualifikation, bzw. unzweckmäßiger Ausbildung.

Die Besetzung von *Schlüsselpositionen* mit dafür nicht qualifizierten Offizieren mag mit der Eile der Aufstellung und dem Mangel an modern ausgebildeten Offizieren entschuldigt werden. Nach 10 Jahren Erfahrung in der Bundeswehr kann dies heute nicht mehr anerkannt werden.

Mir scheint eine tiefgehende Änderung der grundsätzlichen Auffassung von den Erfordernissen der Führung und Ausbildung der Luftwaffe notwendig zu sein. Die Besetzung der Führungsstellen, die Ausbildung der Offiziere bedürfen dringend der Revision.

Hier muß eine Besserung erzwungen werden. Es muß Schluß damit gemacht werden, daß Offiziere in hoher Verantwortung mangelhaftes oder oberflächliches Wissen von der Waffe bzw. von modernen Waffensystemen haben. Gewiß ist es falsch, das Universal-Genie zu fordern. Aber ich warne vor weiterem Versäumnis! Die nachfolgende Generation hat eine profunde Ausbildung auf naturwissenschaftlichem Gebiet. Sie hat es schwer, Gesprächspartner in der älteren Generation zu finden. Wenn es um die Beurteilung von Flugunfällen geht, um die ›verfluchten technischen Details‹ und den Einsatz der Waffensysteme, ist aber diese Kenntnis Voraussetzung für die Qualifikation zur Besetzung bestimmter Stellen.

Es ist notwendig:

– die Zahl derer zu vermehren, die profunde Fachkenntnisse haben;

– die fachliche Ausbildung der Offiziere in verantwortlichen Stellungen zur Voraussetzung der Stellenbesetzungen zu machen;

– die Offiziere, die von der Vorbildung her für bestimmte Stellungen nicht geeignet sind, zu versetzen.

Die Generalstabsauswahl und -ausbildung entspricht meiner Ansicht nach nicht den Erfordernissen einer modernen Luftwaffe. Die praktische Kenntnis der komplexen modernen Waffensysteme rangiert weit hinter der unnötigen Anhäufung des Wissens über Taktik und Strategie. Die Ausbildung muß

282

folglich den Erfordernissen moderner Streitkräfte angepaßt werden.

Während der Aussprache, die Sie mir, sehr verehrter Herr Minister, am Mittwoch, dem 24. 8. 1966 gewährten, drückte ich meine Verwunderung über den allseitigen Mangel an Mut aus, Verantwortung an den ›Starfighter-Unfällen‹ tragen zu wollen. Es geht aber, wie ich glaube, nicht an, daß in der Öffentlichkeit der Eindruck entsteht, daß die Unerfahrenheit der Flugzeugführer im wesentlichen für die hohe Zahl der Unfälle verantwortlich ist ... Vielmehr ist eine Anzahl verschiedener Faktoren Ursache der Unsicherheit. Ein Teil dieser Faktoren ist nicht im Bereich und in der Verantwortung der Luftwaffe zu suchen. Auch die Schwerfälligkeit der Arbeitsverfahren im Ministerium ist für Versäumnisse verantwortlich zu machen.

Der damalige Leiter VR* sagt in seinem Bericht vom 4. Dezember 1964 an den Minister dazu folgendes:
› Das Verteidigungsministerium in seiner jetzigen Form ist unhandlich, kaum zu führen, und leidet an seinen inneren Reibungen, die allerdings weder an der Gefährlichkeit des Soldaten an sich noch an der Untauglichkeit von juristisch vorgebildeten Beamten an sich für Verteidigungsaufgaben liegen.‹
Es ist seit langem bekannt, daß das Bundeswehr-Beschaffungsverfahren nicht den Erfordernissen moderner Waffensysteme entspricht. Es ist zu schwerfällig, die Beschaffung und Versorgung fließt zu langsam. Mängel bei der Herstellung der Einsatzbereitschaft und Flugsicherheit sind die Folge.

Hier muß Wandel geschaffen werden. Mündliche Vollmachten zur Beschleunigung der Verfahren, die dem Inspekteur der Luftwaffe keine Entscheidungsbefugnis geben, werden den Notwendigkeiten nicht gerecht. Ohne die Vollmachten für den

---

* Abteilungsleiter Verwaltung und Recht, Ministerialdirektor E. Wirmer.

Inspekteur der Luftwaffe ist die Einführung und Inbetriebnahme von Waffensystemen wie des ›Starfighter‹ nicht zu verantworten.«

Der Verlauf der Auseinandersetzungen mit dem Bundesminister der Verteidigung über die »Vollmachten« war gewiß schwierig und zuweilen für mich, der ich den Beweis führen mußte, daß der »Starfighter« beherrschbar war, hart und oft enttäuschend. Das Einbrechen in die wohlverteidigte Festung der Geschäftsordnung und Verwaltungsstruktur des Ministeriums kam manchmal einem Sturmangriff, manchmal einer Belagerung gleich. Aber nie begegnete ich Bösartigkeit oder Obstruktion, – vielmehr hatte manche Auseinandersetzung ungemein menschliche Züge, Stärken und Schwächen der Opponenten, aber auch freundschaftliches Verständnis sollte ich erfahren.

Da jedoch die sogenannte Flugsicherheitslage eine Situation war, die – im Positiven wie im Negativen – von zahlreichen Voraussetzungen abhängig war, sah ich die Notwendigkeit zu analysieren, ob der bisher von der Luftwaffe beschrittene Weg richtig war. Und als ob sich bestimmte Ereignisse wiederholen würden, »konspirierte« ich plötzlich mit meinen engsten Mitarbeitern, wie man das Blatt wenden könnte, – wie im Dezember 1944 in der »Jagdhütte« des Obersten Trautloft. Dieser war jetzt, als einer der höchsten Kommandeure, unter meinen wichtigsten und sachkundigsten Mitarbeitern und Beratern. Wie damals in der »Jagdhütte« diskutierten wir alle denkbaren technischen und menschlichen Aspekte, die zur Lösung beitragen könnten, und es gab keine Tabus.
Aber konspirierten wir im Dezember 1944 gegen ein System, in dem die Absicht und der Befehl der Führung sakrosankt waren und Widerspruch als Defaitismus oder Ungehorsam galt, so hatten wir jetzt nicht zu fürchten, daß die politische Führung der Verteidigung brutal reagieren, uns bestrafen oder mundtot machen könnte. Das Risiko war möglicher-

weise die Behinderung oder gar das unrühmliche Ende der eigenen Karriere oder – der Mißerfolg.

Den Mißerfolg aber konnten wir mit einem hohen Grade der Wahrscheinlichkeit ausschließen, wenn wir nur die technischen, organisatorischen und menschlichen Ursachen der sogenannten Starfighter-Krise eindringlich genug darlegten und durchgreifende Vollmachten durchsetzten, sie abzustellen.

Ich erhielt diese Vollmachten und machte von ihnen Gebrauch – quer durch das Verteidigungsministerium. Der Erfolg gab mir schließlich recht. Er war einerseits auf die Hingabe und Disziplin meiner Mitarbeiter in der gesamten Luftwaffe und andererseits auf die Einsicht unserer Kontrahenten zurückzuführen. Heute sind die Prinzipien des zivil-militärischen Managements bei Beschaffung und Betrieb von Wehrmaterial, um die damals gekämpft werden mußte, geltendes Recht; sie werden nicht mehr diskutiert, sondern als selbstverständlich angewendet.

Für mich ist aber rückblickend der größte Erfolg der damaligen »Krisenbewältigung« dieser: Die ganze Entwicklung spielte sich vor den Augen der Öffentlichkeit ab. Es wurde bewiesen, daß eine moderne Armee in einem demokratischen Staat ohne Vertuschung und ohne fadenscheiniges Vorschützen von Staatsgeheimnissen ihre Probleme lösen kann. Daß die Verantwortlichen sich der Öffentlichkeit immer wieder stellen und daß diejenigen unter ihnen, die das nicht mögen, dazu gezwungen werden können. Diese Offenheit ist ein Teil unserer Lebensform, die wir, die unsere jungen Soldaten für verteidigenswert ansehen. Das ist nicht nur mein Verständnis von Demokratie, es gilt für alle Bereiche des öffentlichen Lebens und für alle Regierungen.

Alles, was ich aus jenen letzten Monaten und Tagen des Krieges erzählt habe, floß mit ein in jenen Katarakt der Selbstzerstörung, der auch die letzte Vernunft mit sich fortriß.

Der Alptraum jener zwölf Jahre, der unser Volk in die Katastrophe getrieben hat, wird sich in diesem Teil Deutschlands nicht wiederholen, davon bin ich überzeugt.

Andere Formen politischer Fehlentwicklung sind nicht ausgeschlossen. Die demokratische Offenheit und Öffentlichkeit des politischen Geschehens ist der beste Schutz gegen elitären Machtmißbrauch. Gelingt es, auf dem Boden dieser Prinzipien eine europäische Identität zu finden und diese in eine wirkliche atlantische Partnerschaft einzubringen, dann brauchen wir um das Überleben unserer freiheitlichen Lebensform nicht besorgt zu sein, aber nur dann. Hier liegen die Aufgaben der unmittelbaren Zukunft greifbar vor uns.

Wir sollten sie entschlossener anpacken.

LIST BIBLIOTHEK

Eine Auswahl

Schalom Ben-Chorin
Jugend an der Isar

Edward Crankshaw
Bismarck

Gustav Faber
Auf den Spuren von Christoph Kolumbus

Johannes Gaitanides
Griechenland ohne Säulen

Peter Lahnstein
Auf den Spuren von Karl V.

Peter Lahnstein
Schillers Leben

Wolfgang Leppmann
Goethe und die Deutschen
Der Nachruhm eines Dichters im Wandel der Zeit
und der Weltanschauungen

Hermann Schreiber
Das Schiff aus Stein
Venedig und die Venetianer

Johannes Steinhoff
In letzter Stunde
Verschwörung der Jagdflieger

Erich Valentin
Wolfgang Amadeus Mozart

Richard Wagner
Mein Leben
1813–1868

Carl Wilhelm Weber
Perikles
Das Goldene Zeitalter von Athen

C. V. Wedgwood
Der 30jährige Krieg